新能源汽车低碳运营与市场决策

龚本刚 程晋石 著

科学出版社

北 京

内 容 简 介

新能源汽车是全球汽车产业转型升级、绿色发展的主要方向，也是我国汽车产业高质量发展的战略选择。作为具有低碳特征的新能源汽车产品，其运营优化与市场推广的效果受到市场和相关政策的影响。在界定新能源汽车生产及运营等相关概念基础上，本书针对新能源汽车企业生产投资，考虑消费者绿色偏好和补贴的新能源汽车市场运营决策，技术水平、低碳偏好与产品绿色度等因素影响下的新能源汽车市场决策和环保相关政策，以及用户情感偏好对新能源汽车市场接受度的影响等问题进行深入研究，给出低碳目标下新能源汽车企业运营与市场决策，以及其供应链成员企业的应对策略。

本书可作为经管类、理工类本科生、研究生学习新能源汽车市场发展理论、汽车供应链决策理论的教材，可供科研机构、高等院校等单位科研技术人员参考，也可为政府政策和企业策略制定提供理论支撑。

图书在版编目（CIP）数据

新能源汽车低碳运营与市场决策 / 龚本刚，程晋石著. —北京：科学出版社，2023.9
ISBN 978-7-03-074878-2

Ⅰ. ①新… Ⅱ. ①龚… ②程… Ⅲ. ①新能源-汽车-低碳经济-运营管理-研究-中国 Ⅳ. ①F426.471

中国国家版本馆 CIP 数据核字（2023）第 026011 号

责任编辑：王丹妮 / 责任校对：王晓茜
责任印制：张 伟 / 封面设计：有道设计

科学出版社 出版
北京东黄城根北街 16 号
邮政编码：100717
http://www.sciencep.com
北京中科印刷有限公司 印刷
科学出版社发行　各地新华书店经销

*

2023 年 9 月第 一 版　开本：720×1000 1/16
2023 年 9 月第一次印刷　印张：17 1/2
字数：352 000
定价：198.00 元
（如有印装质量问题，我社负责调换）

前　言

推动新能源汽车市场的健康发展是实现环境保护目标的重要抓手之一。从利益相关方来看，新能源汽车供应链上的成员企业、消费者及政府的决策都会影响其市场的健康运营；从影响因素来看，企业生产技术及投资决策、消费者绿色偏好、政府补贴政策及大数据等都会对新能源汽车供应链的决策及市场运营造成影响。因此，本书采用了博弈论、优化及实证方法，研究新能源汽车供应链运营及市场决策问题。主要研究内容如下。

第 1 章基于低碳目标下新能源汽车市场的基本情况，阐述本书的研究意义、研究现状、研究内容及研究方法，并对本书的框架及创新点进行了归纳。第 2 章阐述新能源汽车供应链及基本理论，其中包括新能源汽车政府补贴理论、外部性理论，以及消费者绿色偏好和市场接受度等。这两章内容为后续的研究提供了较好的理论依据。

第 3 章对新能源汽车市场运营与决策的影响因素进行研究。阐述新能源汽车市场供需两侧的相关政策，采用混合 Logistic 模型对考虑消费者满意度因素进行分析研究，并且针对消费者对新能源汽车政策的感知度进行了调查研究。研究结论指出，消费者较倾向供需两侧政策因素，并进一步挖掘对家庭拥有新能源汽车的数量有较为显著的影响的因素。

第 4 章以碳限额交易机制作为碳约束条件，研究了碳约束下新能源汽车企业最优生产投资决策问题。其中，考虑制造商和经销商组成的供应链，界定供应链受到碳限额与交易机制的约束以及经销商存在产品错放现象，以降低制造商的单位产品碳排放量为目的，针对投资及低碳技术影响下的新能源汽车企业决策问题进行研究。相关研究可为新能源汽车制造商和经销商的决策提供理论建议及指导。

第 5 章对新能源汽车供应链运营决策优化问题进行研究。其中，考虑消费者绿色偏好、政府补贴及随机需求等因素的变化对新能源汽车供应链运营决策的影响。相关结论佐证了新能源汽车供应链成员可以接受补贴退坡政策的实施，且可通过消费者绿色偏好的增加和收益共享契约促进新能源汽车供应链成员利润的增加。

第 6 章研究在相关技术影响下的新能源汽车市场接受度与定价决策问题。具体地，探求两个反方向因素（购置税减免和技术水平增加）的共同作用、共享经济平台及平台主导下消费者绿色低碳偏好影响等因素对新能源汽车供应链市场决策的影响。结论表明，税收优惠和技术水平提高并不总会促进新能源汽车的需求增加，且共享平台在一定条件下会促进供应链成员利润的增加。

第 7 章回到研究新能源汽车相关政策的问题，研究在政府补贴和碳排放相关政策影响下产品绿色度等因素对新能源汽车市场竞争决策的影响。面向一家汽车生产企业同时生产传统汽车和新能源汽车两种类型汽车的情景模型，在考虑两类汽车绿色度因素的基础上，建立了两类汽车产品竞争的博弈模型。研究发现消费者绿色偏好较高时，新能源汽车需求量受其绿色度影响较大，且不会受到补贴因素的影响。所以，新能源汽车产品的绿色度会影响产品的市场接受度。

第 8 章研究基于数据驱动的考虑用户情感偏好的新能源汽车市场接受度问题。利用 Python 技术爬取了汽车之家网站的用户针对新能源汽车的在线评论数据，通过词频-逆文本频率（term frequency-inverse document frequency，TF-IDF）模型提取关键词，深度挖掘在线评论数据，对消费者偏好和情感进行分析，构建基于改进随机多准则可接受性分析-证据推理（stochastic multicriteria acceptability analysis-evidential reasoning，SMAA-ER）方法的新能源汽车市场接受度模型。同时，提出的决策框架可用于对不同品牌的新能源汽车市场接受度进行排序，且定义一种新的随机多准则可接受性分析-区间二型模糊集（stochastic multicriteria acceptability analysis-interval type 2 fuzzy set，SMAA-IT2FS）方法。该方法可使决策者获取可靠的新能源汽车市场接受度排序结果。

第 9 章对本书内容进行总结，并对未来的延续性研究进行了展望。

本书的研究贡献包括如下几点。

（1）厘清低碳目标下新能源汽车市场及供应链的特征，提炼新能源汽车市场接受度的影响因素。

（2）通过对补贴退坡和消费者绿色偏好等因素的刻画，引入共享平台等技术因素，探讨这些因素的共同变化对新能源汽车市场及供应链运营决策的影响，具有较好的现实意义。

（3）采用改进的 SMAA-ER 等方法研究新能源汽车市场接受度问题，为新能源汽车制造商及市场人员制定相关销售策略提供了理论依据。

本书主要由龚本刚教授和程晋石教授撰写。作者的研究生参与了本书初稿部分的撰写工作，其中包括第 3 章（高敬宇）、第 4 章（汤家骏）、第 5 章（夏璇、王嘉丽）、第 6 章（王嘉丽、夏璇）、第 7 章（高敬宇）和第 8 章（刘瑞、张孝琪）。另外，安徽工程大学的裴九芳副教授也参与了本书部分资料收集和整理工作，在此表示感谢。此外，感谢科学出版社的魏如萍编辑对本书的出版给予的指导与帮助。

　　作者在撰写本书过程中参阅了大量的文献资料，在此向所有相关著作者表示衷心的感谢。此外，感谢国家自然科学基金面上项目（项目编号：72071002、71771002）和安徽省哲学社会科学规划项目（AHSKY2022D114）对本书出版的资助。

　　因作者的知识面和水平所限，本书有不足之处在所难免，欢迎广大读者批评指正。

龚本刚　程晋石

2022 年 6 月 21 日

目　　录

第1章 绪　　论

本章是本书的引入部分。首先，介绍本书研究的现实背景、研究目的及研究意义；其次，介绍本书的研究内容；最后，介绍本书的研究方法和贡献。

1.1　低碳目标下新能源汽车市场概述

1.1.1　低碳目标与新能源汽车产品

当前，全球各国积极应对气候变化挑战，纷纷设立环保目标。2020 年 9 月的联合国大会上，中国宣布了具有前瞻性的低碳目标。这说明，国家显示出对环保问题的重视，释放了强烈关注环境保护、资源循环利用、节能减排等相关领域的信号，且着重指向节能产品、余热利用、废弃物回收利用等行业；新能源汽车行业的低碳发展水平对落实低碳目标具有重要作用。新能源汽车是指采用新型动力系统，完全或者主要依靠新型能源驱动的汽车，包括插电式混合动力（含增程式）汽车、纯电动汽车和燃料电池汽车等，采用非常规的车用燃料作为动力来源，具有较好的环保效果[1]。为此，在应对气候变化和日益严重的环境问题的愿景下，发展新能源汽车已经成为交通领域达成低碳目标的重要举措。

此时，如何落实低碳目标、如何支持新能源汽车消费、减税降费、科技创新、稳定产业链供应链等问题，是政府需要重视的问题和焦点。2022 年是汽车产业深化改革、攻坚克难、转型升级的重要一年。推进低碳目标战略实施，是汽车产业与众多产业调结构、促转型的共同目标。全国人大代表、小米集团董事长兼首席执行官雷军建议，建立和完善碳足迹核算体系，助力我国新能源汽车产业的发展。全国人大代表、奇瑞汽车董事长尹同跃提出，汽车纳入碳交易体系。此外，《新能源汽车产业发展规划（2021—2035 年）》和"双积分"考核机制都表明，汽车产业已迈出了稳健的发展步伐，并将与能源、交通等行业一起，推动低碳目标落地。

新能源汽车产品的市场发展需要多维的思考和引导。已出台的相关新能源汽车引导政策一般可以总结为三类：经济激励型、技术支持型、宣传营销型。经济激励型包括通过税收减免、直接给予购车补贴等经济形式来鼓励消费者购买新能源汽车，其特点是操作时间短，作用效果迅速，但需不断更新力度和补贴对象。技术支持型政策是指重点在于新能源汽车基础设施、汽车性能、车身等技术方面的支持补给，其特点是投入成本较高，时间长，但是产生的效果持久并且稳定。宣传营销型是指政府相关部门通过政策文件支持新能源汽车企业加快建设海外营销和售后服务网络，加大品牌宣传推广力度，研究拓宽出口运输渠道。其特点是通过政策加持，可快速打通新能源汽车行业的外部环境。从数据上看，随着政府财政补贴力度的不断加强，中国新能源汽车的产销量实现了快速增长。但是，新能源汽车销量激增的背后也暴露出一些问题。例如，2022 年以前，包括比亚迪等新能源汽车企业还在享受着政府补贴，并呈现明显的"补贴依赖症"。事实上，新能源汽车市场发展除了由政府政策驱动和引导外，也应有企业的推广努力和市场需求等因素的共同推动。因此，2018 年财政部等四部门正式发布《关于调整完善新能源汽车推广应用财政补贴政策的通知》。该通知指出，根据成本变化等情况，调整优化新能源乘用车补贴标准，合理降低新能源客车和新能源专用车补贴标准。鼓励技术水平高、安全可靠的产品推广应用。由此可知，新能源汽车补贴政策已经开始进入"后补贴时代"。由该通知可知，新能源汽车直接补贴额度在逐渐降低，并且技术门槛在提高。随着刺激政策的不断退坡，其市场必将回归市场化导向发展本质，新能源汽车市场驱动力也从单一的政策驱动向"政策+市场"双轮驱动转变，而市场需求将成为未来新能源汽车市场发展的最重要驱动力。在补贴退坡政策下，补贴的下降程度、新能源汽车的技术水平等因素的变化，必然对新能源汽车产品市场接受度产生影响。

1.1.2 低碳目标下新能源汽车产品市场特征

新能源汽车产品市场已经表现出其取代传统燃油汽车的趋势，这从政府政策扶持和用户偏好等方面都有所体现。例如，2017 年 12 月，财政部等四部门联合发布《关于免征新能源汽车车辆购置税的公告》，该公告指出，自 2018 年 1 月 1 日至 2020 年 12 月 31 日，对购置的新能源汽车免征车辆购置税。这表明，近几年来，国家在需求侧补贴方面对新能源汽车市场推广力度仍然存在。在需求侧方面的调节对新能源汽车市场来说主要是需求不足的问题，是一个短期调控。但目前来看，需求侧的财政补贴对新能源汽车市场的引导和推广是不可缺少的。同时，为贯彻落实党的十九大精神,加快促进新能源汽车产业提质增效、增强核心竞争力、实现高质量发展,做好新能源汽车推广应用工作,四部门联合发布了《关于调整完善新能源汽车推广应用财政补贴政策的通知》。该通知指出有关部委将根据新能源汽车技术进步、产业发展、推广应用规模等因素,提前研究发布 2019年和 2020 年关键技术指标门槛。该通知中对技术指标的较高要求表明了国家对供给侧技术水平的重视。在经济学中,需求和供给是相互联系、相互制约的关系,需求的更新也会伴随着供给的更新。在新能源汽车市场中,需求侧的改革是在短期内刺激需求的增长。供给侧技术方面的改革,则是需求持续增长的关键驱动力。根据产业演化理论,技术水平提高和市场需求增长构成了当前新兴市场快速发展的关键因素。其中,新能源汽车市场供给侧政策包括推进基础设施建设,如加设充电桩数量、建立维修站和充换电站等;提高新能源汽车动力电池技术水平和整体性能,如续航能力、行驶里程、更换性价比等方面。

在国家大力推进汽车工业绿色革新目标的同时,消费者低碳环保意愿及由此产生的低碳产品市场也在潜移默化地发生改变。低碳消费逐步成为人们一种主要的消费模式,消费者的消费特征会更趋向于环境友好。与传统燃油汽车相比,新能源汽车产品最显著的优势在于环保节能且缓解碳排放,可依靠这些优势引导消费者绿色偏好以激发市场需求。因此,在引导和激发新能源汽车消费者需求时,市场需求需靠消费者拉动,即消费者绿色偏好与接受度是培育成熟新能源汽车市场的关键。

随着政府相关政策和用户环保意识的加强,新能源汽车消费习惯培育成效明显,新能源汽车市场接受有所提高。2021 年,中国新能源汽车产量达 354.5 万辆,较 2020 年增加了 217.9 万辆,同比增长 159.52%;销量达 352.1 万辆,较2020 年增加了 215.4 万辆,同比增长 157.57%[1]。这些数据表明新能源汽车产业已经得到较好的发展,同时对新能源汽车市场发展提出更高要求。所以,在相关政府政策引导下,如何根据消费者偏好差异性制定相关的消费者偏好引导策略,是促进新能源汽车市场发展的关键问题。

1.2　本书的研究意义

在国家倡导低碳目标的大背景下,如何保证新能源汽车市场及供应链成员决策的有效性,是非常重要的研究课题。所以,新能源汽车供应链运营决策及其市场接受度等是较有意义的研究领域,研究意义主要体现在如下三个方面。

---

① 2021 年中国动力电池回收现状分析:装车量走高,未来面临较大退役规模[图]. https://www.chyxx.com/industry/1104321.html,2022-04-09.

1.2.1　理论意义

本书基于新能源汽车供应链构架，分析新能源汽车运营与市场决策的影响因素，研究考虑消费者绿色偏好和补贴的新能源汽车供应链生产运营决策及市场接受度问题，给出新能源汽车供应链成员的运营及决策建议。本书的研究工作可为国家发展循环经济产业，以及促进新能源汽车市场发展提供一定的理论支撑。

1.2.2　现实意义

我国是被誉为"世界工厂"的制造业大国，也是全球最大的汽车生产国和消费国，目前正面临着生态环境保护和资源短缺的严峻局面。作为体现环境效果的新能源汽车产品，其供应链运营及市场优化决策对整个市场及产业发展具有非常重要的作用。其中，消费者绿色偏好和政府补贴都是影响新能源汽车供应链决策的重要因素，很大程度上影响企业新能源汽车的定价、需求和利润等。因此，在消费者环保意识逐渐提升的大趋势下，解决新能源汽车补贴退坡后的新能源汽车产业健康发展问题的有效措施之一在于合理地实施供应链决策。同时，这些问题的研究对于新能源汽车市场运营效率及产品接受度的提高具有重要意义。这些问题将成为新能源汽车市场发展迫切需要解决的战略议题之一，是政府制定政策和企业决策亟待解决的问题。

1.2.3　应用意义

尽管国内外对新能源汽车运营及市场决策的研究已有一些成果，但本书找到了新能源汽车市场发展中的影响因素，并将这些因素进行合理组合从而形成各研究子内容。研究过程中，采用了经济学、管理学、物流学、环境科学和行为经济学等相关学科知识，提出的研究内容也可为这些学科中的某些部分提供更为具体情景化的模型及策略分析。另外，研究成果更是可直接为新能源汽车供应链成员决策模型构建与管理提供理论框架和具体实施方法，并增强研究成果应用的可操作性。

1.3　研　究　综　述

本节阐述与本书研究主题密切相关的国内外文献，对其进行梳理分析。具体结构如下：首先，分析新能源汽车消费者具有的特征及其对市场需求影响的相关文献；其次，就消费者绿色偏好、政府补贴等因素对新能源汽车运营决策的影响，以及对基于在线评论的新能源汽车市场情感分析的相关文献进行回顾；最后，对新能源汽车市场接受度及其模型研究的相关文献进行梳理。

1.3.1 新能源汽车市场消费者特征及市场需求研究

目前国内外对新能源汽车消费者特征及市场需求方面的研究文献较多，相关工作主要集中在新能源汽车消费者偏好与市场接受度、市场策略与营销推广、充电设施便利性和使用成本等方面。相关研究成果如 Morton 等对新能源汽车需求进行分析，并给出基于概念框架模型的消费者新能源汽车偏好测量方法[2]。Plötz 等、Peters 和 Dütschke、尤嘉勋等通过对所在国家新能源汽车调研数据分析发现，针对消费者的不同特征，如年龄、学历、车型偏好等，会呈现出异质性[3-5]。在对消费者需求进行引导时，需要制定相应的对策。Oliver 和 Rosen、Rezvani 等通过大量的问卷调查得出，消费者对新兴产品存在感知风险，并且对质量要求较高[6, 7]。Faiers 等、Zhang 等通过调研分析得出，消费者对新能源汽车接受度的影响因素主要包括新能源汽车产品因素、消费者感知价值和外部环境因素等[8, 9]。Geertje 等、王宁等研究表明影响消费者对新能源汽车接受度的因素包括产品质量、新能源汽车使用过程体验和身份地位等多个方面[10, 11]。Noori 和 Tatari 对新能源汽车区域市场预测进行研究，并通过构建基于代理的模型对美国新能源汽车渗透率进行研究，并说明口碑效应和政府补贴在市场开发中的影响[12]。Shafie-Khah 等通过多阶段随机模型对插电式混合动力新能源汽车市场交易行为进行研究，并给出相关促进策略[13]。Gnann 等对德国插电式混合动力新能源汽车市场发展障碍进行研究，指出到 2020 年插电式混合动力新能源汽车占有率提高到 3%[14]。Gallagher 和 Muehlegger 对美国混合动力汽车技术激励与消费者接受度进行实证研究，并分别从联邦、州和地方政府三个层面给出相应的激励措施[15]。

1.3.2 消费者绿色偏好等因素对新能源汽车运营决策影响研究

新能源汽车是一个新兴产业，影响新能源汽车供应链运营决策的因素很多，主要包括消费者环保意识、产品技术水平、优惠政策、补贴政策等多个因素。随着新能源汽车产业的迅速发展和市场环境变化，政府补贴政策从试点到全面实施，补贴力度和补贴标准不断进行调整。补贴退坡幅度持续增大，补贴政策的变化，给新能源汽车运营决策带来一定的挑战。同时，消费者环保意识的不断提高对消费者绿色偏好行为也产生了相应影响，绿色偏好增强使得消费者购买新能源汽车的意愿逐渐增强。为此，这里重点就消费者绿色偏好和政府补贴等因素对新能源汽车供应链运营决策影响的研究文献进行综述。

（1）消费者绿色偏好对新能源汽车供应链运营决策影响。随着研究的深入，部分学者开始研究低碳偏好对新能源汽车市场的影响问题。但目前相关研究主要集中在国外，我国学者对该问题的研究很少。例如，Lim 等以日本 Toyota Prius 混合新能源汽车为例对新能源汽车市场进行研究，研究表明未来消费者更多关注的是新能源汽车对改善环境的影响[16]；Kahn 通过对美国洛杉矶市混合动力汽车消费者进行调查研究，发现低碳主义者购买混合动力汽车的概率更大[17]；Browne 等基于替代燃料和车辆在市场渗透和扩散上存在的障碍，提出一种可为政策制定者所使用和修改的用来识别和评估这些障碍的评价框架[18]；Noblet 等发现，具有低碳特征的汽车产品会对消费者购买决策起到重要作用[19]；Krupa 等通过对美国 1 000 名居民的调研发现，相比低碳效益，消费者更关心新能源汽车能源损耗成本的降低[20]；Du 等将消费者低碳偏好纳入供应链运作决策中，在研究生产商生产运作优化的基础上针对低碳供应链成员关系进行博弈分析并设计供应链协调契约[21]；Zhang 等和 Nouira 等在供应链运作决策中考虑消费者低碳偏好，通过刻画市场低碳反应，分析其与供应链运作决策的相互运作机理[9, 22]。

上述文献研究主要集中在消费者低碳偏好对供应链决策影响研究方面，较少考虑消费者异质性，以及绿色偏好差异对新能源汽车供应链运营决策的影响。

（2）政府补贴对新能源汽车供应链运营决策影响。新能源汽车是一个新兴产业，政府在新能源汽车市场发展初期必然通过补贴等措施促进其发展。为此，关于新能源汽车的政府补贴问题一直是许多学者关注的问题。例如，Helveston 等对中国和美国新能源汽车消费者接受度问题进行调查研究，研究结果表明政府补贴和消费者偏好是影响新能源汽车接受度的重要因素[23]；Sarparandeh 和 Ehsan 通过研究新能源汽车微型智能电网服务定价问题，发现政府补贴对新能源汽车市场发展有重要的促进作用[24]；Liu 对美国不同收入家庭进行调查分析，认为收入较低的家庭明显对新能源汽车接受度偏低，但是政府补贴对收入较低家庭市场接受度不高有着弥补作用[25]；Lévay 等、Krause 等、Luo 等、Yu 等分别从不同的角度对补贴政策进行分析，研究表明随着政府补贴的提高，新能源汽车的销售份额增加，市场发展相对加快[26-29]；Lebeau 等、Cai 和 Xu 认为提高新能源汽车接受度的关键措施是建设足够的充电基础设施，因此政府补贴就显得格外重要[30, 31]。然而，遵循国际惯例，我国政府将采取补贴退坡机制来应对新能源汽车未来的发展。例如，财政部第四部委发布了《关于 2016-2020 年新能源汽车推广应用财政支持政策的通知》。根据该通知，在 2016~2020 年，对消费者购买的进入"新能源汽车推广应用工程推荐车型目录"的纯电动汽车、插电式混合动力汽车和燃料电池汽车继续实施新能源汽车推广应用补助政策。但是相关补贴退坡政策也已开始实施：2017~2018 年新能源汽车补助标准在 2016 年基础上下降 20%，2019~2020 年补助标准在 2016 年基础上下降 40%。其中的含义是，政府希望通过补贴的不可持续性来促进新能源汽车生产的技术研发工作，这也引起了一些学者的研究兴趣。例如，Hao 等认为当产品技术改善和电池成本降低时，电动汽车可以不依赖补贴而仍然保持一定的市场竞争力[32]；Holtsmark 和 Skonhoft 对挪威电动汽车的政策补贴进行研究，结果表明为促进新能源汽车市场的可持续发展，挪威政府需要在未来几年尽快取消政府补贴政策[33]；Wang 等对中国新能源汽车的销售情况进行调查分析，研究发现在补贴中存在新能源汽车企业的地方保护政策和部分企业骗补等行为，对新能源汽车市场发展造成不良影响，并认为电动汽车电机、充电设施等的成熟与发展是促进新能源汽车提高销售量的关键[34]；Langbroek 等研究表明很多消费者购买新能源汽车主要是对新能源汽车绿色环保性能有较高的信任度，对于补贴减少是可以接受的[35]。另外，也有学者研究表明由于补贴不可持续性，促进新能源汽车市场发展更需要改进技术性能、优化行驶里程等。

从上述研究可看出，目前研究主要集中在补贴对新能源汽车接受度方面的影响，很少涉及政府补贴政策对新能源汽车供应链上最优决策的影响。为此，Zhang 利用报童模型分析消费者均衡和政府补贴对新能源汽车最优生产决策的影响[36]；Nie 等建立政府补贴政策优化模型，结果表明直接提供政府补贴给消费者比减免税收更加有效[37]；近年来，也有部分学者考虑将补贴和其他影响因素组合，或者在补贴的条件下寻找最优政策的新能源汽车供应链决策问题。例如，Luo 等考虑价格折扣率和政府补贴上限，建立新能源汽车市场发展的最优政策组合策略[28]；Bi 等构建消费者选择行为和系统动力学模型，以购买税收优惠和报废补贴作为促进新能源汽车市场发展的最优政策组合策略[38]。我们针对新能源汽车的补贴政策及市场决策也有一些前期成果，其中包括补贴退坡、技术改进等因素的变化对新能源汽车市场决策的影响[39, 40]。这些文献将作为本书部分研究内容的基础。

1.3.3 基于在线评论的新能源汽车市场情感分析

在产品和服务虚拟化的互联网时代，更多消费者将自己对产品的评价发表在互联网上，在线消费者评论（online consumer reviews，OCRs）成为消费者了解商品的重要信息来源。许多电子商务网站建立了在线浏览系统，鼓励消费者对产品进行后期评论。因此，在线评论逐渐改变了消费者的行为模式，影响了消费者的购买决定。利用数据驱动方法和技术对网站上在线评论以及社交媒体体验分享的用户口碑进行数据挖掘，为多属性决策方法提供基础。目前一些学者主要从以下两个方面进行相关研究。

（1）在线评论的特征观点挖掘。Dündar 等从在线评论数据中获得模糊量化的句子，说明了其对个性化推荐有着重要作用[41]；Zhang 等提出一种基于在线评论的改进 Bass 模型，对产品销售进行了准确的预测[42]；Changchit 等提出在线评论体系的重要因素，并说明在线评论如何影响消费者的购买决策[43]；Camilleri 调查基于评论分数信息的顺序效应对消费者购买意见的影响，表明在线评论对产品的销售发挥了重要的作用[44]；Vijayaragavan 等认为大量的在线评论有助于开发人员设计产品，提出一种基于聚类的在线产品评论分类模型，并利用数据集对模型进行试验和验证[45]。

（2）新能源汽车在线评论情感分析。为了探究消费者对新能源汽车的情感及态度，许多学者使用不同的互联网平台收集数据，对新能源汽车的在线评论进行情感分析，对消费者、营销企业及制作商的决策做出贡献。例如，Asensio 等利用神经网络的机器学习方法对消费者在线评论数据进行挖掘，评估当前电动汽车充电基础设施是否满足日益增长的消费者需求[46]；Li 等构建基于主题特征提取和长短期记忆网络（long short-term memory，LSTM）融合方法的情感分析模型，并通过反神经网络模型计算出新能源汽车品牌关注度、企业发展和用户口碑三个维度评价指数[47]；Jena 利用深度学习技术分析消费者对电动汽车的感受、看法和情绪，给出提高用户、企业及制造商的决策能力的优化模型[48]；Costello 和 Lee 利用情感分析工具对新能源汽车数据集进行情感分类，使用三种特征选择模型降低数据集的维度，得出最优的结果[49]；Ha 等对大量消费者的非结构化文本数据进行多标签主题分类，研究结果对电动汽车基础设施的管理以及电动汽车市场智能化水平的提升有一定的促进作用[50]。

1.3.4 新能源汽车市场接受度及其模型研究

目前，消费者对新能源汽车的接受度普遍不高。关于新能源汽车市场接受度，有众多学者对此进行研究。Helveston 等对中国和美国新能源汽车消费者接受度问题进行调查研究，研究结果表明政府补贴和消费者偏好是影响新能源汽车接受度的重要因素[23]；Langbroek 等的研究表明很多消费者购买新能源汽车主要是对其绿色环保性能有较高的信任度[35]；Liu 对美国不同收入家庭进行调查分析，认为收入较低的家庭明显对新能源汽车接受度偏低，但是政府补贴对收入较低家庭市场接受度不高有着弥补作用[25]；Lebeau 等、Cai 和 Xu 认为提高新能源汽车接受度的关键措施是建设足够的充电基础设施[30, 31]；Li 等对促进我国新能源汽车发展和接受度的各项政策进行研究，其中包括补贴和税收优惠政策，结果发现消费者对税收优惠有较高的满意度，但其重要性不高，而补贴对消费者有较高的重要性，消费者对其满意度较低[51]；Zhang 等研究北京市新能源汽车的消费者接受度，认为补贴和税收补偿等需求侧的政府激励政策，可以在新能源汽车市场发展初期起到一个持续性的激励作用[52]；Jones 等研究了考虑电池续航能力等因素的越南家庭对不同性能水平新能源汽车的接受度[53]。

另外，关于如何客观具体地体现消费者市场接受度，需要利用具体的模型来进行分析，为此有关学者对此进行了研究。例如，沈悦和郭品根据消费者行为的网络外部性，同样利用大量的数据运用统计的方式进行实证分析，其认为把握消费者心理需求是提高新能源汽车市场接受度的发力点[54]；罗琪引入 F-S 模型对影响新能源汽车发展的关键因素进行分析，认为需要降低消费者购买成本[55]；徐国虎和许芳通过问卷调查的方式，引用"统计产品与服务解决方案"（Statistical Product and Service Solutions，SPSS）软件对调研结果进行分析后得到影响消费者购买行为的关键因素，结果表明充电便利性和维修保养成本会影响消费者的购买行为[56]；我们也采用证据推理方法对新能源汽车市场接受度评估问题进行了研究[57]。

1.4　本书研究内容

从目前本书涉及的领域来看，虽然新能源汽车消费者特征与市场需求以及新能源汽车供应链运营与决策领域的一些问题已经被其他学者所研究，但本书所做的工作是较为丰富的，主要研究内容包括如下几个方面。

（1）本书针对新能源汽车供应链及相关理论进行阐述。其中包括新能源汽车的定义及新能源汽车供应链的基本概念、低碳目标下新能源汽车供应链决策问题、补贴理论、新能源汽车外部性分析等方面。

（2）对新能源汽车市场运营及决策的影响因素进行分析。其中包括新能源汽车市场供需政策分析、关键影响因素提炼，并对消费者对新能源汽车的感知度进行了调查分析。

（3）研究低碳目标下供应链生产优化决策问题。其中主要探求碳约束下生产投资决策问题，对新能源汽车生产阶段决策的研究起到指导作用。

（4）研究政府补贴、消费者绿色偏好和技术因素影响下新能源汽车供应链运营决策问题。其中重点考量了补贴退坡政策、购置税减免、技术水平提高和共享平台等因素的变化对新能源汽车企业及供应链成员决策的影响。

（5）研究了低碳相关政策对新能源汽车需求及企业收益的影响，从消费者情感偏好的角度评估新能源汽车产品的市场接受度。

1.5 本书研究方法和贡献

1.5.1 研究方法

（1）调查法。为了使相关章节的一些参数赋值尽可能地逼近现实情形，通过问卷或访谈调查，了解一些新能源汽车企业及其供应链运营决策的实际情况，并且采集用户接受度相关的数据。这些数据可用于所建模型参数赋值及仿真分析的工作。

（2）博弈论及优化方法。主要采用博弈论方法中的完全信息或非完全信息下的动态博弈、演化博弈等方法，计算出新能源汽车供应链模型中各方决策最优值及各方利润；通过有约束的优化模型来求解出相应的解析解，然后进行分析。

（3）采用潜在狄利克雷分布（latent Dirichlet allocation, LDA）主题模型、SMAA-ER 决策模型、情感分类模型及 SMAA-IT2FS 决策模型等模型方法构建新能源汽车市场接受度模型，帮助消费者做出购车决策，帮助新能源汽车企业及制造商做出最优产品布局。

（4）比较分析法。通过对具体新能源汽车供应链均衡解进行赋值画图并比较分析而得到相应结论。利用 Matlab 2018b、Python 3.8.0 和 Mathematica 8.0 等软件辅助编程、计算、分析和制图等工作。

1.5.2 研究贡献

（1）本书突破了以往单一研究政府、企业或消费者某一端的决策思路，利用政府、市场消费者和新能源汽车产品所结合的交互式视角研究新能源汽车低碳运营与市场决策问题。对消费者的新能源汽车满意度、政策意愿和政策熟悉度进行搜集并分析，寻找影响消费者市场接受度的重要因素，刻画新能源汽车供需两侧政策对新能源汽车市场的具体影响；考虑政府政策与企业产生的联动效应，研究其对新能源汽车市场需求的影响；同时将新能源汽车市场接受度作为多属性决策问题进行考虑，根据影响因素对实际企业产品进行分析。

（2）在针对新能源汽车供应链相关决策问题的研究工作中，本书考虑了碳约束、消费者绿色偏好、补贴退坡、技术水平、低碳偏好及产品绿色度等因素的变化对新能源汽车供应链成员决策和市场接受度的影响。其中，根据相关政策及市场情景，本书针对性地选取上述影响因素的两两组合，通过非普适性的方式刻画这些因素及其组合，分析这些因素的共同变化对决策目标的影响。

（3）在评估大数据环境下新能源汽车的市场接受度时，与传统方法相比，使用 LDA 主题分割法不需要预定义的评估属性，而是使用文本分析技术从用户生成的内容中自动识别评估属性。同时，本书还利用情感分析技术识别消费者的情绪极性，使用区间二型模糊集表示情感分析结果，这是 SMAA-IT2FS 方法在大数据环境中的一次有益尝试。本书没有使用传统的模拟数据，而是采用了一种新的数据源即大数据，利用大数据与传统多属性决策方法相结合的视角研究新能源汽车市场接受度。

第2章 新能源汽车供应链及基本理论

2.1 基 本 概 念

2.1.1 新能源汽车供应链概述

1. 新能源汽车供应链结构

与传统汽车相同，新能源汽车供应链由零部件供应商、新能源汽车制造商、汽车经销商和消费者组成。与传统供应链相同，链中的流包括物流、信息流、资金流及服务流等。

显然，新能源汽车供应链的订单量及其消费分布情况会为新能源汽车的外形、功能和质量的优化提供反馈信息。通常，新能源汽车整车厂是新能源汽车供应链的核心领导者，其主导着新能源汽车产品的研发、设计、采购和市场策略制定等活动，掌握着供应链的所有制造信息和制造资源。汽车经销商仍充当新能源汽车产品的销售、售后和维修等活动的主导者，其中包括一、二级经销商。此外，供应链的顶端是新能源汽车多级供应商，其全套产品的零部件均由系统完整的多级供应商提供，如新能源汽车的电气系统、内饰等。这里，新能源汽车对零部件市场的格局也产生了极大影响。例如，2018年博世在新能源领域的相关销售额同比翻番，但传统汽车零部件的比例还是远远高于新能源汽车，这也与市场情况吻合。2018年初，博世整合了汽油和柴油事业部，成立了动力总成事业部，下设业务单元除包括乘用车、商用车和非道路以外，新增了电动车业务单元，突出了电气化的战略地位[①]。

---

① 新能源汽车冲击传统供应链 零部件巨头如何应变? https://www.sohu.com/a/325648931_475103，2019-07-09.

　　新能源汽车供应链应以市场需求为经营思想的指导，消费者驱动新能源汽车订单的生成，并为新能源汽车的外形、功能和质量提供反馈信息。相比传统汽车，新能源汽车价值链进一步细化和延长且涉及环节增多，带来更多技术与商业模式创新发展机遇，竞争格局发生变革。此时，为保证零部件供应的安全，越来越多的汽车土机厂在关键部件上开始采用自主或合作研发的方式，努力减少投资并提高研发能力。以新能源汽车整车厂为核心，以信息网络技术、管理技术和生产制造技术为经营手段，可以使供应链中的资金、信息、服务流集成化，把原材料供应商、零部件供应商、新能源汽车整车厂、研发中心、各级经销商、消费者和其他合作伙伴相互连接构成一个网状结构，形成全球供应链战略联盟，从而提高供应链的运作效率，降低新能源汽车的制造成本，实现利润最大化。随着互联网技术的日益发展，新能源汽车供应链的核心企业可将不同区域的制造资源进行汇集然后利用，从而达到供应链协同。其中，新能源汽车供应链的协同主要包括产品的设计、产品的加工、原材料的采购、生产成本和产品质量控制、产品的运输和订单管理。典型的新能源汽车供应链如图 2.1 所示。

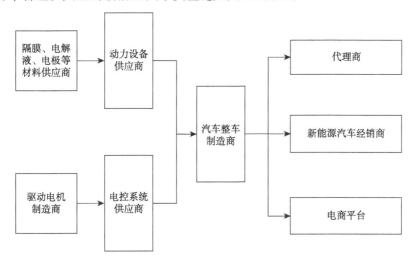

图 2.1　典型的新能源汽车供应链

2. 新能源汽车供应链趋势

　　目前，中国新能源汽车发展的总体趋势是较好的，市场规模、发展质量均呈现加速提升的良好发展态势。但同时，汽车供应链面临快速的整体电气化、新能源化趋势，也包括移动出行、自动驾驶、数字化应用。从市场销量来看，新能源汽车在中国市场处于高速增长势态，包括自主品牌在内都取得了非常好的收益，其中自主品牌市场占有率将近 45%①。据推算，2030 年新能源汽车所占的比例约为 44%。显然，市场的高速发展及竞争的压力将极大影响新能源汽车供应链及其供应商管理的思路和格局。例如，蔚来汽车 70%的物料供应商都位于以制造"大本营"合肥为中心的 600 千米半径内，零部件本地化采购比例达到 92%，只有约 8%来自进口②。

电动化、智能化、网联化的核心零部件资源主要分布在国外。随着疫情席卷全球，国外一些零部件企业长期处于停产状态，导致新能源板块部分关键零部件出现供货风险。这给供应链敲响了警钟，也迫使国内车企必须构建自主可控的供应链。所以，新能源汽车厂商已经纷纷开始寻求稳定可控的供应链，本地化采购（包括本土厂商和跨国厂商在中国生产）比例明显增加。比亚迪是目前国内少有的能够生产车规级芯片的厂商之一，据比亚迪半导体有限公司芯片研发总监吴海平透露，其车规级芯片截至 2020 年已累计装车 100 万辆（包括内部和外部的一些商用车，自用为主）。根据比亚迪的计划，比亚迪半导体将筹划独立上市并提升外部供货比例，未来其外供比例希望达到 50%。不过其目前面临的一个问题是，车规级芯片的产能仍处于爬坡期，还有待提升。除了比亚迪外，专家认为，随着供应链的重塑，将有一批新的国内零部件企业也得到快速成长。

2.1.2 低碳目标下的新能源汽车供应链

当前，全球核心经济体均已发布实现绿色转型的时间表。

实现全球绿色转型，交通领域必然大有可为。据统计，2018 年全球二氧化碳排放量为 335 亿吨，其中交通领域排放量约为 83 亿吨，占比为 25%，仅次于电力和热力生产部门的 42%，排名第二。在交通领域中，道路交通是碳排放核心来源，2018 年占比为 74%，其中乘用车排放占比为 45%，商用车排放占比为 29%③。所以，实现交通领域绿色化发展的核心思路应当着力于发展新能源车，包括电动车［电动汽车（electric vehicle，EV）+插电式混合动力汽车（plug-in hybrid electric vehicle）］及燃料电池车（fuel cell vehicles，FCV）。从长期来看，乘用车等私人领域预计将以 EV 为主，而商用车（包括客车及货车）领域以 FCV 及 EV 为主。

---

① 中国品牌市占率超 45%，拿下"半壁江山"指日可待？ https://baijiahao.baidu.com/s?id=170794436218990458 2&wfr=spider&for=pc，2021-08-13.

② 重构供应链：新能源汽车配套订单大量回流. https://baijiahao.baidu.com/s?id=1678297450246077987&wfr=spider&for=pc，2020-09-20.

③ 新能源汽车行业研究与中期策略：智能电动造就新一轮投资盛宴. https://xueqiu.com/9508834377/180109682，2021-05-18.

据测算，蓄电池电动车（battery electric vehicle，BEV）在全生命周期内的二氧化碳排放量约为 20 吨，燃油车（internal combustion engine，ICE）约为 42 吨。显然，受制于电力来源结构以化石能源为主，当前 BEV 并没有在使用环节做到零排放。但是，BEV 与 ICE 碳排放有显著差异，这种差异来源于能源转换效率的差异，即 BEV 最终能源转换效率是 ICE 的两倍。因此，通过大力发展新能源汽车将显著降低全球碳排放水平，助力道路交通领域向绿色化发展迈进。

显然，BEV 碳排放在以上情形下仍有巨大削减空间，而这需要从新能源汽车供应链材料及电力来源结构做进一步分析。从新能源汽车供应链的角度来看，如何做到将供应链上的供给、运输及零部件生产研发等资源合理配置，如何在碳约束的情况下做到满足生产及市场的需求，是需要解决的现实问题，也是本书需要解决的一个关键问题。

2.1.3　低碳目标下新能源汽车供应链决策的研究驱动点

低碳目标的提出为新能源汽车市场发展提供了较好的契机，同时也对新能源汽车供应链决策问题提出了新的要求。具体包括如下这些方面。

1. 低碳目标下新能源汽车供应链决策的特征

新能源汽车是实现绿色化发展的重要产品，但其供应链成员决策还需要考虑可行的实施路线。在产业重构的大背景下，新能源汽车供应链也需重塑决策形态，优化决策目标和变量，为新能源汽车供应链成员提供更好的优化决策空间。

2. 新能源汽车市场运营及决策影响因素的提炼

从新能源汽车市场供需两侧看，新能源汽车的购买补贴、行驶权、保险费用、充电设施是否完善、充电费用、过路费用和限购问题都会极大影响新能源汽车的市场运营及供应链成员的决策。如何将这些影响因素更好地提炼归纳，将是新能源汽车供应链科学决策的关键。

3. 多因素的共同变化对新能源汽车供应链决策的影响

新能源汽车供应链的运营也要面对共享平台、技术及补贴退坡等因素的共同影响。随着市场竞争的加剧，新能源汽车供应链将面临市场和技术等因素带来的不确定性影响。如何通过评估新能源汽车市场接受度来准确把握市场需求，将对新能源汽车供应链成员的优化决策产生极大影响。

2.2　基　本　理　论

作为达成低碳目标的主要代表性产品,新能源汽车面临着较为成熟的传统汽车产品市场的影响,其初始发展过程必然经历很多困难。显然,市场外部影响因素较多,这使新能源汽车市场的发展更具有不确定性。这些因素主要来自政府和用户两类主体,具体包括政府补贴、消费者绿色偏好、产品的外部性及新能源汽车市场接受度等方面。同时,这些因素之间也会相互影响,也必然影响企业、政府和用户的决策导向。因此,基于本书的研究目标,本章内容将对相关理论进行阐述。

2.2.1　新能源汽车政府补贴理论

作为新能源汽车产品的绿色特征,其正向的外部性是吸引政府补贴的一个重要因素。所以,补贴相关支撑理论可分解为外部性和补贴效应两个方面。

1. 新能源汽车外部性理论及分析

不同的经济学家对外部性给出了不同的定义,主要包括:一类认为外部性是指那些生产或消费对其他团体强征了不可补偿的成本或给予了无须补偿的收益的情形;另一类认为外部性是指当一个行动的某些效益或成本不在决策者的考虑范围内时所产生的一些低效率现象,也就是某些效益被给予,或某些成本被强加给没有参加这一决策的人。可见,外部性就是某经济主体的福利函数的自变量中包含了他人的行为,而该经济主体又没有向他人提供报酬或索取补偿。例如,A 和 B 指不同的个人(或厂商),CA 表示 A 的福利函数,指经济活动。这表明,只要某个经济主体 CA 的福利受到他自己所控制的经济活动的影响,同时也受到另外一个人 B 所控制的某一经济活动 XB 的影响,就存在外部效应。

从新能源汽车的补贴举措来看,其外部性的效果是明显的。2009 年,我国已出台新能源汽车补贴政策。虽然目前已进入补贴退坡阶段,但其前期效果较为明显,即降低了汽车消费的负外部性。消费的负外部性是什么?交易对于双方(企业和消费者)之外的第三方有负面的影响。例如,燃油汽车对环境的影响就是负外部性。所以,政府通过给消费者补贴、免费上牌照等措施,尽可能地降低新能源汽车产品的市场失灵,助推其产业发展。

2. 财政补贴效应的相关理论

财政补贴是政府协调收入分配非常重要的宏观经济手段之一，其实质上是通过将收入和资源实施再分配，从而减少部分社会不公平的现象。从新能源汽车供应链及市场的角度看，其作用及意义也较为明显。首先，政府对新能源汽车的消费者和制造商给予补贴；其次，被补贴的新能源产品被投入市场后，其价格下降且需求量上升，也阻止了燃油汽车的需求，从而表现其正外部性。因此，补贴实际上从两个方面影响了新能源汽车市场。第一个方面是"收入效应"，这能在未增加受补贴者名义收入的情况下提高新能源汽车被购买的概率；第二个方面是"替代效应"，即通过改变新能源汽车产品的价格使消费者在可以替代和承受的范围内偏向于购买相对价格更低的产品的效应。财政补贴能通过打破传统燃油汽车和新能源汽车之间的价格平衡来产生两种效应，进而影响消费者的选择。

所以，财政补贴对新能源汽车供应链是具有正外部性的。但需注意，财政补贴特殊的性质使得其往往不能正确到达需要它的人手中，因为它像赋税一样可以被转嫁。正如李扬在《财政补贴经济分析》一书中提到的：表面上得到政府直接补贴的经济主体在所从事的经济活动中未必真正受到了"利好的刺激效应"。所以，这也为本书关于新能源汽车补贴退坡问题的研究提供了理论依据。

政府的财政补贴可分为三种：限制性实物补贴、非限制性实物补贴和现金补贴。前两者可以归结为实物补贴的两种形式，但其有交易性和影响范围有限性两个缺点。对于实物补贴，因其仅存在于部分特定的物品之上，消费者要想享受到优惠就只能购买这些可能他们并不十分需要的产品，这样一来便会破坏消费者最佳的需求比例，从而补贴的效用就会打折扣。所以，本书将主要讨论现金补贴，并针对新能源汽车补贴退坡这一大趋势进行深入研究。

2.2.2　消费者偏好和市场接受度

消费者偏好由消费者心理因素驱动，一般会受到客观因素、个人教育背景和经历等影响，表现为在多种因素综合影响下对产品的喜爱和接受程度。所以，考虑消费者偏好是对新能源汽车产品分析的重要市场信息。在新能源汽车产品推广发展的过程中，消费者群体存在对此类偏好程度的差异性。此差异性则是宣传营销过程中提高产品推广程度的关键，有效地掌握消费者偏好可更加有针对性地对产品进行改进以及调整营销方向，提高新能源汽车产品的推广效率。一般来说，消费者偏好会受到个人学历、认知态度等心理因素，以及年龄、性格、时尚意识等个人因素影响。有研究认为，消费者的偏好程度直接会影响消费者的决策行为，成为影响市场需求的直接影响因素。消费者决策行为是指满足其功能要求而去参考选择、问询、使用或者购买某产品。在选择过程中，消费者通过对产品的性能、定价、售后等方面进行评估，确定个人偏好后判断是否购买，这称为消费者决策行为。

在目前的全球经济体系下，如何与消费者偏好紧密联系，也是企业推广产品、提高竞争力的重要手段。研究表明，产品技术、售后、外观等因素均会影响消费者的购买决策行为。同样，新能源汽车市场的培育需要汽车技术和市场的共同促进。作为新能源重要的载体，电池技术的不成熟也会导致新能源汽车的整车生产成本较高，同时电池系统的质量和可靠性也无法保证；此外，新能源汽车的市场需求不高，这也导致政府对配套设施建设的投入信心不足。所以，新能源汽车的充电便利程度、续航里程、后期的维修保养仍然有较大的改进空间，这必然对消费者购买行为产生较大的消极影响。

因此，从消费者偏好的角度来看，其对市场需求的影响需要从市场培育和技术创新等方面来解决。此外，作为环保型的新兴产品，其低碳环保性能和能源消耗低等优势值得进一步推广和发展。但是，这对消费者来说既存在利益又存在风险。消费者的感知风险有两个要素：①决策者在决定购买行为前，预测该行为会产生的消极后果的概率；②决策者发生购买行为之后，出现消极后果时决策者感受到的损失程度。感知利益表示消费者能够体验到产品为他们带来的好处，而感知利益与消费者对产品属性和产品的认知有较高的联系。所以感知风险和感知利益会影响到消费者的态度或偏好，即对产品喜欢或者不喜欢的心理行为。由此，可以定义新能源汽车市场接受度，即在不同感知风险和感知利益影响下，消费者对新能源汽车的偏好程度，表现为消费者对新能源汽车的接受度。若消费者购买决策行为提高，则市场接受度会提高。那么企业和政府应该制定相应措施和政策，有效考虑消费者行为特征，引导消费者偏好以促进其购买决策行为，这是提高新能源汽车市场需求的关键。

2.3 本 章 小 结

随着技术的不断提升，新能源汽车近几年确实取得了较好的发展。本章介绍了新能源汽车供应链及相关理论。可见，新能源汽车需求量增幅明显，同时其供应链管理也具有较大的难度。其中，技术原因包括续航里程短、保值率过低、相关配套设施不健全等方面，所以需要考虑补贴、技术创新和数据驱动等因素影响下的新能源汽车运营和供应链市场决策问题，这些问题的阐述和分析构成了本书的主要研究内容。

第3章 新能源汽车市场运营与决策的影响因素

作为节能环保的新兴产品，新能源汽车自受到推广以来引发了巨大争议，且其市场接受度一直没有得到较大的提升。新能源汽车市场的推广需要依靠市场需求的拉动，而市场需求的动力主要来自消费者购买行为。所以，如何提高消费者对此产品的偏好是引导其购买决策行为的关键。同时，消费者偏好除受到个人特征影响以外，也会受到外部原因的影响。目前在新能源汽车推广过程中，最为重要的外部因素便是企业决策和政府政策。因此，本章从企业决策和市场的角度出发，分析在不同因素的影响下企业决策和政府政策会对消费者偏好产生何种影响，以及在此影响下如何根据消费者偏好去提升新能源汽车市场接受度等问题。具体地，本章从新能源汽车市场运营及决策的影响因素两个角度出发，分析供需两侧的政策及其影响因素，采用混合 Logistics 模型进行分析，针对用户对新能源汽车的政策感知度进行调查研究。

3.1 新能源汽车市场的供需两侧政策

新兴产业因其投入大并有较高的风险性，需要通过引导性的产业政策来促进其成长与发展。新能源汽车产业作为新兴产业，在市场推广过程中面临着高价格与市场低需求、高风险与消费者低认知等现实困境，通过产业政策促进新能源汽车等新兴产业发展是世界各国的普遍选择。新能源汽车产业政策可以分为供给侧政策和需求侧政策[58,59]，一般供给侧政策是提供内驱力，而需求侧政策则提供外拉力。近年来，国家出台了一些政策以推动新能源汽车的发展，与此同时，各地方政府也相继推出许多地方性政策以促进本地以新能源汽车为主的汽车类产业的发展，各地政策往往侧重各有不同，但总体不会与国家政策相冲突，能相互协调推动产业发展。因此，本章除了梳理出财政部、国家发展和改革委员会、国家税务总局等部门联合出台的政策之外，也梳理了部分地方政策。其中，新能源汽车产业类政策较为丰富。新能源汽车市场发展较好的主要是以北京、上海、广州、深圳为代表的中国超大型城市。因此，本章除了对国家的新能源汽车市场供需两侧政策进行梳理之外，也选取以"北上广深"为主的一线城市及少量相关城市地方政策作为代表进行梳理。

3.1.1　供给侧政策

供给侧政策通过公共资源投入和优化配置，着力于改善新能源汽车消费市场供给体系的质量和效率，同时提高整体供给体系效率，为新能源汽车市场持久健康发展提供驱动力量。供给侧政策又称功能性政策，着力于改善此类新兴产业整体供给体系的供给质量与供给效率，主要是通过基础设施建设（如充电桩）、生产优惠补贴、配套公共服务、示范推广等公共资源投入及优化配置，为新能源汽车市场提供成熟的商业化条件[60]。

供给侧政策包括多个方面，但基础设施（主要是公共充电桩建设）在我国新能源汽车供给侧政策实施中所占比重最大，是现阶段促进新能源汽车消费使用的主要政策之一。按照财政部发布的通知要求，2016~2020 年建设充电设施仍将获得资金支持，且各城市也均规定了地方补贴标准，并明确了补贴上限金额，具体如表 3.1 所示。

表 3.1　部分城市的供给侧政策

城市	相关政策	部分内容
北京	2023 年 6 月 15 日，北京市城市管理委员会关于对《2022 年度北京市电动汽车充换电设施建设运营奖补实施细则》公开征求意见的公告	将对社会公用充电设施、换电设施、单位内部充电设施的产权单位给予资金支持。社会公用充电设施指在社会公共停车场或可用于充电服务的停车场所内建设，向社会开放的、为电动汽车提供充电服务的经营性充电设施。奖补标准"因站而异"，社会公用充电设施、换电设施日常奖励标准为 0.2 元/千瓦时。年度奖励标准根据充换电站考核评价结果分为 4 个等级，具体为 106 元/千瓦·年（A 级）、90 元/千瓦·年（B 级）、74 元/千瓦·年（C 级）、0（D 级），奖励额应结合不同等级奖励标准和纳入奖励范围的具体天数给予
上海	《上海市人民政府办公厅印发〈关于本市进一步推动充换电基础设施建设的实施意见〉的通知》（沪府办规〔2022〕1 号）《上海市发展改革委 上海市财政局关于印发〈上海市节能减排（应对气候变化）专项资金管理办法〉的通知》（沪发改规范〔2021〕5 号）	2022 年及之后建成经认定的 A 类示范小区，给予充电设备金额 50%的财政资金补贴。鼓励小区已有充电桩通过加装能源路由器、更换设施等方式进行智能化改造，给予充电设备 300 元/桩的财政资金补贴。对支持小区自（专）用智能充电桩共享改造和利用的物业服务企业给予一次性补贴，补贴标准按 500 元/桩执行

续表

城市	相关政策	部分内容
广州	2020 年 3 月 25 日，广州市工业和信息化局关于公开征求《广州市电动汽车充电基础设施补贴资金管理办法（修订征求意见稿）》意见的公告	1. 充电桩项目： （1）直流充电桩、交直流一体化充电桩、无线充电设施：按照 300 元/千瓦的标准补贴 （2）交流充电桩：按照 60 元/千瓦的标准补贴 2. 换电设施项目：按照 2 000 元/千瓦的标准补贴。 对于专用、公用充电设施给予年度运营电量补贴，补贴标准如下： 按照 0.1 元/千瓦时的补贴标准，单个充电站点内平均每桩补贴上限小时数为每年不超过 2 000 小时，单个换电站点内平均每换电工位补贴上限小时数为每年不超过 3 000 小时
深圳	2023 年 4 月，深圳市发展和改革委员会发布关于公开征求《深圳市新能源汽车充换电设施管理办法（征求意见稿）》意见的通告	积极发挥财政补贴对社会资本的撬动作用，研究制定充电设施差异化财政支持政策，鼓励开展新一代超大功率柔性充电技术、智能有序充电技术、车网互动技术、光储充换综合能源示范试点，支持优势企业创新发展、做大做强，适度提升行业集中度 市财政部门应充分保障充换电设施安全生产宣传培训和监督检查年度工作经费

资料来源：①北京市城市管理委员会关于对《2022 年度北京市电动汽车充换电设施建设运营奖补实施细则》公开征求意见的公告. https://www.beijing.gov.cn/hudong/gfxwjzj/zjxx/202206/t20220615_2740703.html，2022-06-15；②关于印发《上海市鼓励电动汽车充换电设施发展扶持办法》的通知. https://fgw.sh.gov.cn/fgw_gfxwj/20220929/0056160b4a1d4e82aff75e026e2961fe.html，2022-09-29；③广州市工业和信息化局关于公开征求《广州市电动汽车充电基础设施补贴资金管理办法（修订征求意见稿）》意见的公告. http://gxj.gz.gov.cn/hdjlpt/yjzj/answer/3701，2020-03-25；④深圳市发改委公开征求《深圳市新能源汽车充换电设施管理办法》. https://www.yoojia.com/ask/19-12044028450634190430.html，2023-04-21

整体而言，供给侧相关的政策主要是发展公共基础设施建设，尽管初期需要投入大量的资金，而且作用效果相对来说较为迟缓，但是整体来说在促进新能源汽车类的消费和使用过程中，能够取得更久的效果且涵盖面较广。近几年，在新能源汽车市场化推行过程中，充电站等基础设施不够完善是制约市场接受度较低的重要原因之一，但由于新能源汽车产业链还未完全形成，在少数城市出现了一些充电设施使用率较低的问题；此外，在新能源汽车产业发展初期，市场需求与充电站等基础设施建设之间并不存在天然联系，可见，基础设施建设等供给侧政策的作用效果存在一定时滞效应。

3.1.2　需求侧政策

需求侧政策通过对终端消费群体引导实现激励作用，即着力于激发新能源汽车消费的积极性和购买能力，促进新能源汽车消费市场商业化条件的成熟，为新能源汽车消费市场商业化条件的成熟提供拉动力。需求侧政策又称选择性政策，主要包含政府补贴政策、购置税与车船税政策等选择措施，这会使新能源汽车产品在市场竞争中获得一定的成本优势，可在一定程度上提升消费者的购买力，进而提高消费者对新能源汽车的消费欲望从而增加市场需求。

需求侧政策涵盖面也较为广泛，其主要是财政部安排专项资金，对一些有利于生态环境的战略性新兴产业进行专项扶持。体现在新能源汽车方面，主要是一次性的资金补贴、车船税与购置税减免、享受优先行驶权和交强险等保险类费用的减免。根据《新能源汽车补贴标准》第九条补助标准，对满足支持条件的新能源汽车按 3 000 元/千瓦时给予补助；规定插电式混合动力乘用车最高补助 5 万元/辆，纯电动乘用车最高补助 6 万元/辆；第十条界定了政策补贴退坡机制，即当企业销售新能源汽车达 5 万辆以上时将降低给予的财政补贴；第十一条说明企业若对电池进行租赁，则根据其支持的新能源汽车数量决定补贴数值。

2019 年 3 月 26 日，财政部等四部委发布的《关于进一步完善新能源汽车推广应用财政补贴政策的通知》进一步对新能源类汽车补贴标准等方面做出新的规定：先是提高了纯电动汽车的补贴门槛，该通知规定可享受补贴的续航里程要求从 150 千米提升至 250 千米；在此基础上，分档补贴降低为两段式补贴，仅对 250~400 千米续航能力和大于 400 千米续航里程的纯电动汽车进行补贴，阐明了中央财政对于各类新能源汽车的具体补贴金额、补贴门槛和技术要求等，具体内容如表 3.2~表 3.4 所示。

表 3.2　2017~2019 年新能源乘用车补贴金额对比

车辆类型	纯电动续驶里程 R/千米	2017 年补贴金额/万元	2018 年补贴金额/万元	2019 年补贴金额/万元
纯电动乘用车	$100 \leqslant R < 150$	2		
	$150 \leqslant R < 200$	3.6	1.5	
	$200 \leqslant R < 250$		2.4	
	$250 \leqslant R < 300$	4.4	3.4	1.8
	$300 \leqslant R < 400$		4.5	1.8
	$R \geqslant 400$		5	2.5
插电式混动乘用车（含增程式）	$R \geqslant 50$	2.4	2.2	1

注：纯电动乘用车单车补贴金额=Min（里程补贴标准，车辆带电量×550 元）×电池系统能量密度调整系数×车辆能耗调整系数；新规定对非营运或私人类购买的新能源汽车，将以原补贴金额的 0.7 倍予以补贴

表 3.3　2017~2019 年新能源客车补贴政策对比

年份	车辆类型	中央财政补贴标准/（元/千瓦时）	中央财政补贴调整系数			中央财政单车补贴上限/万元		
						6<L≤8 米	8<L≤10 米	L>10 米
2019	非快充类纯电动客车	500	单位载质量能量消耗量/（瓦时/千米·十克）			2.5	5.5	9
			0.19（含）~0.17	0.17（含）~0.15	0.15 及以下			
			0.8	0.9	1			
2018	非快充类纯电动客车	1 200	系统能量密度/（瓦时/千克）			5.5	12	18
			115~135（含）		135 以上			
			1		1.1			
2017	非快充类纯电动客车	1 800	系统能量密度/（瓦时/千克）			9	20	30
			85~95（含）	95~115（含）	115 以上			
			0.8	1	1.2			
2019	快充类纯电动客车	900	快充倍率			2	4	6.5
			3C~5C（含）	5C~15C（含）	15C 以上			
			0.8	0.9	1			
2018	快充类纯电动客车	2 100	快充倍率			4	8	13
			3C~5C（含）	5C~15C（含）	15C 以上			
			0.8	0.9	1.1			
2017	快充类纯电动客车	3 000	快充倍率			6	12	20
			3C~5C（含）	5C~15C（含）	15C 以上			
			0.8	1	1.4			
2019	插电式混合动力（含增程式）客车	600	节油率水平			1	2	3.8
			60%~65%（含）	65%~70%（含）	70%以上			
			0.8	0.9	1			
2018	插电式混合动力（含增程式）客车	1 500	节油率水平			2.2	4.5	7.5
			60%~65%（含）	65%~70%（含）	70%以上			
			0.8	1	1.1			
2017	插电式混合动力（含增程式）客车	3 000	节油率水平			4.5	9	15
			60%~65%（含）	65%~70%（含）	70%以上			
			0.8	1	1.2			

注：L 指车身长度。2019 年每车补贴数额=Min（车辆带电量×单位电量补贴标准；单车补贴上限）×调整系数（包括单位载质量能量消耗量系数、快充倍率系数、节油率系数）

表 3.4　2017~2019 年新能源专用车补贴金额对比

年份	车辆类型	中央财政补贴标准/（元/千瓦时）	中央财政单车补贴上限/万元		
			N1 类	N2 类	N3 类
2019	纯电动货车	350	2	5.5	
	插电式混合动力（含增程式）货车	500			3.5
2018	纯电动货车	30（含）千瓦时以下部分：850	10		
	插电式混合动力（含增程式）货车	30~50（含）千瓦时部分：750 50 千瓦时以上部分：650			
2017	纯电动货车	30（含）千瓦时以下部分：1 500	15		
	插电式混合动力（含增程式）货车	30~50（含）千瓦时部分：1 200 50 千瓦时以上部分：1 000			

注：根据《机动车辆及挂车分类》（GB/T 15089—2001），N1 类指该车辆总质量（最大设计值）小于等于 3 500 千克的载货汽车；N2 类指该车辆总质量（最大设计值）大于 3 500 千克，但小于等于 12 000 千克的载货汽车；N3 类指该车辆总质量（最大设计值）超过 12 000 千克的载货汽车

2019 年 5 月 31 日，交通运输部等 12 部委联合发布了《绿色出行行动计划（2019—2022 年）》，其中指出，到 2022 年，初步建成布局合理、生态友好、清洁低碳、集约高效的绿色出行服务体系，绿色出行环境明显改善，公共交通服务品质显著提高、在公众出行中的主体地位基本确立，绿色出行装备水平明显提升，人民群众对选择绿色出行的认同感、获得感和幸福感持续加强[①]。

2019 年 6 月 3 日，国家发展和改革委员会等三部门联合印发《推动重点消费品更新升级 畅通资源循环利用实施方案（2019—2020 年）》，该方案 在巩固产业升级势头，不断优化市场供给方面提出了八大要求：①大幅降低新能源汽车成本；②加快发展使用便利的新能源汽车；③稳步推动智能汽车创新发展；④持续提升汽车节能环保性能；⑤着力推动绿色智能家电研发和产业化；⑥不断丰富数字创意内容和服务；⑦积极推进 5G 手机商业应用；⑧深入开展智慧家居跨行业应用试点[②]。

在购置税方面，2019 年 6 月 28 日发布的《关于继续执行的车辆购置税优惠政策的公告》决定，自 2018 年 1 月 1 日至 2020 年 12 月 31 日，对购置新能源汽车免征车辆购置税[③]。

---

① 多部门关于印发绿色出行行动计划（2019—2022 年）的通知. http://www.gov.cn/xinwen/2019-06/03/content_5397034.htm，2019-06-03.

② 关于印发《推动重点消费品更新升级 畅通资源循环利用实施方案（2019-2020 年）》的通知. http://www.gov.cn/zhengce/zhengceku/2019-10/08/content_5436974.htm，2019-06-03.

③ 关于继续执行的车辆购置税优惠政策的公告. http://www.chinatax.gov.cn/n810219/n810744/n4016641/n4016661/c4457606/content.html，2019-06-28.

　　2019 年 7 月 9 日,继续对双积分政策做出完善,继续完善对传统能源乘用车燃料消耗量的引导和积分灵活性措施,尤其对传统燃油汽车的燃料消耗量做出规定;继续对小型企业的油耗下降比例进行修正,且适当放宽标准。

　　受疫情困扰,为积极促进产业复苏,原先的补贴削减政策将暂缓执行,据有关消息,2020 年新能源汽车补贴政策将以稳定为主,不会大幅退坡。虽然退坡暂缓,给了车企一定的喘息时间,但压力并未减少。从以往落地的政策来看,中国新能源汽车由市场驱动向高质量发展是不可逆的。

　　与此同时,地方政府的补贴也相继出炉,如表 3.5 所示。

表 3.5　部分城市的需求侧政策补贴标准

城市	补贴政策
北京	对个人购买新能源汽车,按照中央政府给予补贴的 0.5 倍给予地方性补助,对私人购买新能源小客车不作运营里程要求
上海	对符合条件的电动汽车,按照中央政府给予补贴的 0.5 倍给予地方性补助;对符合条件的插电式混合动力汽车,且排量小于 1.6 升的,给予中央政府补贴 0.3 倍的地方性补助
广州	2020 年 3 月至 12 月底,个人消费者购买新能源汽车最高享受 1 万元补贴,对置换或者购买"国六"新车的给予 3 000 元补助
深圳	(一)2013~2015 年度充电设施建设补贴标准:按照集中式充电设备(站、桩、装置)投资的 30%给予财政补贴 (二)2016 年度充电设施建设补贴标准:按照充电设施(站、桩、装置)装机功率,直流充电设备补贴标准为 300 元/千瓦,交流充电设备补贴标准为 150 元/千瓦(注:专属充电站是指在集中场地内,建设总功率不低于 400 千瓦的充电站) (三)2017 年充电设施建设补贴标准:按照充电设施(站、桩、装置)装机功率,对直流充电设备给予 600 元/千瓦补贴;交流充电设备给予 300 元/千瓦补贴 (四)2018 年充电设施建设补贴标准:按照充电设施(站、桩、装置)装机功率,对直流充电设备给予 600 元/千瓦补贴;交流充电设备(40 千瓦及以上)给予 300 元/千瓦补贴,交流充电设备(40 千瓦以下)给予 200 元/千瓦补贴

资料来源:①关于调整完善北京市新能源汽车推广应用财政补助政策的通知. http://www.beijing.gov.cn/zhengce/zhengcefagui/201905/t20190522_61336.html,2018-07-19;②上海市人民政府办公厅关于转发市发展改革委等七部门制订的《上海市鼓励购买和使用新能源汽车实施办法》的通知. https://www.shanghai.gov.cn/nw43336/20200824/0001-43336_55412.html,2018-01-31;③广州市坚决打赢新冠肺炎疫情防控阻击战努力实现全年经济社会发展目标任务的若干措施. https://www.investgz.com.cn/investment-particulars.html?id=784438881142804480,2020-03-04;④关于进一步完善新能源汽车推广应用财政补助政策的通知. http://www.gov.cn/zhengce/zhengceku/2020-12/31/content_5575906.htm,2020-12-31

3.1.3　新能源汽车市场的供需两侧政策及依据

　　为分析消费者在不同的供需两侧政策环境下对新能源汽车的购买决策及接受度,本书对相关的新能源汽车政策进行梳理,形成属性值以便于研究消费者对其的感知易用性和感知有用性。在参考熊勇清等[58-61]对新能源汽车两侧政策描述的基础上,这里给出了供需两侧政策的属性及相关依据,如表 3.6 和表 3.7 所示。

表 3.6　供给侧政策属性及相关依据

政策	政策相关条目	主要政策依据
基础设施	充电桩建设、充电费用优惠	《关于加快电动汽车充电基础设施建设的指导意见》《节能与新能源汽车技术路线图 2.0》《推动重点消费品更新升级 畅通资源循环利用实施方案（2019—2020 年）》
法规完善	排放法规；准入门槛；行业标准	《"十三五"节能减排综合工作方案》《国务院办公厅关于加快新能源汽车推广应用的指导意见》
技术研发	充电基础设施；技术研究	《"十三五"国家战略性新兴产业发展规划》《节能与新能源汽车产业发展规划（2012—2020 年）》
示范组织	融资租赁；公共采购	《国务院办公厅关于加快新能源汽车推广应用的指导意见》《党政机关公务用车管理办法》
优先环节	免征车辆购置税	《关于新能源汽车免征车辆购置税有关政策的公告》
专属优惠	新能源汽车专属车牌	新能源汽车上牌照政策
出行优惠	过路（桥）费用优惠；停车费用优惠	《上海市鼓励购买和使用新能源汽车暂行办法（2016 年修订）》
限购政策	不限购政策（不受车牌摇号限制、车牌拍卖制度限制、车辆购置数量限制等）	《关于进一步做好节能与新能源汽车示范推广试点工作的通知》

表 3.7　需求侧政策属性及相关依据

政策	政策相关条目	主要政策依据
购置补贴	对个人消费者购买新能源汽车给予每车 1 万元补贴。对置换或报废二手车的消费者，给予 3 000 元/辆的补助；贷款优惠等	《关于进一步完善新能源汽车推广应用财政补贴政策的通知》《广州市人民政府关于印发广州市坚决打赢新冠肺炎疫情防控阻击战努力实现全年经济社会发展目标任务若干措施的通知》
税收减免	购置税减免	《关于免征新能源汽车车辆购置税的公告》《关于继续执行的车辆购置税优惠政策的公告》
优先权利	行驶优先权等	《国务院办公厅关于加快新能源汽车推广应用的指导意见》

3.2　考虑两侧政策的新能源汽车市场接受度影响因素

根据 3.1 节对新能源汽车供需两侧政策的分析可以看出，供给侧和需求侧是促进新能源汽车市场规模化发展的两个政策着力点。新能源汽车市场发展不仅要重视供给侧政策的驱动因素，同时也必须高度重视需求侧政策的拉动因素。本书给出新能源汽车供需两侧的主要影响因素，见图 3.1。

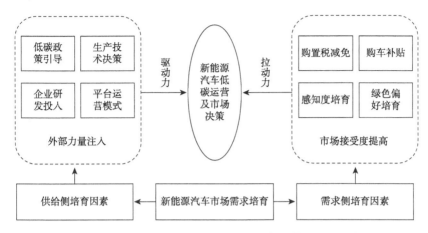

图 3.1　新能源汽车市场发展的两侧政策及功能

根据图 3.1 看出，新能源汽车政策可分为供给侧政策和需求侧市场培育因素。新能源汽车作为新兴产业，不同成长阶段对于供给侧和需求侧政策的需求也不一样。供给侧政策效用持久、作用相对迟缓；需求侧效应迅速、持续时间较短[59, 62]。

根据前面分析看出，针对这些影响因素进行分析关系到新能源汽车市场发展的重要举措。将上述因素落地性地归纳为如下这些影响因素，以便于更好地收集相关数据。通过归纳，本书认为考虑供需两侧政策的新能源汽车市场发展的影响因素主要如下。

需求侧：

（1）购车补贴；

（2）购置税与车船税减免；

（3）优先行驶权（不受尾号限制等）；

（4）免首次交强险费用。

供给侧：

（1）基础充电设施完善；

（2）充电费用优惠；

（3）私人充电桩补贴；

（4）优先年检通道且免年检费用；

（5）优先上牌通道且免上牌费用；

（6）新能源汽车专属车牌；

（7）过路（桥）费用优惠；

（8）车辆不限购（不受车牌摇号限制、车牌拍卖制度限制、车辆购置数量限制等）。

根据这些影响因素，设计调查问卷来获取消费者市场接受度的有关信息。

3.2.1 问卷设计与调查实施

为了直接明确地获取消费者对于新能源汽车市场供需两侧政策的倾向性、感知程度和选择偏好，且为使调查问卷的设计更为清晰，这里使用中国汽车技术研究中心（China Automotive Technology & Research Center，CATARC）调研方法进行设计，其中参考了李文博[63]、Kang 和 Park[64]、Zhang 等[65]和 Li 等[51]研究中的相关部分；受访者对于新能源汽车供需两侧政策的倾向与偏好是依据对照分析法和联合分析法进行设计的。本部分的调查问卷主要分为三个板块的内容：受访者的个人基本信息、受访者对新能源汽车供需两侧政策的倾向（偏好）程度和受访者对新能源汽车供需两侧政策的认知程度。问卷先进行一定的预调查后进行完善，形成最终的调查问卷，从而增强了问卷提问和答题选项的针对性。本章问卷见附录1。

问卷的第一部分主要是对受访者的个人基本信息进行简单调查，包括性别、年龄、学历水平、家庭收入、婚姻状况、家庭人口数、过去一年中是否购买汽车、近几年有无购车打算、个人家庭保有的汽车数量、个人家庭保有的新能源汽车数量、住宅的地理位置、居住地与充电桩的相关性、家中是否有条件为新能源汽车充电以及目前居住的城市等。

问卷的第二部分主要是受访者对新能源汽车政策的偏好情况调查，主要基于对照分析法和联合分析法进行分析，这种情况下需要对被调查的变量进行拆分，构建出虚拟的情景来模拟受访者在指定的情景下是否会做出一定的购买决策。在实际生活中，假如某产品的主要特征可以分解为一些属性，便可以通过联合分析法确定消费者最偏爱哪一属性，消费者对物品的购买多数会考虑各个商品的不同属性，对不同的商品进行比较，之后做出判断选择满意的商品，也就是做出购买决策。最后利用数理统计方法核算受访者对不同属性和属性水平重要程度的判断，进而研究消费者的偏好程度。本实验应用此方法，对新能源汽车市场发展的激励政策先做出划分，即需求侧政策和供给侧政策。需求侧落地性政策包括购车补贴、购置税与车船税减免、优先行驶权、免首次交强险费用；供给侧落地性政策包括：基础充电设施完善、充电费用优惠、私人充电桩补贴、优先年检通道且免年检费用、优先上牌通道且免上牌费用、新能源汽车专属车牌、过路（桥）费用优惠、车辆不限购。然后依据每一种政策假定消费者需要做出决策的情景，来调查消费者对新能源汽车的购买倾向与购买决策，进而通过统计分析研究出消费者对于不同政策的偏好。属性过多会增加被调查者的答题难度，影响数据质量，而属性太少又会导致信息缺失，降低结果的可靠性，因此，单独政策问题所涉及的属性一般为 4~5 个，以便于形成对照实验，而后使用 2~4 个多选问题来综合判断消费者对各政策及政策组合的偏好程度。根据这一准则，将之前划分的四个激励环节设置为属性，将不同激励环节所包含的政策设置为属性水平，具体见表 3.8。

表 3.8　属性和属性水平的选择

属性	属性水平
购车环节	购车补贴；购置税与车船税减免；免首次交强险费用
上牌环节	车辆不限购；优先上牌通道且免上牌费用；新能源汽车专属车牌等
用车环节	优先行驶权；过路（桥）费用优惠；优先年检通道且免年检费用等
充电环节	基础充电设施完善；私人充电桩补贴；充电费用优惠等

确定其属性与属性水平后，需要将其进行组合以完成对照实验，如果直接进行随机组合，则会得到成千上万种组合，这显然无法直接呈现给消费者，也不利于研究的进行，因而必须要对其进行简化处理。本节选取正交实验设计方法进行处理，就是将各影响因素（政策）视为不同坐标方向，每次只给定 1~2 个做出情景模拟，易于比较。具体的量化方法采取 5 级利克特量表，就是对受访者的选择进行打分，对问卷中"一定不会购买""不太考虑购买""不确定""可能购买""非常可能购买"分别给予 1、2、3、4、5 的分值，消费者对一种或一组政策的评分越高，说明该组合对消费者效用越高。其中有一部分的多选题设定为开放式情景，直接探讨消费者更倾向的政策及政策组合，我们对其统计出的数据进行对照实验分析。具体见表 3.9。

表 3.9　政策选择偏好数据收集示例

假如可以享受以下优惠政策，您是否会选择购买新能源汽车？				
购车环节	购车补贴			
上牌环节	车辆不限购			
用车环节	优先行驶权			
充电环节	基础充电设施完善			
□一定不会购买	□不太考虑购买	□不确定	□可能购买	□非常可能购买

问卷的第三部分是消费者对新能源汽车各个政策认知程度的调查，此处政策

措施是基于前一节对各个政策的梳理以及对供需两侧政策的归纳与拆分形成的。主要将各政策逐一列出，消费者按照"非常不熟悉""比较不熟悉""一般了解""比较熟悉""非常熟悉"这五个选项进行选择，也分别给予 1、2、3、4、5 的分值。

已形成的网络问卷主要通过"问卷星"网站进行设计并形成二维码与链接，辅助于现场问卷调查，主要是通过 QQ、微信等聊天工具与新媒体进行扩散。

3.2.2　样本特征描述

对已扩散的问卷进行回收统计，最后回收得到数据 554 份，其中有效数据（去除空值）552 份，回收有效率为 99.64%，调查于 2020 年 2 月完成。

通过对数据的简要整理分析，获得了被调查者的性别、年龄、婚姻状况、学历水平、家庭人口数、家中现有汽车数量、家庭月收入、家庭居住地、家中新能源汽车数量、住宅附近是否有充电桩、住宅是否有条件充电、如果取消相关政策是否愿意购买新能源汽车等特征（表 3.10）。

表 3.10　受访者人口统计学特征

特征	分类指标	占比	特征	分类指标	占比
性别	男	48.01%	学历水平	大专	29.24%
	女	51.99%		本科	51.26%
年龄	25 岁及以下	31.40%		硕士	11.91%
	26~30 岁	24.19%		博士及以上	1.08%
	31~40 岁	18.77%		海归硕士及以上	0.36%
	41~50 岁	14.44%	家庭人口数	1 人	0.72%
	51~60 岁	10.83%		2 人	3.97%
	60 岁以上	0.36%		3 人	36.10%
婚姻状况	未婚	34.30%		4 人	31.41%
	已婚	53.07%		5 人	18.77%
	离异	12.27%		6 人及以上	8.66%
学历水平	高中或中专及以下	6.14%	家中现有汽车数量	0 辆	21.30%

续表

特征	分类指标	占比	特征	分类指标	占比
家中现有汽车数量	1辆	59.57%	家中新能源汽车数量	0辆	79.06%
	2辆	16.61%		1辆	11.91%
	3辆及以上	1.08%		2辆	4.69%
家庭月收入	2 000元及以下	14.44%		3辆及以上	3.25%
	2 001~4 000元	13.00%	住宅附近是否有充电桩	是	40.79%
	4 001~6 000元	20.58%		否	58.84%
	6 001~8 000元	10.83%	住宅是否有条件充电	是	41.88%
	8 001~10 000元	9.75%		否	57.76%
	10 001~15 000元	13.72%	如果取消相关政策是否愿意购买新能源汽车	是	37.55%
	15 001~20 000元	10.11%		否	62.09%
	20 001~30 000元	3.25%			
	30 000元以上	3.25%			
家庭居住地	市区	54.51%			
	郊区	22.02%			
	农村	23.10%			

从表 3.10 可以看出，48.01%的受访者为男性，51.99%的受访者为女性；受访者中 25 岁及以下的人比例较高，占比 31.40%，而其次的两个年龄段 26~30 岁、31~40 岁则分别占比 24.19%、18.77%；受访者中超过半数的是已婚人士，占比53.07%；受访者的学历水平较高，其学历水平达到大专及以上水平者占比93.85%，其中大学本科最多，占比 51.26%；家庭人口数则是 3 人占比最大（36.10%），其次是家庭人口数为 4 人（31.41%）；受访者的月收入差别较大，其中收入在 4 001~6 000 元的人数最多，占比 20.58%，位列前三的还有收入为 2 000元及以下和 10 001~15 000 元，分别占比 14.44%和 13.72%；受访者中市区居民超过整体的一半（54.51%），在其余受访者群体中，郊区和农村的受访者的占比分别为 22.02%和 23.10%；受访者中，家中没有私家车的人数占比 21.30%，多数受访者家庭中都拥有一定的私家车，占比为 77.26%；但与此同时，大多数的家庭家中没有新能源汽车，超过了整体的四分之三（79.06%），其余受访者即家中拥有新能源汽车的家庭数量占比为 19.85%；各受访者家庭住宅附近有充电桩的占比40.79%，没有充电桩的占比 58.84%；同时，受访者认为自己家中及家庭附近有

充电条件的（如私人庭院、私家车库、家庭附近的物业、住处小区楼下等）占比41.88%，认为家庭附近没有充电条件的超过半数（57.76%）；如果取消了关于新能源汽车相关政策仍愿意购买新能源汽车的占比 37.55%，而选择不愿意购买新能源汽车的占比 62.09%。

3.2.3　消费者政策偏好分析

通过对消费者在某种政策情景下是否会做出购买新能源汽车的决策数据分析，可以得出在单一政策情景下消费者对新能源汽车做出的购买决策，消费者最倾向购买新能源汽车的政策场景是私人充电桩补贴和充电优惠，之后是上牌优惠和车辆不限购；简单说来，从整体来看，消费者更倾向选择的政策场景是私人充电桩补贴>充电政策①>车牌政策②=车辆不限购>过路（桥）费用优惠>优先行驶权>优先年检通道且免年检费用>购车补贴>免首次交强险费用>购置税与车船税减免。对其使用 SPSS 软件进行信度与效度分析可知，该部分数据 α 系数为 0.805，表明问卷该部分的信度非常好（ $\alpha > 0.8$ ），可以接受，且统计量检验（Kaiser Meyer Olkin，KMO）系数为 0.858，表明问卷该部分的效度非常好（ $\alpha > 0.8$ ），可以继续分析，两侧政策的信度与效度检验以及各政策的统计学描述分别如表 3.11 和表 3.12 所示。

表 3.11　两侧政策的信度与效度检验

政策类别	政策类型	均值	标准差
需求侧	购置税与车船税减免	2.827	1.681
	购车补贴	2.917	1.708
	优先行驶权	2.953	1.718
	免首次交强险费用	2.841	1.686
供给侧	充电政策	3.040	1.743
	私人充电桩补贴	3.043	1.745
	优先年检通道且免年检费用	2.924	1.710
	车牌政策	2.975	1.725
	过路（桥）费用优惠	2.971	1.724
	车辆不限购	2.975	1.725

---

① 为控制因素数量，将"基础充电设施完善"和"充电费用优惠"合并为"充电政策"。
② 为控制因素数量，将"优先上牌通道且免上牌费用"和"新能源汽车专属车牌"合并为"车牌政策"。

续表

政策类别	政策类型	均值	标准差
α 值		0.805	
统计量检验值		0.858	
巴特球形值		572.241	
显著性系数		0.001	

表 3.12　各政策的统计学描述

选项	数量（占比）					均值	标准差	偏度	峰度
	1	2	3	4	5				
购置税与车船税减免	84（15.16%）	138（24.91%）	160（28.88%）	134（24.19%）	38（6.86%）	2.83	1.16	0.02	-0.887
购车补贴	64（11.55%）	144（25.99%）	158（28.52%）	150（27.08%）	38（6.86%）	2.92	1.125	-0.036	-0.848
优先行驶权	72（13%）	124（22.38%）	154（27.8%）	158（28.52%）	44（7.94%）	2.95	1.168	-0.115	-0.901
免首次交强险费用	78（14.08%）	142（25.63%）	156（28.16%）	146（25.36%）	32（5.78%）	2.84	1.137	-0.027	-0.902
充电政策	70（12.64%）	104（18.77%）	162（29.24%）	162（29.24%）	54（9.75%）	3.04	1.18	-0.197	-0.837
私人充电桩补贴	64（11.55%）	116（20.94%）	160（28.88%）	160（28.88%）	54（9.75%）	3.04	1.163	-0.154	-0.83
优先年检通道且免年检费用	68（12.27%）	138（24.91%）	152（27.44%）	152（27.44%）	42（7.58%）	2.92	1.154	-0.051	-0.898
车牌政策	72（13%）	126（22.74%）	150（27.08%）	148（26.71%）	56（10.11%）	2.97	1.199	-0.065	-0.933
过路（桥）费用优惠	70（12.64%）	136（24.55%）	140（25.27%）	156（28.16%）	52（9.39%）	2.97	1.188	-0.061	-0.959
车辆不限购	64（11.55%）	140（25.27%）	134（24.19%）	170（30.69%）	44（7.94%）	2.97	1.165	-0.103	-0.967

从表 3.12 可以看出，两侧政策对于消费者购买新能源汽车意愿的激励作用大多未超过预期期望值（0.5），仅在充电政策（3.04）和私人充电桩补贴（3.04）这两项政策中超过了预期期望值，说明目前阶段对消费者激励度最高的政策是充电政策和私人充电桩补贴；而在各类政策影响的偏度中，仅有购置税与车船税减免的偏度为正数（0.02），这表明购置税与车船税减免对较多的人产生较为明显的正向作用，但是不同的人对待其态度离散程度较高，极值较大，也就是不同的消费

者对这项政策的分歧较大。造成此结果的原因可能是消费者对于购置税相关政策的熟悉程度不高，如果能够合理利用这一点继续加大宣传力度，增强消费者对于此类政策的感知，使得消费者对这项政策的熟悉度提升，应该能对消费者购买新能源汽车产生更明显的激励作用。

在消费者对新能源汽车政策的偏好环节中，可以看出消费者更倾向供给侧政策，占比为65.34%，具体如表3.13所示。

表3.13　消费者对两侧政策的倾向性

政策类别	政策条目	人数	占比
需求侧政策	购车补贴、购置税与车船税减免、优先行驶权、免首次交强险费用	93	33.57%
供给侧政策	基础充电设施完善、充电费用优惠、私人充电桩补贴、优先年检通道且免年检费用、优先上牌通道且免上牌费用、新能源汽车专属车牌、过路（桥）费用优惠、车辆不限购	181	65.34%

在具体的政策倾向性方面，消费者最倾向基础充电设施完善（67.51%），其次是购车补贴（55.96%）、购置税与车船税减免（52.35%）和优先行驶权（含免首次交强险费用）（51.62%），之后的倾向性由高到低分别为充电费用优惠（46.93%）>私人充电桩补贴（29.96%）>过路（桥）费用优惠（23.83%）>优先年检通道且免年检费用（19.86%）>车辆不限购（16.25%）>优先上牌通道且免上牌费用（15.16%）>新能源汽车专属车牌（9.75%），如图3.2所示。

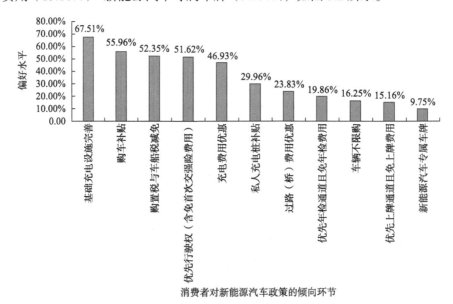

图3.2　消费者对不同政策的具体倾向

在对其他相关因素的倾向中，更多的消费者倾向车辆续航能力（61.73%），其次是电池耐久程度（57.76%）和电池价格成本（57.76%），同时，也有相当一部分消费者倾向关注新能源汽车的智能化（41.16%）和外观（36.10%），如图 3.3 所示。

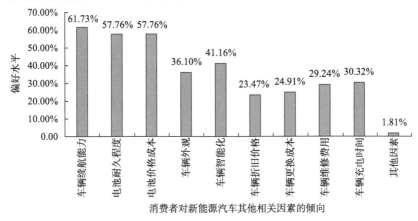

图 3.3 消费者对其他影响因素的倾向

3.2.4 性别差异分析

通常需要对数据进行统计学分析，其中重要的一项就是人口的统计学特征是否会使政策的倾向性产生显著性差异，通过使用单因素方法分析和独立样本 t 检验的方法进行分析。将消费者选择的政策倾向性作为检验变量，性别作为分组变量，就性别对各新能源汽车政策的倾向性进行显著性差异检验，表 3.14 即不同性别消费者对政策倾向性的独立样本 t 检验结果。

表 3.14 不同性别消费者对政策倾向性的 t 检验

政策倾向性	异数值条件	Levene 的变异数相等测试		针对平均值是否相等的 t 测试		
		F	显著性	t	df	显著性（双尾）
两侧政策选择	异数等值时	0.304	0.582	0.275	275	0.783
	异数不等值时			0.276	273.685	0.783
购车补贴	异数等值时	0.453	0.502	−0.343	275	0.732
	异数不等值时			−0.343	273.027	0.732
购置税与车船税减免	异数等值时	1.379	0.241	0.812	275	0.418
	异数不等值时			0.812	273.451	0.418

续表

政策倾向性	异数值条件	Levene 的变异数相等测试		针对平均值是否相等的 t 测试		
		F	显著性	t	df	显著性（双尾）
优先行使权（含免首次交强险费用）	异数等值时	1.528	0.218	2.26	275	0.025
	异数不等值时			2.261	273.673	0.025
基础充电设施完善	异数等值时	0.012	0.913	0.054	275	0.957
	异数不等值时			0.055	273.354	0.957
充电费用优惠	异数等值时	2.794	0.096	1.831	275	0.068
	异数不等值时			1.83	272.655	0.068
私人充电桩补贴	异数等值时	2.244	0.135	-0.747	275	0.456
	异数不等值时			-0.748	274.553	0.455
优先年检通道且免年检费用	异数等值时	11.014	0.001	-1.632	275	0.104
	异数不等值时			-1.642	273.581	0.102
优先上牌通道且免上牌费用	异数等值时	18.277	0	-2.076	275	0.039
	异数不等值时			-2.097	267.166	0.037
新能源汽车专属车牌	异数等值时	17.341	0	-2.02	275	0.044
	异数不等值时			-2.048	257.16	0.042
过路（桥）费用优惠	异数等值时	25.742	0	-2.471	275	0.014
	异数不等值时			-2.49	271.733	0.013
车辆不限购	异数等值时	0.82	0.366	0.453	275	0.651
	异数不等值时			0.452	270.443	0.652
电池耐久程度	异数等值时	4.49	0.035	-1.173	275	0.242
	异数不等值时			-1.172	272.173	0.242
电池价格成本	异数等值时	1.094	0.296	0.528	275	0.598
	异数不等值时			0.529	273.661	0.598
车辆续航能力	异数等值时	0.003	0.959	-0.026	275	0.979
	异数不等值时			-0.026	273.216	0.979

续表

政策倾向性	异数值条件	Levene 的变异数相等测试		针对平均值是否相等的 t 测试		
		F	显著性	t	df	显著性（双尾）
车辆外观	异数等值时	0.968	0.326	0.496	275	0.621
	异数不等值时			0.495	272.422	0.621
车辆智能化	异数等值时	1.735	0.189	−0.667	275	0.505
	异数不等值时			−0.667	273.827	0.505
车辆折旧价格	异数等值时	3.342	0.069	−0.909	275	0.364
	异数不等值时			−0.911	274.968	0.363
车辆更换成本	异数等值时	11.966	0.001	−1.707	275	0.089
	异数不等值时			−1.716	274.515	0.087
车辆维修费用	异数等值时	13.49	0	−1.826	275	0.069
	异数不等值时			−1.834	274.856	0.068
车辆充电时间	异数等值时	0.484	0.487	−0.347	275	0.729
	异数不等值时			−0.348	273.945	0.728

通常显著性系数（Sig 值）大于 0.05 为无显著差异，小于 0.05 则为有显著差异。可以看出男女性别在对优先年检通道且免年检费用、优先上牌通道且免上牌费用、新能源汽车专属车牌、过路（桥）费用优惠、电池耐久程度、车辆更换成本、车辆维修费用、车辆充电时间的选择上的认知是非齐性的，表现出差异性较大；而对其他政策的倾向性的表现是齐性的，需要进一步观察每一项政策的双侧显著性系数（Sig 值）。可以看到不同性别对优先行驶的侧显著性系数（Sig 值）小于 0.05（0.025），表明不同性别对优先行驶这一种政策的倾向性出现了显著性差异；在开放式环境下，消费者对具体政策的倾向性（主动选择）略有改变，在购车补贴、车牌政策和车辆不限购中男女性别表现出了较大的差异性，而在其他政策的选择上没有出现显著性差异，具体如表 3.15 所示。

表 3.15　不同性别对具体政策倾向性的样本检验

政策倾向性	男	女	F	显著性
购置税与车船税减免	146（54.89%）	144（50%）	1.04	0.309
购车补贴	146（54.89%）	164（56.94%）	3.945	0.048

政策倾向性	男	女	F	显著性
优先行驶权	156（58.65%）	130（45.14%）	0.996	0.319
免首次交强险费用	140（52.63%）	120（41.67%）	0.929	0.336
充电政策	180（67.67%）	194（67.36%）	0.051	0.821
私人充电桩补贴	74（27.82%）	92（31.94%）	0.893	0.346
优先年检通道且免年检费用	42（15.79%）	68（23.61%）	1.796	0.181
车牌政策	28（10.53%）	56（19.44%）	6.267	0.013
过路（桥）费用优惠	46（17.29%）	86（29.86%）	0.142	0.707
车辆不限购	46（17.29%）	44（15.28%）	6.889	0.009

在对其他影响因素的倾向性（主动）选择中，男女性别在电池耐久程度、车辆更换成本、车辆维修费用和其他因素中表现出了显著性差异；而在其他因素如电池价格成本、车辆续航能力、车辆外观、车辆智能化、车辆折旧价格、车辆充电时间等方面的倾向性则并不显著，具体如表 3.16 所示。

表 3.16　不同性别对其他影响因素的样本检验

其他影响因素倾向性	男	女	F	显著性
电池耐久程度	144（54.14%）	176（61.11%）	4.49	0.035
电池价格成本	158（59.40%）	162（56.25%）	1.094	0.296
车辆续航能力	164（61.65%）	178（61.81%）	0.003	0.959
车辆外观	100（37.59%）	100（34.72%）	0.968	0.326
车辆智能化	104（39.10%）	124（43.06%）	1.735	0.189
车辆折旧价格	56（21.05%）	74（25.69%）	3.342	0.069
车辆更换成本	54（20.30%）	84（29.17%）	11.966	0.001
车辆维修费用	64（24.06%）	98（34.03%）	13.49	0.001
车辆充电时间	78（29.32%）	90（31.25%）	0.484	0.487
其他因素	2（0.75%）	8（2.78%）	6.555	0.011

3.2.5　影响因素的典型相关分析

由于新能源汽车市场的影响因素非常多，且影响较为复杂，为了方便对其进行分析，使用主成分分析法对其进行简化分析。主成分分析法是通过对各因素进行相关分析、降维后，选取一些重要的因子作为代表，且将其他因子利用线性表示的方法转化为选取的主成分因子，来刻画这些影响因素对事物整体状态的影响。对问卷调查中的各影响因素进行整理，首先要对这些因子进行典型相关分析，如果有一些因素未能表现出较强的相关性（或线性无关），则需要将这些因子剔除后再进行分析，或不能进行主成分分析；若这些因子间均表现出较强的相关性，则意味着每个因子都可以由其他因子进行线性表示，从而可以进行降维并进行主成分分析。现利用 SPSS 11 中相关性、降维、因子分析等板块对该调查中的影响因素进行相关性分析，取得结果如表 3.17、表 3.18 所示。

表 3.17　各影响因素相关性矩阵

主要影响因素（皮尔森相关系数）	购置税与车船税减免	购车补贴	优先行驶权	免首次交强险费用	充电政策	私人充电桩补贴	优先年检通道且免年检费用	车牌政策	过路（桥）费用优惠	车辆不限购
购置税与车船税减免	1									
购车补贴	0.330**	1								
优先行驶权	0.326**	0.223**	1							
免首次交强险费用	0.363**	0.279**	0.305**	1						
充电政策	0.264**	0.355**	0.406**	0.242**	1					
私人充电桩补贴	0.231**	0.246**	0.183**	0.279*	0.331**	1				
优先年检通道且免年检费用	0.228**	0.266**	0.288**	0.341**	0.337**	0.272**	1			
车牌政策	0.205**	0.227**	0.253**	0.372**	0.316**	0.362**	0.368**	1		
过路（桥）费用优惠	0.151**	0.296**	0.286**	0.281**	0.352**	0.391**	0.389**	0.368**	1	
车辆不限购	0.155**	0.217**	0.327**	0.262**	0.288**	0.308**	0.338**	0.254**	0.290**	1

**表示相关性在99%置信度上显著（双尾）；*表示相关性在95%置信度上显著（双尾）

通过表 3.17 可以看出，各影响因素均表现出了极强的相关性（相关性在 0.01 置信度上显著），可以进行相关性分析、主成分分析及回归分析。

表 3.18 各影响因素对家庭拥有汽车数量、拥有新能源汽车数量的回归分析

因变量	自变量	非标准化系数	标准化系数	t	p	R^2	调整 R^2	F
家庭拥有汽车数量	性别	0.075	0.056	0.968	0.334	0.142	0.126	8.944
	年龄	−0.078	−0.163	−2.475	0.014			
	婚姻状况	0.094	0.093	1.246	0.214			
	学历	0.009	0.011	0.174	0.862			
	月收入	0.103	0.348	5.267	0			
家庭拥有新能源汽车数量	性别	0.061	0.043	0.727	0.468	0.125	0.103	5.506
	年龄	−0.064	−0.124	−1.849	0.066			
	婚姻状况	−0.146	−0.133	−1.745	0.082			
	学历	0.019	0.022	0.359	0.72			
	月收入	−0.04	−0.126	−1.882	0.061			
	居住地是否有充电桩	0.017	0.012	0.206	0.837			
	居住地是否有其他充电方式	−0.203	−0.142	−2.42	0.016			

通过表 3.18 可以看出，R^2 为 0.142 和 0.125 表示研究对象中相应的自变量（影响因素）可以解释 14.2% 和 12.5% 因变量均值方差变化的原因，即平均每个数值的变动都会在 14.2% 和 12.5% 的程度上影响其方差改变。显著性系数（p 值）表示某自变量对其因变量的影响关系。可以看出，在家庭总体拥有汽车数量方面，年龄与月收入对其影响显著（$p<0.05$ 表示在 95% 的置信度上对其影响显著），而性别、婚姻状况和学历对其影响不显著；但是继续研究发现，年龄、婚姻状况和月收入对于家庭拥有的新能源汽车数量影响较为显著（$p<0.1$ 表示在 90% 的置信度上对其影响显著），而居住地是否有其他充电方式则表现出了显著影响（$p<0.05$），其他因素则表现为不显著。

3.3 基于混合 Logistic 模型的新能源汽车用户满意度分析

3.3.1 模型构建

在常规的多元统计学中针对各因素分析的模型有二元 Logit 模型、多项 Logit

模型和 Logistic 模型等，二元 Logit 模型设计的参数通常是符合[0,1]的二项分布的模型，而多项 Logit 模型常适用于随机误差项服从独立同分布且属于极值分布的情况，而且解释变量的参数均为常数。因此，本节从考虑用户满意度概率的角度设计了混合型 Logistic 模型，通过主成分分析法对各影响因素进行降维处理，基于降维后的因子设计出用户满意度混合型 Logistic 模型以计算出在不同主成分下目标调查用户对于新能源汽车的满意度概率[66-68]。具体模型如下：

$$\ln \frac{P_i}{1-P_i} = \alpha + \beta_1 Y_1 + \cdots + \beta_j Y_j \qquad (3.1)$$

考虑消费者用户满意度的混合型 Logistic 模型与调查问卷的设计有紧密关系，根据调查问卷和原设计思路，$X_i, i=1,2,\cdots,16$ 即影响消费者用户满意度的因素：性别、年龄、婚姻状况、学历、家庭月收入、家庭人口数、购置税与车船税减免、购车补贴、优先行驶权、免首次交强险费用、基础充电设施完善、私人充电桩补贴、优先年均通道且免年检费用、优先上牌通道且免上牌费用、过路（桥）费用优惠、车辆不限购；而 Y_j 表示影响因素的主成分，故线性关系表达式为

$$Y_j = \lambda_1 X_1 + \cdots + \lambda_i X_i + \eta \qquad (3.2)$$

以上两式中，P_i 为第 i 个被调查对象对新能源汽车的满意度概率；α、η 均为常数项；λ_i 为主成分与对应被解释变量的待估系数；β_j 为相应主成分的待估系数；$\ln \frac{P_i}{1-P_i}$ 为相应主成分表达下的满意度概率。

3.3.2　实证分析与结果

本节通过分类变量法探讨常规因素（如性别等）和政策因素对消费者用户满意度的影响，对前文的调查问卷收集到的信息进行回归分析，结果如表 3.19 所示。

表 3.19　影响因素的变异系数矩阵

因素	起始特征值			平方和载入			循环平方和载入		
	总计	变异系数	累计	总计	变异系数	累计	总计	变异系数	累计
1	3.999	24.992%	24.992%	3.999	24.992%	24.992%	3.58	22.377%	22.377%
2	1.812	11.324%	36.316%	1.812	11.324%	36.316%	1.829	11.434%	33.811%
3	1.18	7.373%	43.69%	1.18	7.373%	43.69%	1.534	9.589%	43.4%
4	1.052	6.573%	50.263%	1.052	6.573%	50.263%	1.098	6.863%	50.263%

续表

因素	起始特征值			平方和载入			循环平方和载入		
	总计	变异系数	累计	总计	变异系数	累计	总计	变异系数	累计
5	0.986	6.16%	56.423%						
6	0.893	5.582%	62.005%						
7	0.849	5.307%	67.311%						
8	0.776	4.849%	72.161%						
9	0.72	4.5%	76.66%						
10	0.696	4.348%	81.008%						
11	0.641	4.009%	85.017%						
12	0.566	3.54%	88.557%						
13	0.531	3.319%	91.876%						
14	0.523	3.272%	95.148%						
15	0.431	2.696%	97.843%						
16	0.345	2.157%	100%						

通过表 3.19 和图 3.4 可以看出，前四个因素对整体影响较大，系统推荐取前四个因素为主成分。继续运算可得到相应的主成分元件矩阵（因子载荷阵）和处理后的主成分系数矩阵，分别如表 3.20 和表 3.21 所示。

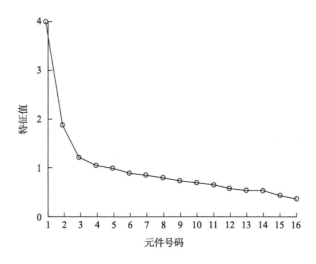

图 3.4 变异系数陡坡图

表 3.20　主成分元件矩阵

因素	1	2	3	4
性别	0.267	−0.159	−0.598	−0.125
年龄	−0.214	0.727	−0.044	−0.267
婚姻状况	−0.47	0.704	0.047	0.003
学历	0.177	−0.564	0.403	0.175
月收入	−0.459	0.393	0.446	0.249
家庭人口数	−0.12	0.136	−0.219	0.833
购置税与车船税减免	0.513	0.039	0.325	−0.136
购车补贴	0.531	0.138	0.234	0.214
优先行驶权	0.58	0.074	0.267	−0.132
免首次交强险费用	0.596	0.163	0.063	−0.075
充电政策	0.64	0.066	0.248	0.072
私人充电补贴	0.552	0.306	−0.14	0.152
优先年检通道且免年检费用	0.649	0.065	−0.24	0.136
车牌政策	0.594	0.253	−0.16	−0.02
过路（桥）费用优惠	0.622	0.15	−0.088	0.164
车辆不限购政策	0.542	0.177	0.038	−0.128

表 3.21　主成分系数矩阵

因素	1	2	3	4
性别	0.133 52	−0.118 12	−0.550 50	−0.121 87
年龄	−0.107 01	0.540 08	−0.040 51	−0.260 32
婚姻状况	−0.235 03	0.522 99	0.043 27	0.002 92
学历	0.088 51	−0.418 99	0.370 99	0.170 62
月收入	−0.229 53	0.291 95	0.410 58	0.242 77
家庭人口数	−0.060 01	0.101 03	−0.201 61	0.812 15
购置税与车船税减免	0.256 53	0.028 97	0.299 19	−0.132 60
购车补贴	0.265 53	0.102 52	0.215 41	0.208 64
优先行驶权	0.290 04	0.054 97	0.245 79	−0.128 70
免首次交强险费用	0.298 04	0.121 09	0.058 00	−0.073 12
充电政策	0.320 04	0.049 03	0.228 30	0.070 20
私人充电补贴	0.276 03	0.227 32	−0.128 88	0.148 20
优先年检通道且免年检费用	0.324 54	0.048 29	−0.220 94	0.132 60
车牌政策	0.297 04	0.187 95	−0.147 29	−0.019 50
过路（桥）费用优惠	0.311 04	0.111 43	−0.081 01	0.159 90
车辆不限购政策	0.271 03	0.131 49	0.034 98	−0.124 80

由此可计算出主成分的表达式分别为

$Y_1 = 0.133\,52X_1 - 0.107\,01X_2 - 0.235\,03X_3 + 0.088\,51X_4 - 0.229\,53X_5 - 0.060\,01X_6$
$\qquad + 0.256\,53X_7 + 0.265\,53X_8 + 0.290\,04X_9 + 0.298\,04X_{10} + 0.320\,04X_{11} + 0.276\,03X_{12}$
$\qquad + 0.324\,54X_{13} + 0.297\,04X_{14} + 0.311\,04X_{15} + 0.271\,03X_{16}$

$Y_2 = -0.118\,12X_1 + 0.540\,08X_2 + 0.522\,99X_3 - 0.418\,99X_4 + 0.291\,95X_5 + 0.101\,03X_6$
$\qquad + 0.028\,97X_7 + 0.102\,52X_8 + 0.054\,97X_9 + 0.121\,09X_{10} + 0.049\,03X_{11} + 0.227\,32X_{12}$
$\qquad + 0.048\,29X_{13} + 0.187\,95X_{14} + 0.111\,43X_{15} + 0.131\,49X_{16}$

$Y_3 = -0.550\,50X_1 - 0.040\,51X_2 + 0.043\,27X_3 + 0.370\,99X_4 + 0.410\,58X_5 - 0.201\,61X_6$
$\qquad + 0.299\,19X_7 + 0.215\,41X_8 + 0.245\,79X_9 + 0.058\,00X_{10} + 0.228\,30X_{11} - 0.128\,88X_{12}$
$\qquad - 0.220\,94X_{13} - 0.147\,29X_{14} - 0.081\,01X_{15} + 0.034\,98X_{16}$

$Y_4 = -0.121\,87X_1 - 0.260\,32X_2 + 0.002\,92X_3 + 0.170\,62X_4 + 0.242\,77X_5 + 0.812\,15X_6$
$\qquad - 0.132\,60X_7 + 0.208\,64X_8 - 0.128\,70X_9 - 0.073\,12X_{10} + 0.070\,20X_{11} + 0.148\,20X_{12}$
$\qquad + 0.132\,60X_{13} - 0.019\,50X_{14} + 0.159\,90X_{15} - 0.124\,80X_{16}$

继续计算可得出相应的主成分系数矩阵，如表 3.22 所示。

表 3.22　主成分载荷阵

元件	Y_1	Y_2	Y_3	Y_4
1	0.908	−0.246	0.332	−0.077
2	0.354	0.879	−0.286	0.142
3	0.205	−0.312	−0.868	−0.326
4	0.093	−0.264	−0.233	0.931
累计	1.56	0.057	−1.055	0.67

进而可以计算出消费者满意度概率的主成分表达式：

$$\ln \frac{P_i}{1-P_i} = 1.56Y_1 + 0.057Y_2 - 0.055Y_3 + 0.67Y_4 \qquad （3.3）$$

代入数据可得满意度概率值为 0.615\,761\,3。由于 0.6<0.615\,761\,3<0.8，可以判断出本次调查的目标消费者用户群体整体对新能源汽车满意度不算很高。所以，各新能源汽车的激励政策措施仍有改善空间，且整体消费者的购买潜力仍然巨大。这说明，政府和企业仍需思考政策组合来提高消费者的购买力与购买意愿，以促进新能源汽车市场由"政府+市场"双轮驱动向"市场驱动"为主体的转变，从而保证其健康持久地发展。

从影响因素的相关性上看，两侧政策的相关性较强，尤其表现在需求侧政策中政府资金补贴和购置税与车船税减免等，其相关性较强（在 0.05 的置信度上显著），这表示政府在以后的决策中考虑补贴退坡、减少直接资金补贴的同时，可以考虑保留一定的购置税减免政策，这样可以起到一定的替代效应，使消费者心理接受度不会大幅度下降，同时又能满足政府补贴退坡循序渐进的要求，起到一定的缓冲作用；而同时，供给侧政策与需求侧政策也表现出极强的相关关系，这表明一定程度上需求侧政策的退坡可以由继续加强供给侧政策来支持。供给侧政策本来就作用效果较为持久，如消费者对基础设施建设和不限购政策均表现出的较强的倾向性，政府可以在这两个因素中继续加大推广力度，利用基础设施建设扩大消费者的潜在需求，同时加以私人充电桩补贴政策和充电费用优惠类政策，使消费者在使用过程中增加便利性，提高用户体验，这非常有利于开发消费者巨大的消费潜力与消费需求，从而非常有利于新能源汽车市场由补贴依赖转变为市场驱动。

3.4　新能源汽车供需两侧政策下用户感知度调查研究

为了较为详细地阐述供需两侧政策对消费者产生的激励影响，且为政府政策改进提供方向和依据，本节除了对新能源汽车两侧政策影响因素做出分析外，也通过问卷调查了消费者对新能源汽车市场供需两侧政策的感知程度，具体如表3.23 所示。

表 3.23　消费者对政策的感知调查

政策	非常不熟悉	比较不熟悉	一般了解	比较熟悉	非常熟悉
购车补贴	66（23.83%）	96（34.66%）	65（23.47%）	34（12.27%）	16（5.78%）
购置税与车船税减免	65（23.47%）	94（33.94%）	62（22.38%）	39（14.08%）	17（6.14%）
免首次交强险费用	64（23.10%）	105（37.91%）	41（14.80%）	46（16.61%）	21（7.58%）
车辆不限购	57（20.58%）	111（40.07%）	47（16.97%）	40（14.44%）	22（7.94%）
优先行驶权	65（23.47%）	95（34.30%）	55（19.86%）	41（14.80%）	21（7.58%）
新能源汽车专属车牌	65（23.47%）	93（33.57%）	47（16.97%）	47（16.97%）	25（9.03%）
优先上牌通道且免上牌费用	76（27.44%）	91（32.85%）	54（19.49%）	34（12.27%）	22（7.94%）
过路（桥）费用优惠	74（26.71%）	100（36.10%）	48（17.33%）	39（14.08%）	16（5.78%）

政策	非常不熟悉	比较不熟悉	一般了解	比较熟悉	非常熟悉
优先年检通道且免年检费用	65（23.47%）	105（37.91%）	49（17.69%）	30（10.83%）	28（10.11%）
充电费用优惠	68（24.55%）	92（33.21%）	66（23.83%）	29（10.47%）	22（7.94%）
私人充电桩补贴	82（29.60%）	97（35.02%）	53（19.13%）	24（8.66%）	21（7.58%）
基础充电设施完善	66（23.83%）	99（35.74%）	58（20.94%）	32（11.55%）	22（7.94%）

从表 3.23 可以看出,被调查者整体对我国各类供需两侧政策熟悉程度较低,其中,消费者对各类政策选择"非常不熟悉"的均超过 20%,而选择"非常熟悉"的均未超过 11%,选择"比较熟悉"的也均未超过 20%。可见,我国政策对于消费者而言宣传程度不够高,消费者感知程度也较低,需要政府和企业共同努力加大宣传,以扩大新能源汽车的消费市场。例如,政府可以在建设充电桩(站)时以社区为单位进行主动宣传,辅助以宣传私人充电桩补贴政策、充电费用减免政策等;在公路收费站设置醒目标语,以宣传新能源汽车过路费减免政策;在车管所、企业端、汽车品牌 4S 店及各类汽车网站上加大对新能源汽车的购置税政策、车牌政策等的宣传,设置醒目标语,以便多方并举,整体性地提高消费者对所有新能源汽车供需两侧政策的感知程度。更重要的是,通过大力宣传低碳经济、新能源出行等方式提高消费者的偏好,促进新能源汽车的市场化,这样有利于形成良好的市场竞争模式,从而有利于新能源汽车市场的长远发展。

3.5　本章小结

本章设计了调查问卷,并对消费者进行新能源汽车市场接受度调查,具体分为模拟情景下供需两侧政策对消费者购买新能源汽车的激励环节、消费者对供需两侧政策主动选择的心理倾向环节,以及消费者对供需两侧政策的详细熟悉程度。由本章分析可知,整体来说,消费者较为倾向的供需两侧政策因素分别是基础充电设施完善、购车补贴、购置税与车船税减免;消费者对影响新能源汽车市场接受度的其他因素倾向性较高的是车辆续航能力、电池耐久程度和电池价格成本。在对常规因素的分析中,可发现性别、婚姻状况、家庭收入均对家庭拥有新能源汽车的数量有较为显著的影响,这可能是因为不同性别和婚姻状况的人对新能源汽车的灵活性、绿色度或其他方面产生了认知上的不同,其具体影响差异是进一步研究的方向;而家庭收入对其产生的主要影响,可能是因为目前新能源汽车的价格较高，而我国人口基数非常庞大，不同收入群体也存在差异化，不同消费者家庭收入导致其可支配收入差异或是常规生活用度，都会影响其购买新能源汽车的心理倾向。

新能源汽车生产决策是后期市场决策的基础。然而，若考虑低碳目标的约束，制造商在实施生产和技术投资决策方面更需慎重，且新能源汽车供应链其他成员也会受到影响。所以，第 4 章将针对碳约束目标下的新能源汽车供应链的生产投资决策进行研究。

第4章 碳约束下新能源汽车企业 生产投资决策

第 3 章针对新能源汽车运营与消费者市场决策的影响因素进行了分析。显然，人类已经开始认识到生产活动产生的大量碳排放对世界生态系统和人类生存构成严重威胁，如何有效地降低碳排放已经成为全世界广泛关注的问题。为此，在世界各国和地区的共同努力下，目前已制定出一系列具有法律约束力的碳约束措施。这些措施主要包括政府相关部门制定的一系列减排规章制度、财政补贴、鼓励企业自愿减排、制定减排任务强制企业减排等。政府相关部门通过强制性手段对企业碳排放量进行监督，若企业碳排放量超过允许碳排放量（包括政府分配的碳排放量和交易量），将会受到严厉惩罚。所以，限额与交易机制具有直接管制和经济激励性的双重特性。该机制在目前低碳经济建设中效果显著，并且以其易操作性和可实现性而被多个国家和地区广泛使用，是众多碳约束政策的一个典型。因此，本章以碳限额交易机制作为碳约束条件，以单供应商和单新能源汽车制造商组成的供应链为研究对象，探讨碳约束下供应链企业最优生产决策的问题。进一步地，本章以新能源汽车制造商和其他成员企业组成的供应链为研究对象，考虑供应链受到限额与交易机制的约束等因素的影响下，制造商的研发投资及生产决策。研究结论可为考虑碳约束下的新能源汽车供应链决策优化提供指导。

4.1 考虑碳约束的新能源汽车生产决策研究

4.1.1 问题描述与基本假设

本节考虑在单周期内由单新能源汽车制造商及其供应商组成的两级供应链系

统，该供应商向制造商提供主要组件，制造商在此基础上再进行产成品的制造，通过共同协同合作来生产一种产品。本节研究在双方都受到碳限额约束条件下的最优生产决策问题。

在限额与交易机制下，供应商和新能源汽车制造商在生产期前同时获得政府环保部门依据双力上个生产周期碳排放总量分配的碳限额 Q_s、Q_m。供应商和制造商可以在碳交易市场上或供应链内部之间进行碳排放权交易。当碳排放权不足以满足生产所需时需在碳交易市场购买不足的排放权；相反，若有剩余碳排放权，亦可进行销售。令单位碳交易价格为 p_e，碳交易量分别为 T_s、T_m（若为正，表示从碳交易市场购入碳排放权；若为负，表示售出碳排放权；若为 0，表示不进行碳排放权交易）。供应商生产主要组件的单位成本为 c_s，产生碳排放量 e_s，碳排放总量 E_s，并以批发价 w 将主要组件提供给新能源汽车制造商（w 为供应商的决策变量）；新能源汽车制造商在供应商提供主要组件的基础上进行最终产品的生产制造。供应商生产产成品的单位成本为 c_m，产生的碳排放量为 e_m，总碳排放量为 E_m，制造商的加成定价为 u（u 为制造商的决策变量），以销价 p 销售给顾客（价格 p 受 w 和 u 的共同影响），显然 $p = w + u$。不失一般性，有 $p > w \geqslant c_s > 0$，$p > u \geqslant c_m > 0$。其关系如图 4.1 所示。

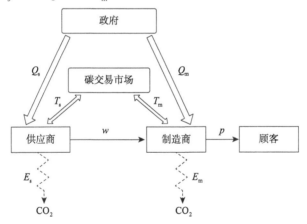

图 4.1　碳限额与交易机制下供应商和新能源汽车制造商的关系

为了便于问题的研究，做如下假设。

假设 4.1：该供应链由单个供应商和单个制造商组成，供应商和制造商相互依存，且每个产成品由单个供应商提供的主要部件和其他部件组成。

假设 4.2：供应商和制造商都完全掌握产品相关信息。产品的市场需求量为 $q = K - \beta p$，其中 K 为产品潜在需求量，β 为顾客对该产品价格敏感系数，且 K、$\beta > 0$。为了保证该等式有实际意义，要求供应商和制造商同时以制造成本为销售价格时仍有市场需求，即要求 $q = K - \beta(c_s + c_m) > 0$ 成立。

假设 4.3：本节的单位产品生产成本 c_s、c_m 为平均成本，包括制造成本、库存成本、运输成本等；同理，单位产品碳排放量 e_s、e_m 同样为制造、库存、运输等过程产生的碳排放量的平均数。

本节使用的主要符号及其含义如表 4.1 所示。

表 4.1 主要符号及其含义

符号	含义
s	供应商
m	制造商
w	供应商的批发价，$w > c_s$，决策变量
u	制造商产品加成定价量，$u > c_m$，决策变量
p	市场销售价格，$p = w + u$，决策变量
c_s, c_m	分别是供应商和制造商单位产品产生的成本（包括制造、库存、运输等）
K	市场潜在需求数量，$K > 0$
β	顾客的价格敏感系数，$\beta > 0$
q	产品市场需求量，决策变量，$q = K - \beta p$
e_s, e_m	分别是供应商和制造商单位产品产生的碳排放量（包括制造、库存、运输、销售等）
E_s, E_m, E_{sc}	分别是供应商、制造商和供应链碳排放总量，$E_s = e_s q$，$E_m = e_m q$，$E_{sc} = E_s + E_m$
Q_s, Q_m	分别是供应商和制造商获得的碳排放权，外生变量
T_s, T_m, T_{sc}	分别是供应商、制造商和供应链碳排放交易量，$T_s = E_s - Q_s$，$T_m = E_m - Q_m$，$T_{sc} = Q_s + Q_m$
p_e	单位碳排放权市场价格
Π_s, Π_m, Π_{sc}	分别是供应商、制造商和供应链收益

4.1.2 模型建立与求解

考虑分别在无碳排放约束（N）和限额与交易机制（T）下，供应商（s）和制造商（m）在分散决策（D）及集中决策（C）时以自身收益最大化为目标函数的最优决策问题。为了表述方便，分别用 N-D、N-C、T-D、T-C 来代替不同的限制条件和决策机制（如 N-D 表示无碳排放约束下进行分散式最优生产决策），右上角带有*表示最优决策值。

假设供应商和新能源汽车制造商在供应链中的地位不平等。供应商向制造商供应主要部件，具有更多的话语权，不妨假设供应商为领导者，新能源汽车制造商为跟随者。供应商和新能源汽车制造商都以各自收益最大化为目标，本节使用逆向归纳法进行求解，进行斯塔伯格（Stackelberg）博弈最优生产决策。

1. 无碳排放约束的供应链企业最优生产决策模型

在无碳排放约束机制下，供应商和制造商在不受碳排放约束下进行生产决策，为传统的生产决策问题。

1）分散决策模型（N-D）

在 N-D 下，供应商、新能源汽车制造商以及整条供应链的目标函数分别为

$$\text{Max } \Pi_s^{\text{N-D}} = (w - c_s)\big[K - \beta(w + u)\big] \tag{4.1}$$

$$\text{Max } \Pi_m^{\text{N-D}} = (u - c_m)\big[K - \beta(w + u)\big] \tag{4.2}$$

$$\text{Max } \Pi_{sc}^{\text{N-D}} = (w + u - c_s - c_m)\big[K - \beta(w + u)\big] \tag{4.3}$$

命题 4.1：在 N-D 下，供应商的最大收益大于制造商最大收益并且是制造商的两倍，即 $\Pi_s^{\text{N-D}*} = 2\Pi_m^{\text{N-D}*}$。

证明：对式（4.2）求 $\Pi_m^{\text{N-D}}$ 关于 u 的二阶导数得 $\partial^2 \Pi_s^{\text{N-D}} / \partial u^2 = -2\beta < 0$，表示存在唯一解 u 使目标函数收益最大化。可以得到制造商的反应函数为

$$u^* = \frac{K - \beta w + \beta c_m}{2\beta} \tag{4.4}$$

将式（4.4）代入目标函数（4.1）中得

$$\text{Max}\, \Pi_s^{\text{N-D}} = \frac{(w - c_s)(K - \beta w - \beta c_m)}{2} \tag{4.5}$$

显然 $\partial^2 \Pi_s^{\text{N-D}} / \partial w^2 = -\beta < 0$，即存在唯一解 w 使目标函数收益最大化。得各决策变量最优解分别为

（1）供应商的批发价、制造商产品加成定价量为

$$w^{\text{N-D}*} = \frac{K + \beta(c_s - c_m)}{2\beta} \tag{4.6}$$

$$u^{\text{N-D}*} = \frac{K - \beta c_s + 3\beta c_m}{4\beta} \tag{4.7}$$

（2）产品销售价格及销售量为

$$p^{\text{N-D}*} = \frac{3K + \beta(c_s + c_m)}{4\beta} \tag{4.8}$$

$$q^{\text{N-D}*} = \frac{K - \beta(c_s + c_m)}{4} \tag{4.9}$$

（3）供应商、零售商以及供应链碳排放总量为

$$E_s^{\text{N-D}*} = \frac{e_s\big[K - \beta(c_s + c_m)\big]}{4} \tag{4.10}$$

$$E_{\mathrm{m}}^{\mathrm{N\text{-}D*}} = \frac{e_{\mathrm{m}}\left[K - \beta\left(c_{\mathrm{s}} + c_{\mathrm{m}}\right)\right]}{4} \qquad (4.11)$$

$$E_{\mathrm{sc}}^{\mathrm{N\text{-}D*}} = \frac{\left(e_{\mathrm{s}} + e_{\mathrm{m}}\right)\left[K - \beta\left(c_{\mathrm{s}} + c_{\mathrm{m}}\right)\right]}{4} \qquad (4.12)$$

（4）供应商、制造商和供应链收益为

$$\varPi_{\mathrm{s}}^{\mathrm{N\text{-}D*}} = \frac{\left[K - \beta\left(c_{\mathrm{m}} + c_{\mathrm{s}}\right)\right]^{2}}{8\beta} \qquad (4.13)$$

$$\varPi_{\mathrm{m}}^{\mathrm{N\text{-}D*}} = \frac{\left[K - \beta\left(c_{\mathrm{m}} + c_{\mathrm{s}}\right)\right]^{2}}{16\beta} \qquad (4.14)$$

$$\varPi_{\mathrm{sc}}^{\mathrm{N\text{-}D*}} = \frac{3\left[K - \beta\left(c_{\mathrm{m}} + c_{\mathrm{s}}\right)\right]^{2}}{16\beta} \qquad (4.15)$$

显而易见，有 $\varPi_{\mathrm{s}}^{\mathrm{N\text{-}D*}} = 2\varPi_{\mathrm{m}}^{\mathrm{N\text{-}D*}}$ 成立。证毕。

命题 4.1 验证了 Stackelberg 博弈中的"先发优势"，即在 Stackelberg 博弈中领导者可能占有获得更多效益的优势，这也是各企业争当领导者的主要原因。

2）集中决策模型（N-C）

在集中决策下，将该供应链看成一个整体，以收益最大化为目标进行最优生产决策研究。此时供应商的批发价格 w 和制造商产品价格加成量 u 属于内生变量，可以相互抵消，故在此不予考虑。

在 N-C 下，供应链的目标函数为

$$\mathrm{Max}\varPi_{\mathrm{sc}}^{\mathrm{N\text{-}C}} = \left(p - c_{\mathrm{s}} - c_{\mathrm{m}}\right)\left(K - \beta p\right) \qquad (4.16)$$

命题 4.2：在无碳排放约束下，有 $p^{\mathrm{N\text{-}C*}} < p^{\mathrm{N\text{-}D*}}$；$q^{\mathrm{N\text{-}C*}} > q^{\mathrm{N\text{-}D*}}$；$E_{\mathrm{sc}}^{\mathrm{N\text{-}C*}} > E_{\mathrm{sc}}^{\mathrm{N\text{-}D*}}$；$\varPi_{\mathrm{sc}}^{\mathrm{N\text{-}C*}} > E_{\mathrm{sc}}^{\mathrm{N\text{-}D*}}$ 成立。

证明：求该目标函数关于价格变量 p 的二次偏导得：$\partial^{2}\varPi_{\mathrm{sc}}^{\mathrm{N\text{-}C}}/\partial p^{2} = -2\beta < 0$，表示存在唯一解 p 使目标函数收益最大化。令 $\partial\varPi_{\mathrm{sc}}^{\mathrm{N\text{-}C}}/\partial p = 0$，求得各决策变量最优解分别为

（1）供应链产品最优销售价格和最优销售量为

$$p^{\mathrm{N\text{-}C*}} = \frac{K + \beta\left(c_{\mathrm{m}} + c_{\mathrm{s}}\right)}{2\beta} \qquad (4.17)$$

$$q^{\mathrm{N\text{-}C*}} = \frac{K - \beta\left(c_{\mathrm{m}} + c_{\mathrm{s}}\right)}{2} \qquad (4.18)$$

（2）供应链总收益及碳排放总量为

$$\varPi_{\mathrm{sc}}^{\mathrm{N\text{-}C*}} = \frac{\left[K - \beta\left(c_{\mathrm{m}} + c_{\mathrm{s}}\right)\right]^{2}}{4\beta} \qquad (4.19)$$

$$E_{sc}^{N-C*} = \frac{(e_s + e_m)\left[K - \beta(c_m + c_s)\right]}{2} \tag{4.20}$$

由于假设 4.2 中 $K - \beta(c_s + s_m) > 0$，故有 $p^{N-C*} = \left[K + \beta(c_m + c_s)\right]/2\beta \leqslant \left[3K + \beta(c_m + c_s)\right]/4\beta = p^{N-D*}$，$q^{N-C*} = \left[K - \beta(c_m + c_s)\right]/2 > \left[K - \beta(c_m + c_s)\right]/4 = q^{N-D*}$，$E_{sc}^{N-C*} = (e_s + e_m)q^{N-C} > (e_s + e_m)q^{N-D} = E_{sc}^{N-D*}$，$\Pi_{sc}^{N-C*} = \left[K - \beta(c_m + c_s)\right]^2/4\beta > 3\left[K - \beta(c_m + c_s)\right]^2/16\beta = \Pi_{sc}^{N-D*}$。证毕。

命题 4.2 说明了在无碳排放约束下，集中决策下供应链收益要大于分散决策下供应链收益，使供应商和制造商有更多的收益进行分配；同时，集中决策下的产品价格更低，而市场需求量更大，对于消费者来说，可以满足更多消费者需求，获得更多消费者剩余。无论是从供应链的角度还是从消费者的角度来看，集中决策都要优于分散决策，因此一个能够将分散决策变为集中决策的协调机制显得尤为重要。然而集中决策产生更多的碳排放，不利于环保政策的实施。

2. 限额与交易机制下供应链企业最优生产决策模型

限额与交易机制下，供应商和制造商以其收益最大化为目标，可以自主在碳交易市场上进行碳排放权买卖。不满足生产所需的可以在碳交易市场购入碳排放权；相反，盈余的也可以在碳交易市场售出。

1）分散决策模型（T-D）

在 T-D 下，供应商和制造商的收益最大化目标函数为

$$\text{Max}\,\Pi_s^{T-D} = (w - c_s - p_e e_s)\left[K - \beta(w + u)\right] + p_e Q_s \tag{4.21}$$

$$\text{Max}\,\Pi_m^{T-D} = (u - c_m - p_e e_m)\left[K - \beta(w + u)\right] + p_e Q_m \tag{4.22}$$

引理 4.1：在 T-D 下，供应商和制造商进行生产决策的充要条件是各自的边际收益同时大于或等于相应的碳交易成本，即 $w - c_s \geqslant p_e e_s$ 和 $u - c_m \geqslant p_e e_m$ 同时成立。

证明：为证明的便利，这里以供应商为例。将供应商的目标函数改写为 $\text{Max}\,\Pi_s^{T-D} = (w - c_s - p_e e_s)p + p_e Q_s$。

充分性：由条件知 $w - c_s \geqslant p_e e_s$，即 $w - c_s - p_e e_s \geqslant 0$。由 $\partial\Pi^{T-D}/\partial p \geqslant 0$ 可知目标函数是关于 p 的增函数，即 Π_s^{T-D} 随着 p 的增大而增大。表示供应商进行生产决策比不进行生产决策会获得更多的收益，所以理性的供应商将进行生产决策。

必要性：供应商的目标是以收益最大化为目标。若其进行生产决策，说明生产比不生产将会获得更多的收益，必有 $\partial\Pi_s^{T-D}/\partial p \geqslant 0$ 成立，故有 $w - c_s - p_e e_s \geqslant 0$ 成立。证毕。

引理 4.1 表示只有当供应商和制造商都进行生产决策时，才能实现供应链生

产运作。在同一条供应链当中，供应商和制造商之间相互依存。供应商依赖制造商来购买自己生产的产品，制造商依靠供应商提供生产所需的主要部件。如若任意一方不进行生产决策，即使另一方的边际收益大于边际成本，也将无法进行生产决策。这说明供应链各参与者的决策需要协调一致的必要性。

推论 4.1：在 T-D 下，当单位碳交易价格 p_e 发生变动时，供应商和制造商将同时达到是否进行生产决策的临界点。

证明：对式（4.22）求 Π_m^{T-D} 关于 u 的二次导数 $\partial^2 \Pi_m^{T-D}/\partial u^2 = -2\beta < 0$，表示存在唯一解 w 使目标函数收益最大化。令 $\partial \Pi_m^{T-D}/\partial u = 0$ 得 $u = \left[K + \beta\left(c_m - w + p_e e_m\right)\right]/2\beta$。将该式代入式（4.21）得供应商目标函数为

$$\mathrm{Max}\,\Pi_s^{T-D} = \frac{\left(w - c_s - p_e e_s\right)\left[K - \beta\left(w + c_m + p_e e_m\right)\right]}{2} + p_e Q_s \qquad (4.23)$$

同理，由 $\partial^2 \Pi_s^{T-D}/\partial w^2 = -\beta < 0$ 知存在唯一解 w 使目标函数收益最大化。求得各决策变量最优解分别为

（1）供应商的批发价、制造商产品加成定价量为

$$w^{T-D*} = \frac{K + \beta\left(c_s - c_m\right) + \beta p_e\left(e_s - e_m\right)}{2\beta} \qquad (4.24)$$

$$u^{T-D*} = \frac{K + \beta\left(3c_m - c_s\right) + \beta p_e\left(3e_m - e_s\right)}{4\beta} \qquad (4.25)$$

（2）产品销售价格及销售量为

$$p^{T-D*} = \frac{3K + \beta\left(c_m + c_s\right) + \beta p_e\left(e_s + e_m\right)}{4\beta} \qquad (4.26)$$

$$q^{T-D*} = \frac{K - \beta\left(c_m + c_s\right) - \beta p_e\left(e_s + e_m\right)}{4} \qquad (4.27)$$

（3）供应商、零售商以及供应链碳排放总量为

$$E_s^{T-D*} = \frac{e_s\left[K - \beta\left(c_m + c_s\right) - \beta p_e\left(e_s + e_m\right)\right]}{4} \qquad (4.28)$$

$$E_m^{T-D*} = \frac{e_m\left[K - \beta\left(c_m + c_s\right) - \beta p_e\left(e_s + e_m\right)\right]}{4} \qquad (4.29)$$

$$E_{sc}^{T-D*} = \frac{\left(e_s + e_m\right)\left[K - \beta\left(c_m + c_s\right) - \beta p_e\left(e_s + e_m\right)\right]}{4} \qquad (4.30)$$

（4）供应商和制造商的碳交易量分别为

$$T_s^{T-D*} = \frac{e_s\left[K - \beta\left(c_m + c_s\right) - \beta p_e\left(e_s + e_m\right)\right]}{4} - Q_s \qquad (4.31)$$

$$T_m^{\text{T-D}*} = \frac{e_m \left[K - \beta(c_m + c_s) - \beta p_e(e_s + e_m) \right]}{4} - Q_m \qquad (4.32)$$

$$T_{sc}^{\text{T-D}*} = \frac{(e_s + e_m) \left[K - \beta(c_m + c_s) - \beta p_e(e_s + e_m) \right]}{4} - (Q_s + Q_m) \qquad (4.33)$$

（5）供应商、制造商和供应链收益为

$$\Pi_s^{\text{T-D}*} = \frac{\left[K - \beta(c_m + c_s) - \beta p_e(e_s + e_m) \right]^2}{8\beta} + p_e Q_s \qquad (4.34)$$

$$\Pi_m^{\text{T-D}*} = \frac{\left[K - \beta(c_m + c_s) - \beta p_e(e_s + e_m) \right]^2}{16\beta} + p_e Q_m \qquad (4.35)$$

$$\Pi_{sc}^{\text{T-D}*} = \frac{3\left[K - \beta(c_m + c_s) - \beta p_e(e_s + e_m) \right]^2}{16\beta} + p_e(Q_s + Q_m) \qquad (4.36)$$

由 $w^{\text{T-D}*} - c_s \geqslant p_e e_s$ 得 $p_e \leqslant \left[K - \beta(c_m + c_s) \right] / \beta(e_s + e_m) = p_{e1}^{\text{T-D}*}$；由 $u^{\text{T-D}*} - c_m \geqslant$ 得 $p_e \leqslant \left[K - \beta(c_m + c_s) \right] / \beta(e_s + e_m) = p_{e2}^{\text{T-D}*}$，显 然 $p_{e1}^{\text{T-D}*} = p_{e2}^{\text{T-D}*}$（令 $\hat{p}_e = [K - \beta(c_m + c_s)] / \beta(e_s + e_m)$，称 $\hat{p}_e$ 为供应链生产决策的临界点）。说明当 p_e 发生变动时，供应商和制造商将同时达到是否进行生产决策的临界点。证毕。

推论 4.1 说明当单位碳交易价格 p_e 发生变动时，供应商和制造商将同时达到生产决策的临界点。这保证了供应商和制造商生产决策的一致性，避免了一方进行生产决策而另一方不进行生产决策的矛盾。

推论 4.2：当供应商和制造商的边际收益小于相应的碳交易成本，即 $w - c_s < p_e e_s$ 和 $u - c_m < p_e e_m$，供应链将不进行生产决策，而是将政府分配的碳排放权售出，比进行生产决策获得更高的收益。

证明：由推论 4.1 可知供应商和制造商将同时达到生产决策的临界点。以供应商的边际收益小于碳交易成本为例，制造商会有相同的结论。同样将供应商目标函数变为

$$\text{Max}\Pi_s^{\text{T-D}} = (w - c_s - p_e e_s)q + p_e Q_s \qquad (4.37)$$

由条件知 $w - c_s < p_e e_s$ 得 $w - c_s - p_e e_s < 0$，求 $\partial \Pi_s^{\text{T-D}} / \partial q = w - c_s - p_e e_s$，显然 $\partial \Pi_s^{\text{T-D}} / \partial q < 0$ 成立，说明此时供应商的收益将会随着产品生产量 q 的增加而减少。所以在此条件下，理性的决策者不会进行生产决策，而是直接将碳排放权销售，比进行生产决策获得更高的收益。证毕。

从推论 4.2 中可以得出，在限额与交易机制下，当单位碳交易的价格大于其边际收益时，供应商和制造商不会将政府分配的碳限额用于生产，而是将其售出，如此会比进行生产决策获得更多收益。此时供应商、制造商和供应链获得的

收益分别为

$$\Pi_s^{T\text{-}D^*} = p_e Q_s \tag{4.38}$$

$$\Pi_m^{T\text{-}D^*} = p_e Q_m \tag{4.39}$$

$$\Pi_{sc}^{T\text{-}D^*} = p_e (Q_s + Q_m) \tag{4.40}$$

2）集中决策模型（T-C）

在 T-C 下，供应链的收益最大化的目标函数为

$$\text{Max}\Pi_{sc}^{T\text{-}C} = \left[p - c_s - c_m - p_e (e_s + e_m) \right](K - \beta p) + p_e (Q_s + Q_m) \tag{4.41}$$

引理 4.2：在 T-C 下，供应链进行生产决策的充要条件是供应链的边际收益大于或等于相应的碳交易成本，即 $p - c_s - c_m \geqslant p_e (e_s + e_m)$。

证明：将目标函数改写为 $\text{Max}\Pi_{sc}^{T\text{-}C} = \left[p - c_s - c_m - p_e (e_s + e_m) \right]q + p_e (Q_s + Q_m)$。

充分性：由条件知 $p - c_s - c_m \geqslant p_e (e_s + e_m)$，得 $p - c_s - c_m - p_e (e_s + e_m) \geqslant 0$。由 $\partial \Pi_{sc}^{T\text{-}C} / \partial q = p - c_s - c_m - p_e (e_s + e_m) \leqslant 0$，说明 $\Pi_{sc}^{T\text{-}C}$ 随着 q 的增大而逐渐增大，即进行生产决策比不进行生产决策获得更多的收益，理性的决策是进行生产决策。

必要性：当供应链进行生产决策时，说明进行生产决策会获得更多的收益。所以有 $\partial \Pi_{sc}^{T\text{-}C} / \partial q = p - c_s - c_m - p_e (e_s + e_m) \geqslant 0$ 成立，即 $p - c_s - c_m \geqslant p_e (e_s + e_m)$。证毕。

推论 4.3：当单位碳交易价格 p_e 发生变动时，供应链在集中决策下和分散决策下将同时达到生产决策临界点 $\hat{p}_e$。

证明：当 $p - c_s - c_m \geqslant p_e (e_s + e_m)$ 时，由 $\partial^2 \Pi_{sc}^{T\text{-}C} / \partial p^2 = -2\beta < 0$ 可知存在极大值，故可求得各决策变量最优解分别为

（1）供应链产品最优销售价格和最优销售量为

$$p^{T\text{-}C^*} = \frac{K + \beta(c_s + c_m) + \beta p_e (e_s + e_m)}{2\beta} \tag{4.42}$$

$$q^{T\text{-}C^*} = \frac{K - \beta(c_s + c_m) - \beta p_e (e_s + e_m)}{2} \tag{4.43}$$

（2）供应链碳排放总量及碳交易量为

$$E_{sc}^{T\text{-}C^*} = \frac{(e_s + e_m)\left[K - \beta(c_s + c_m) - \beta p_e (e_s + e_m)\right]}{2} \tag{4.44}$$

$$T_{sc}^{T\text{-}C^*} = \frac{(e_s + e_m)\left[K - \beta(c_s + c_m) - \beta p_e (e_s + e_m)\right]}{2} - (Q_s + Q_m) \tag{4.45}$$

（3）供应链的收益为

$$\Pi_{sc}^{T\text{-}C} = \frac{\left[K - \beta(c_s + c_m) - \beta p_e(e_s + e_m)\right]^2}{4\beta} + p_e(Q_s + Q_m) \qquad (4.46)$$

由 $p^{T\text{-}C} - c_s - c_m \geqslant p_e(e_s + e_m)$ 得 $p_e \leqslant \left[K - \beta(c_s + c_m)\right]/\beta(e_s + e_m) = \hat{p}_e$，所以供应链在集中决策下和分散决策下同时达到决策临界点。证毕。

推论 4.3 说明当单位碳交易价格发生变动时，无论是在分散决策下还是集中决策下，都将同时进行生产决策或者不进行生产决策。

推论 4.4：在限额与交易机制下，若 $p_e > \hat{p}_e$，供应链将不进行生产决策，此时集中决策的收益等于分散决策的收益，即 $\Pi_{sc}^{T\text{-}D} = \Pi_{sc}^{T\text{-}C}$。

证明：当 $p_e > \hat{p}_e$ 时，供应链收益会随着 q 的增大而减小。此时最优决策是销售政府分配的所有碳排放权，此时的收益和政府分配供应链的碳限额总量成正比。无论是分散决策还是集中决策，政府分配的碳限为定值，故有 $\Pi_{sc}^{T\text{-}D} = \Pi_{sc}^{T\text{-}C} = p_e(Q_s + Q_m)$。证毕。

从推论 4.4 可以看出，当企业不进行生产决策时，集中决策和分散决策都有相同的结果，此时并没有体现出集中决策的优越性，限额与交易机制也没有起到限制碳排放的作用。

推论 4.5：在限额与交易机制下，供应商和制造商进行生产决策与政府分配的碳限额无关系，只与单位碳交易成本相关，并且 p 随着单位碳交易价格的增加而减少，直至为 0。

证明：由 $q^{T\text{-}D*} = \left[K - \beta(c_m + c_s) - \beta p_e(e_s + e_m)\right]/4$，$q^{T\text{-}C*} = \left[K - \beta(c_s + c_m) - \beta p_e(e_s + e_m)\right]/2$ 得生产函数中不含政府分配的碳限额，说明生产决策和碳限额没有关系；由 $\partial q^{T\text{-}D*}/\partial p_e = -\beta(e_s + e_m)/4 < 0$ 知 $q^{T\text{-}D*}$ 是关于 p_e 的减函数，即 $q^{T\text{-}D*}$ 随着 p_e 的增大而减小。由 $\partial q^{T\text{-}C*}/\partial p_e = -\beta(e_s + e_m)/2 < 0$ 知 $q^{T\text{-}C*}$ 是关于 p_e 的减函数，即 $q^{T\text{-}C*}$ 随着 p_e 的增大而减小。证毕。

推论 4.5 说明在限额与交易机制下，供应商和制造商的生产决策不受政府碳限额的影响，他们把政府分配的碳限额当作企业的固有资产，而把运营过程产生的碳排放成本当作附加成本。单位碳交易价格增大，导致生产成本随之增高，单位产品销售价格 p 也增加。由反需求函数得市场需求量 q 减小，所以生产决策受到碳交易价格的影响。但是需要注意的是，在碳交易市场上，单位碳交易价格受到政府所拥有的碳排放总量的影响。只是相对于单个企业或供应链来说，由于其获得的碳分配数量较小，对单位碳交易价格基本不产生影响。

推论 4.6：当单位碳交易价格 $p_e \in [0, \hat{p}_e]$ 时，供应链总收益 Π_{sc} 与 p_e 没有单纯的正负相关关系；当 $p_e > \hat{p}_e$ 时，供应链总收益 Π_{sc} 与 p_e 呈正相关关系。

证明：当 $p_e \in [0, \hat{p}_e]$ 时，供应链进行生产决策。

分散决策下，供应链的收益为

$$\Pi_{sc}^{T-D*} = \frac{3\left[K - \beta(c_m + c_s) - \beta p_e(e_s + e_m)\right]^2}{16\beta} + p_e(Q_s + Q_m) \quad (4.47)$$

令 $\partial \Pi_{sc}^{T-D*}/\partial p_e = 0$ 解 $p_e^{T-D} = \left[K - \beta(c_m + c_s)\right]/\beta(e_m + e_s) - 8(Q_m + Q_s)/3\beta(e_m + e_s)^2$，显然 $p_e^{T-D} < \hat{p}_e$。

当 $p_e \le p_e^{T-D}$ 时，$\partial \Pi_{sc}^{T-D*}/\partial p_e \le 0$，表示供应链收益 Π_{sc}^{T-D*} 与 p_e 呈负相关关系；当 $p_e^{T-D} < p_e \le \hat{p}_e$ 时，$\partial \Pi_{sc}^{T-D*}/\partial p_e > 0$，表示供应链收益 Π_{sc}^{T-D*} 与 p_e 呈正相关关系。

同理，在集中决策下，供应链的收益为

$$\Pi_{sc}^{T-C*} = \frac{\left[K - \beta(c_m + c_s) - \beta p_e(e_s + e_m)\right]^2}{4\beta} + p_e(Q_s + Q_m) \quad (4.48)$$

可得 $p_e^{T-C} = \left[K - \beta(c_m + c_s)\right]/\beta(e_m + e_s) - 2(Q_m + Q_s)/\beta(e_m + e_s)^2$，显然也有 $p_e^{T-C} < \hat{p}_e$。当 $p_e \le p_e^{T-C}$ 时，$\partial \Pi_{sc}^{T-C}/\partial p_e \le 0$，表示供应链收益 Π_{sc}^{T-C} 与 p_e 呈负相关关系；当 $p_e^{T-C} < p_e \le \hat{p}_e$ 时，$\partial \Pi_{sc}^{T-C}/\partial p_e > 0$，表示供应链收益 Π_{sc}^{T-C} 与 p_e 呈正相关关系。当 $p_e > \hat{p}_e$ 时，供应链不进行生产决策，此时供应链的收益为 $\Pi_{sc}^{T-C*} = \Pi_{sc}^{T-D*} = p_e(Q_s + Q_m)$，很显然 Π_{sc}^{T-D*} 和 Π_{sc}^{T-C*} 都与 p_e 呈正相关关系。Π_{sc}^{T-D*} 和 Π_{sc}^{T-C*} 随着 p_e 增长的变化趋势如表 4.2 所示，其中符号"↗""↘"分别表示增大和减小。

表 4.2　供应链收益随 p_e 增大的变化趋势

Π_{sc}	$p_e \le p_{sc}^{T-j}$	$p_{sc}^{T-j} < p_e \le \hat{p}_e$	$p_e > \hat{p}_e$
Π_{sc}^{T-D}	↘	↗	↗
Π_{sc}^{T-C}	↘	↗	↗

注：表格中 $j \in \{D, C\}$

综上，当 $p_e \le p_{sc}^{T-j}$ 时，Π_{sc}^{T-j} 与 p_e 呈负相关关系；当 $p_e > p_{sc}^{T-j}$ 时，Π_{sc}^{T-j} 与 p_e 呈正相关关系。证毕。

从推论 4.6 可以看出，随着单位碳交易价格 p_e 逐渐增大，供应链的收益先减小，然后增大。原因是当碳交易价格开始增大时，首先，生产成本的增加而导致收益减少；其次，随着单位碳交易价格的不断上涨，政府分配的碳限额所占比重越来越大，供应链从政府分配的碳限额部分获得的收益比例显著增加，导致收益增长；最后，供应链的收益完全来自政府分配的碳限额。

推论 4.7：分散决策下，有 $E_{sc}^{T-D*} < E_{sc}^{N-D*}$；集中决策下，有 $E_{sc}^{T-C*} < E_{sc}^{N-C*}$。

证明：通过命题 4.1 和推论 4.2 的对比可以轻易得出 $E_{sc}^{T-D*} < E_{sc}^{N-D*}$；通过命题4.2 和推论 4.4 的对比亦可得出 $E_{sc}^{T-D*} < E_{sc}^{N-D*}$，故在此不再赘述。

从推论 4.7 可以看出，无论是分散决策还是集中决策下，限额与交易机制下供应链总的碳排放小于无碳排放约束下供应链总的碳排放量，说明限额与交易机制能够起到限制企业碳排放的作用。

4.1.3　算例验证

为了对以上各结论进行验证，本部分基于 Matlab 7.0.1 软件，通过各变量的不同取值来进行验证。不妨取 $K = 400$，$\beta = 5$，$c_s = 12$，$c_m = 8$，$e_s = 0.4$，$e_m = 0.3$。无碳排放机制下计算的结果如表 4.3 所示。在限额与交易机制下，Q_s、Q_m 和 p_e 的取值以及相应的计算结果分别如表4.4 和表 4.5 所示。

表 4.3　无碳排放约束下各算例的最优解计算结果

决策机制	p	q	E_{sc}	Π_{sc}^{N-j}
分散决策（D）	65	75	52.5	3 375
集中决策（N）	50	150	105	4 500

表 4.4　各算例参数值

变量	1	2	3	4	5	6
Q_s	22	50	15	22	22	22
Q_m	20	20	10	20	20	20
p_e	20	20	20	45	85.7	100

表 4.5　限额与交易机制下各算例的计算结果

最优解	分散决策（D）						集中决策（N）					
	1	2	3	4	5	6	1	2	3	4	5	6
p	68.5	68.5	68.5	73.75	0	0	57	57	57	67.5	0	0
q	57.5	57.5	57.5	31.25	0	0	115	115	115	62.5	0	0
E_{sc}^{T-j}	40.25	40.25	40.25	21.875	0	0	39.9	39.9	39.9	43.75	0	0
T_{sc}^{T-j}	−1.75	−29.75	+15.25	+20.125	−42	−42	−2.1	−30.1	+14.9	+1.75	−42	−42
Π_{sc}^{T-j}	2 823.8	3 383.8	2 483.8	2 685.9	3 599.4	4 200	3 485	4 045	3 145	2 881.3	3 599.4	4 200

注：表中 $j \in \{D, C\}$，表格中的符号"+"表示从碳交易市场购买碳排放权，符号"−"表示在碳交易市场售出碳排放权

通过表 4.3 和表 4.5 对比，在进行生产决策时，有 $E_{sc}^{T-D} < E_{sc}^{N-D}$，$E_{sc}^{T-C} < E_{sc}^{N-C}$。说明限额与交易机制能起到减排的作用，验证了推论 4.7 的正确性。从供应收益

来看，$\varPi_{sc}^{N-C} > \varPi_{sc}^{N-D}$，$\varPi_{sc}^{T-C} > \varPi_{sc}^{T-D}$，说明集中决策>分散决策；然而从碳排放量来看完全相反，说明集中决策不利于环境的保护。表 4.4 中，算例 1、2、3 为政府分配的碳限额变化对分散决策和集中决策的影响。从表 4.5 的结果可以看出，政府分配的碳限额发生变化时，p、q 和 E_{sc}^{T-j} 不受其影响，而 T_{sc}^{T-j}、$\varPi_{sc}^{T-j}$ 受到政府分配的碳限额的影响，说明了推论 4.5 的正确性；算例 1、4、5、6 为单位碳交易价格 p_e 变动对分散决策和集中决策的影响，其中算例 1 和 4 为进行生产决策的情形，结果说明碳交易价格的变动对各变量都产生影响；算例 5、6 为不进行生产决策的情形，并且算例 5 为是否进行生产决策的临界点，知分散决策和集中决策下供应链的收益都相等，验证了推论 4.4 的正确性。$T_3 = 22$，$T_m = 20$ 时单位碳交易价格 p_e 发生变动对分散决策和集中决策下最优决策的影响如图 4.2 所示。

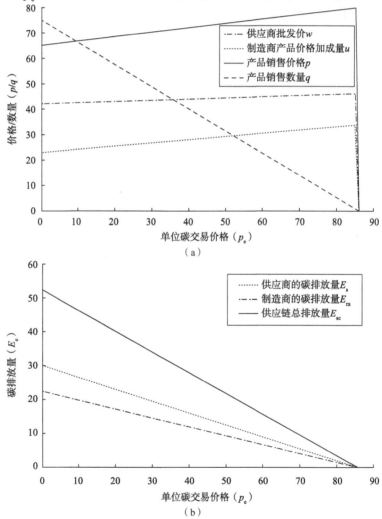

（a）

（b）

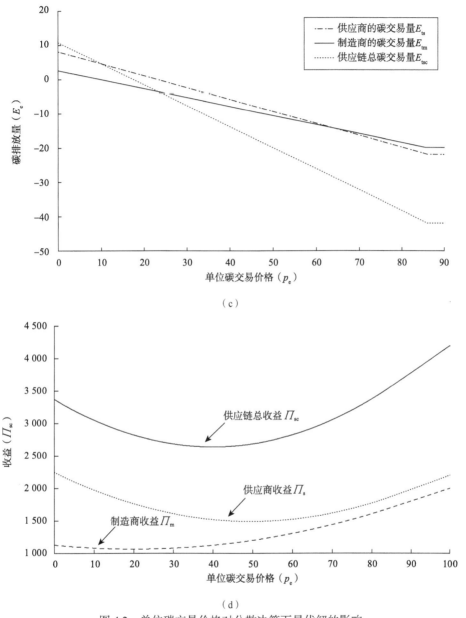

图 4.2　单位碳交易价格对分散决策下最优解的影响

从图 4.2（a）中可以看出，当单位碳交易价格 $p_e \leqslant 85.7$ 时，供应商批发价 w、制造商产品价格加成量 u 和产品销售价格 p 都随着 p_e 的增大而增加，产品的销售数量 q 随着 p_e 的增大而减小。原因是在限额与交易机制下，政府分配的碳限额被视作企业拥有的资源，而生产过程产生的碳排放费用被认为是附加生产成本，当单位碳交易价格 p_e 逐渐增大时，其生产成本将会增大。所以 w、u 和 p 都随之增大；当单位碳交易价格 $p_e > 85.7$ 时，供应链将不会进行生产决策，而是售出政府分配的碳限额，故各变量值都为 0。从图 4.2（b）、（c）可以看出，随着 p_e 的增加，供应链的碳排放量和碳交易量都减少；从图 4.2（d）可以看出，随着 p_e 的增加，供应链的收益先减少，然后增加，当 $p_e > 85.7$ 时，将会以相同的速率增加。

单位碳交易价格发生变动时分散决策和集中决策的比较见图 4.3。

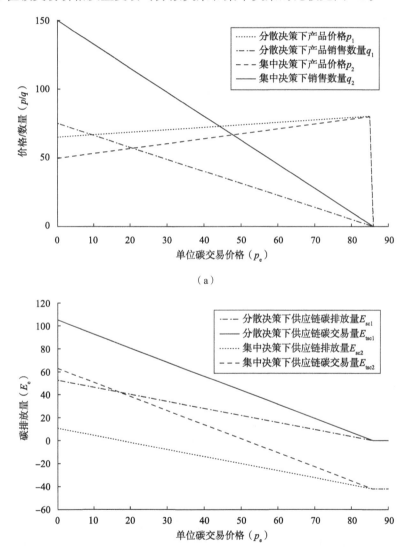

（a）

（b）

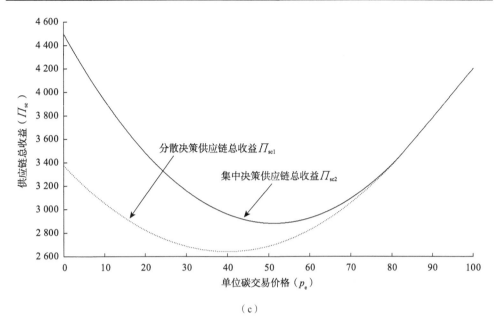

（c）

图 4.3 单位碳交易价格发生变动时分散决策和集中决策的比较

从图 4.3（a）可以看出，集中决策和分散决策同时达到是否进行生产决策的临界点（ $\hat{p}_e = 85.7$ ）；从图 4.3（b）和图 4.3（c）可以看出，当 $p_e \leqslant \hat{p}_e$ 时，无论是在集中决策下还是在分散决策下，供应链的碳排放量和碳交易量都随着 p_e 的增加而减小；供应链的收益先减小，随后增大。当 $p_e > \hat{p}_e$ 时，供应链的碳排放量都为 0，而碳交易量都等于政府分配的碳限额的总量，供应链的总收益为线性增加，并且分散决策和集中决策下供应链的收益相等，验证了推论 4.6 的正确性。

4.2 碳约束下考虑 RFID 的新能源汽车企业 生产投资决策

4.2.1 问题描述和符号说明

在限额与交易机制下，对由单制造商（M）和单零售商（R）组成的两级供应链在单个产品生产和销售周期内的生产投资决策问题进行研究。供应商和零售商分别以自身利润最大化为目标，双方都掌握相关的产品市场需求信息和各自的决策信息，进行着制造商主导的 Stackelberg 博弈决策，采用逆向归纳法进行求解。在产品生产前期，制造商受到政府相关部门根据该企业历年相关碳排放数据免费分配的一定量碳排放额（G）的限制。在开放性碳交易市场下，当制造商所需碳排放量多于政府分配的碳排放额时，制造商需要按照一定交易价格 p_e 在碳交易市场购买不足的碳排放额，否则将承受难以接受的惩罚；与此相反，制造商可以将多余的碳排放权以相同交易价格售出。令制造商碳交易量为 T，若 $T > 0$ 表示制造商从碳交易市场购买碳排放额；若 $T < 0$ 表示制造商售出碳排放权；若 $T = 0$ 则表示制造商不进行碳排放权交易。单位碳排放权价格由碳交易市场决定。制造商为降低单位产品碳排放量，将决定是否投资研发碳减排技术以获得更多利润。制造商投资低碳技术前，单位产品初始碳排放量为 e_0，投资研发低碳技术后碳排放量为 $(e_0 - e)$，碳排放总量为 E，则制造商不投资研发低碳技术时碳排放总量为 $E = Qe_0$；投资研发低碳技术后碳排放总量为 $E = Q(e_0 - e)$。其中，e 为制造商采用低碳技术后单位产品碳排放降低量，为制造商决策变量。

在产品销售之前，零售商根据自身所掌握的信息以自身利润最大化为目标确定最优订货量 Q 并向制造商发出订单。制造商按照零售商提交的订单进行生产，即制造商的生产量与零售商的订货量相等。制造商单位产品生产成本为 c。然后制造商按照零售商订购的数量将产品运送至零售商处。零售商将产品在仓库中进行存储，在销售期内以零售价 p 销售给最终消费者。零售商在产品存储和销售过程中存在着一定比率的错放产品，令错放率为 α，表示错放产品数量与订货量之比，故错放产品数量为 αQ。该部分产品在销售期内不能被正常售出，只有在销售期末产品盘点时才能被发现，并且存在着一定残值 s，显然，$c > s$ 成立。零售商为降低产品错放现象对自身利润的影响，将决定是否投资射频识别（radio frequency identification，RFID）技术。

为进一步明确本书的内容，将基于以下假设对研究的范围进行界定，并对有争议的假设提供说明，以说明其存在一定的合理性和普遍性。

假设 4.4：制造商总的碳排放量是关于产量的线性函数。

对于制造商而言，主要的碳排放量是在产品生产过程中产生的[69]，其他工序流程产生的碳排放与产品数量在某种程度上说也存在着一定的线性关系。为简化模型，主要对碳排放量与产品数量呈线性关系的工序进行研究，对其他部分进行忽略。相似的假设也被文献[21]和[70]所引用。

假设 4.5：制造商投资研发低碳技术的成本是关于碳排放降低量 e 的二次函数。

制造商为降低单位产品碳排放量，不得不投资研发低碳技术。一般而言，随着单位产品碳排放降低量的逐渐增大，具有投资研发成本的增长幅度大于单位产品碳排放降低量的增长幅度的特性。不失一般性，不妨设制造商投资研发成本 $I = \kappa e^2 / 2$。因 $I' = \kappa e > 0$ 且 $I'' = \kappa > 0$，即随着 e 的逐渐增大，I 增加的幅度更大，所以能够形象地描述这一特性。其中 $\kappa > 0$，为制造商投资研发低碳技术效率系数，数值 $1/2$ 是为计算的方便而添加，并不影响计算结果的本质。该假设被广泛用于描述投资成本与投资成效二者之间的关系，如文献[71][72]等。

为确保下文中制造商和零售商的利润函数是关于决策变量的凹函数，即有唯一最优解，假设各变量满足 $4\kappa > ap_e^2$ 和 $4(1-\alpha)^2 \kappa > ap_e^2$，下文的计算都基于该假设。该假设具有普遍性，如文献[73]。

假设 4.6：单位产品的生产成本在制造商投资低碳技术前后保持不变。

假设 4.7：RFID 技术能够完全消除产品错放现象，并且投资成本与 RFID 标签数量呈正比例关系。

为降低产品错放率，零售商将投资 RFID 技术。就目前的 RFID 技术而言，并不能够完全消除产品错放现象，但是 RFID 技术能够显著降低零售商产品错放率是毋庸置疑的，并且随着 RFID 技术的逐渐提高，完全消除产品错放现象是可以实现的。文献[73]~[76]假设 RFID 技术能够完全消除产品错放现象，本节同样采用该假设。RFID 技术在消除产品错放现象的同时，必然会带来一定的成本，包括固定成本（扫描器成本、基础设施成本等）和可变成本（RFID 标签成本）。本节假设每件产品都嵌有一个 RFID 标签，故需要 RFID 标签数量较大，导致可变成本占 RFID 技术成本的绝大部分。为简化模型，突出本节研究重点，将只考虑 RFIID 技术的变动成本而忽略固定成本，单个 RFID 标签成本为 c_v。相同的处理方法可见文献[74][77]。

假设 4.8：市场对该产品的需求函数为

$$q = A - ap \tag{4.49}$$

不失一般性，本节选用最经典的市场需求函数。其中，q 为市场需求量；A 为产品市场潜在需求量；p 为产品销售价格；a 为消费者对产品销售价格的敏感系数。当零售商未投资 RFID 技术，零售商存在产品错放现象，有 $q = (1-\alpha)Q$；当零售商投资 RFID 技术，产品错放现象得以完全消除，则 $q = Q$。

基于以上几点假设，本节将分别对以下四种情形进行分析：零售商不投资 RFID 技术-制造商不投资研发低碳技术、零售商不投资 RFID 技术-制造商投资研发低碳技术、零售商投资 RFID 技术-制造商不投资研发低碳技术以及零售商投资 RFID 技术-制造商投资研发低碳技术。接下来对每种情形进行分析和研究。

在分析之前，需要对本节出现的符号及含义进行说明，如表 4.6 所示。

表 4.6　符号标识及其含义说明

分类	变量	含义说明	变量	含义说明
决策变量	w	产品批发价	e	单位产品碳排放水平降低量
	p	产品销售价格	Q	零售商订货量
目标变量	Π_R	零售商的利润	Π_M	制造商的利润
系数变量	G	政府相关部门分配给制造商的碳配额	p_e	单位碳排放量的市场交易价格
	T	制造商碳排放权的交易量	I	制造商投资研发低碳技术成本
	κ	制造商投资研发低碳技术效率系数	c_v	单个 RFID 标签成本
	A	产品市场潜在需求量	a	消费者对零售价格的敏感系数
	α	零售商产品错放比例系数	e_0	初始碳排放量

4.2.2　模型建立、求解与分析

为便于描述和区分，用字符 n、r 分别表示零售商不投资和投资 RFID 技术，n、i 分别表示制造商不投资和投资研发低碳技术，并标于各变量的右上角，具体组合如表 4.7 所示。各变量最优解用符号*在变量右上角进行标识。

表 4.7　各情形符号表示

制造商	零售商不投资 RFID 技术（n）	零售商投资 RFID 技术（r）
不投资研发低碳技术（n）	nn	rn
投资研发低碳技术（i）	ni	ri

1. 零售商不投资 RFID 技术

当零售商不投资 RFID 技术时，零售商仍存在产品错放现象。此时零售商决策时需要考虑到产品错放的影响，通过调整最优订货量的方式来获得最大利润。制造商则根据零售商的订货量和单位碳交易价格来决策是否投资 RFID 技术以使得自身的利润最大化。接下来分别分析零售商不投资 RFID 技术时，制造商不投资和投资研发低碳技术两种情形下的最优决策问题。

1）制造商不投资研发低碳技术

制造商不投资研发低碳技术时，单位产品碳排放量为初始碳排放 e_0。则在零售商不投资 RFID 技术-制造商不投资研发低碳技术情形（nn）下，制造商和零售商的利润函数分别为

$$\Pi_{\mathrm{M}}^{\mathrm{nn}} = (w-c)Q - p_{\mathrm{e}}T$$

$$\mathrm{s.t.} \begin{cases} Q = \dfrac{q}{1-\alpha} \\ T = e_0 Q - G \end{cases} \tag{4.50}$$

$$\Pi_{\mathrm{R}}^{\mathrm{nn}} = (p-w)(1-\alpha)Q - (w-s)\alpha Q \tag{4.51}$$

引理 4.3: 在零售商不投资 RFID 技术-制造商不投资研发低碳技术情形下,各决策变量的最优解为

$$w^{\mathrm{nn}*} = \frac{A(1-\alpha) + a(c + s\alpha + p_{\mathrm{e}}e_0)}{2a} \tag{4.52}$$

$$p^{\mathrm{nn}*} = \frac{3A(1-\alpha) + a(c - s\alpha + p_{\mathrm{e}}e_0)}{4a(1-\alpha)} \tag{4.53}$$

$$Q^{\mathrm{nn}*} = \frac{A(1-\alpha) - a(c - s\alpha + p_{\mathrm{e}}e_0)}{4(1-\alpha)^2} \tag{4.54}$$

$$q^{\mathrm{nn}*} = \frac{A(1-\alpha) - a(c - s\alpha + p_{\mathrm{e}}e_0)}{4(1-\alpha)} \tag{4.55}$$

$$E^{\mathrm{nn}*} = \frac{\left[A(1-\alpha) - a(c - s\alpha + p_{\mathrm{e}}e_0)\right]e_0}{4(1-\alpha)^2} \tag{4.56}$$

证明: 将式(4.49)代入式(4.51),得 $\partial^2 \Pi_{\mathrm{R}}^{\mathrm{nn}} / \partial p^2 = -2a < 0$。令 $\partial \Pi_{\mathrm{R}}^{\mathrm{nn}} / \partial p = 0$,得零售商的反应函数为

$$p = \frac{\left[A(1-\alpha) + a(w - \alpha s)\right]}{2a(1-\alpha)} \tag{4.57}$$

将式(4.57)代入式(4.50),得 $\partial^2 \Pi_{\mathrm{M}}^{\mathrm{nn}} / \partial w^2 = -a / (1-\alpha)^2 < 0$。令 $\partial \Pi_{\mathrm{M}}^{\mathrm{nn}} / \partial w = 0$ 得 $w^{\mathrm{nn}*}$、$p^{\mathrm{nn}*}$、$Q^{\mathrm{nn}*}$、$q^{\mathrm{nn}*}$ 和 $E^{\mathrm{nn}*}$。证毕。

将引理 4.3 中各最优解依次代入式(4.50)、式(4.51)得制造商和零售商利润分别为

$$\Pi_{\mathrm{M}}^{\mathrm{nn}*} = \frac{\left[A(1-\alpha) - a(c - s\alpha + p_{\mathrm{e}}e_0)\right]^2}{8a(1-\alpha)^2} + Gp_{\mathrm{e}} \tag{4.58}$$

$$\Pi_{\mathrm{R}}^{\mathrm{nn}*} = \frac{\left[A(1-\alpha) - a(c - s\alpha + p_{\mathrm{e}}e_0)\right]^2}{16a(1-\alpha)^2} \tag{4.59}$$

2)制造商投资研发低碳技术

制造商投资研发低碳技术时,单位产品碳排放量降至 $(e_0 - e)$。则在零售商不投资 RFID 技术-制造商投资研发低碳技术情形(ni)下,零售商和制造商的利

润函数分别为

$$\Pi_{\mathrm{M}}^{\mathrm{ni}} = (w-c)Q - p_{\mathrm{e}}T - \frac{\kappa e^2}{2}$$

$$\mathrm{s.t.} \begin{cases} Q = \dfrac{q}{1-\alpha} \\ T = (e_0 - e)Q - G \end{cases} \tag{4.60}$$

$$\Pi_{\mathrm{R}}^{\mathrm{ni}} = (p-w)(1-\alpha)Q - (w-s)\alpha Q \tag{4.61}$$

引理 4.4：零售商不投资 RFID 技术–制造商投资研发低碳技术情形下，各决策变量的最优解为

$$w^{\mathrm{ni}*} = \frac{ap_{\mathrm{e}}^2\left[A(1-\alpha)+as\alpha\right] - 2\kappa(1-\alpha)^2\left[A(1-\alpha)+a(c+s\alpha)\right] - 2a\kappa p_{\mathrm{e}}e_0(1-\alpha)^2}{a\left[ap_{\mathrm{e}}^2 - 4\kappa(1-\alpha)^2\right]}$$

$$\tag{4.62}$$

$$e^{\mathrm{ni}*} = \frac{p_{\mathrm{e}}\left[a(c-s\alpha+p_{\mathrm{e}}e_0)-A(1-\alpha)\right]}{ap_{\mathrm{e}}^2 - 4\kappa(1-\alpha)^2} \tag{4.63}$$

$$p^{\mathrm{ni}*} = \frac{aAp_{\mathrm{e}}^2 - 3A\kappa(1-\alpha)^2 - a(1-\alpha)\kappa(c-s\alpha+p_{\mathrm{e}}e_0)}{a\left[ap_{\mathrm{e}}^2 - 4\kappa(1-\alpha)^2\right]} \tag{4.64}$$

$$Q^{\mathrm{ni}*} = \frac{\kappa\left[a(c-s\alpha+p_{\mathrm{e}}e_0)-A(1-\alpha)\right]}{ap_{\mathrm{e}}^2 - 4\kappa(1-\alpha)^2} \tag{4.65}$$

$$q^{\mathrm{ni}*} = \frac{\kappa(1-\alpha)\left[a(c-s\alpha+p_{\mathrm{e}}e_0)-A(1-\alpha)\right]}{ap_{\mathrm{e}}^2 - 4\kappa(1-\alpha)^2} \tag{4.66}$$

$$E^{\mathrm{ni}*} = \frac{\kappa\left[a(c-s\alpha+p_{\mathrm{e}}e_0)-A(1-\alpha)\right]\left\{p_{\mathrm{e}}\left[A(1-\alpha)-a(c-s\alpha)\right]-4\kappa e_0(1-\alpha)^2\right\}}{\left[ap_{\mathrm{e}}^2 - 4\kappa(1-\alpha)^2\right]^2}$$

$$\tag{4.67}$$

证明：由引理 4.3 证明知零售商的反应函数为式（4.57）。将式（4.57）代入式（4.60），可得 $\partial^2\Pi_{\mathrm{M}}^{\mathrm{ni}}/\partial w^2 = -a/(1-\alpha)^2$，$\partial^2\Pi_{\mathrm{M}}^{\mathrm{ni}}/\partial w\partial e = \partial^2\Pi_{\mathrm{M}}^{\mathrm{ni}}/\partial e\partial w = -ap_{\mathrm{e}}/2(1-\alpha)^2$，$\partial^2\Pi_{\mathrm{M}}^{\mathrm{ni}}/\partial e^2 = -\kappa$。则关于 $\Pi_{\mathrm{M}}^{\mathrm{ni}}$ 的海瑟矩阵为

$$H^{\mathrm{ni}} = \begin{vmatrix} \dfrac{-a}{(1-\alpha)^2} & \dfrac{-ap_{\mathrm{e}}}{2(1-\alpha)^2} \\ \dfrac{-ap_{\mathrm{e}}}{2(1-\alpha)^2} & -\kappa \end{vmatrix} \tag{4.68}$$

又因为 $H_{11}^{ni} = -a/(1-\alpha)^2 < 0$ ，由假设 4.5 知：

$$\det\left|H^{ni}\right| = a\left[4(1-\alpha)^2\kappa - ap_e^2\right]/4(1-\alpha)^4 > 0 \qquad (4.69)$$

因此，Π_M^{ni} 是关于 w 和 e 的凹函数。令 $\partial\Pi_M^{ni}/\partial w = 0$ 和 $\partial\Pi_M^{ni}/\partial e = 0$ 联立求解得 w^{ni*}、e^{ni*}、p^{ni*}、Q^{ni*}、q^{ni*} 和 E^{ni*}。证毕。

将引理 4.4 中各最优解依次代入式（4.60）、式（4.61）得制造商和零售商利润分别为

$$\Pi_M^{ni*} = Gp_e - \frac{\kappa\left[A(1-\alpha) - a(c - s\alpha + p_e e_0)\right]^2}{2a\left[ap_e^2 - 4\kappa(1-\alpha)^2\right]} \qquad (4.70)$$

$$\Pi_R^{ni*} = \frac{(1-\alpha)^2\kappa^2\left[A(1-\alpha) - a(c - s\alpha + p_e e_0)\right]^2}{a\left[ap_e^2 - 4\kappa(1-\alpha)^2\right]^2} \qquad (4.71)$$

制造商和零售商的目标是使得自身利润最大化。当制造商和零售商分别进行生产活动和销售活动而不能获取利润，甚至利润为负值时，理性的制造商和零售商则不进行生产和销售活动。通过对引理 4.3、引理 4.4 各最优解析式进行分析，得到以下结论。

命题 4.3：

（1）若 $\alpha < \phi_1$，则 $Q^{nn*} > 0$，$Q^{ni*} > 0$，$\Pi_R^{nn*} > 0$，$\Pi_R^{ni*} > 0$，$\Pi_M^{nn*} > Gp_e$，$\Pi_M^{ni*} > Gp_e$，$e^{ni*} > 0$；

（2）若 $\alpha \geqslant \phi_1$，则 $Q^{nn*} = 0$，$Q^{ni*} = 0$，$\Pi_R^{nn*} = 0$，$\Pi_R^{ni*} = 0$，$\Pi_M^{nn*} = Gp_e$，$\Pi_M^{ni*} = Gp_e$，$e^{ni*} = 0$。

其中，$\phi_1 = \left[A - a(c + p_e e_0)\right]/(A - as)$。

证明： 当 $\alpha < \left[A - a(c + p_e e_0)\right]/(A - as) = \phi_1$ 时，$A(1-\alpha) - a(c - s\alpha + p_e e_0) > 0$，$\kappa\left[a(c - s\alpha + p_e e_0) - A(1-\alpha)\right] < 0$；又由假设 4.2 知 $4(1-\alpha)^2\kappa > ap_e^2$，得 $ap_e^2 - 4(1-\alpha)^2\kappa < 0$；故 $Q^{nn*} > 0$，$Q^{ni*} > 0$，$\Pi_R^{nn*} > 0$，$\Pi_M^{nn*} > Gp_e$，$\Pi_R^{ni*} > 0$，$\Pi_M^{ni*} > Gp_e$。所以命题 4.3（1）成立。当 $\alpha \geqslant \phi_1$ 时，$A(1-\alpha) - a(c - s\alpha + p_e e_0) \leqslant 0$，$\kappa\left[a(c - s\alpha + p_e e_0) - A(1-\alpha)\right] \geqslant 0$，同时 $ap_e^2 - 4(1-\alpha)^2\kappa < 0$；故 $Q^{nn*} \leqslant 0$，$Q^{ni*} \leqslant 0$。联系实际情况取 $Q^{nn*} = 0$，$Q^{ni*} = 0$，故有 $\Pi_R^{nn*} = 0$，$\Pi_R^{ni*} = 0$，$\Pi_M^{nn*} = Gp_e$，$\Pi_M^{ni*} = Gp_e$。所以命题 4.3（2）成立。证毕。

由命题 4.3 可知，当 $\alpha \geqslant \phi_1$ 时，此时零售商的利润为 0（在 $\alpha = \phi_1$ 时取得）。这是由于产品错放率 α 过高，故零售商进行销售活动获得的收益难以弥补因产品错放而造成的损失。因此理性的零售商将不会进行销售活动，该两种情形下的订

货量 $Q^{j*} = 0$（$j \in \{\text{nn, ni}\}$）。此时，制造商在没有收到零售商订单时也不会进行生产活动而是售出政府分配的碳排放权来获得利润，更不会投资研发低碳技术。当零售商产品错放率低于一定阈值时，如 $\alpha < \phi_1$，此时零售商进行销售活动获得的收益不仅能够弥补因产品错放而造成的损失，还会有盈余，即 $\Pi_{\text{R}}^{\text{ni}*} > 0$，故零售商将会向制造商提交订单进行销售活动，所以两种情形下的订货量 $Q^{j*} > 0$（$j \in \{\text{nn, ni}\}$）。制造商接到订单后将会进行生产活动，能够获得比售出政府分配的碳排放权更多的利润。至于此时制造商是否投资研发低碳技术将会在下文进行探讨。当 $\alpha \geqslant \phi_1$ 时，供应链双方不进行生产和销售活动，不具有实际研究价值。因此，本部分的重点是针对满足 $\alpha < \phi_1$ 条件进行研究。

命题 4.3 得出当产品错放率 α 在特定阈值范围内时，零售商将进行销售活动。此时制造商虽然进行生产活动，但是并不能保证制造商也投资研发低碳技术。接下来探讨制造商满足何种条件下投资研发低碳技术，得到命题 4.4。

命题 4.4：对于制造商，有

（1）若 $p_{\text{e}} < \varphi_1$，则 $w^{\text{ni}*} < w^{\text{nn}*}$，$p^{\text{ni}*} < p^{\text{nn}*}$，$Q^{\text{ni}*} > Q^{\text{nn}*}$，$e^{\text{ni}*} > 0$，$\Pi_{\text{M}}^{\text{ni}*} > \Pi_{\text{M}}^{\text{nn}*}$；

（2）若 $p_{\text{e}} \geqslant \varphi_1$，则 $w^{\text{ni}*} \geqslant w^{\text{nn}*}$，$p^{\text{ni}*} \geqslant p^{\text{nn}*}$，$Q^{\text{ni}*} \leqslant Q^{\text{nn}*}$，$e^{\text{ni}*} = 0$，$\Pi_{\text{M}}^{\text{ni}*} \leqslant \Pi_{\text{M}}^{\text{nn}*}$。其中，$\varphi_1 = 2\sqrt{\kappa(1-\alpha)^2/a}$。

证明：因 $w^{\text{ni}*} - w^{\text{nn}*} = p_{\text{e}}^2 \left[A(1-\alpha) - a(c - s\alpha + p_{\text{e}}e_0) \right] \big/ 2\left[ap_{\text{e}}^2 - 4(1-\alpha)^2 \kappa \right]$，

$p^{\text{ni}*} - p^{\text{nn}*} = p_{\text{e}}^2 \left[A(1-\alpha) - a(c - s\alpha + p_{\text{e}}e_0) \right] \big/ 4(1-\alpha)\left[ap_{\text{e}}^2 - 4(1-\alpha)^2 \kappa \right]$，

$Q^{\text{ni}*} - Q^{\text{nn}*} = -ap_{\text{e}}^2 \left[A(1-\alpha) - a(c - s\alpha + p_{\text{e}}e_0) \right] \big/ 4(1-\alpha)^2 \left[ap_{\text{e}}^2 - 4(1-\alpha)^2 \kappa \right]$，

$\Pi_{\text{M}}^{\text{ni}*} - \Pi_{\text{M}}^{\text{nn}*} = -p_{\text{e}}^2 \left[A(1-\alpha) - a(c - s\alpha + p_{\text{e}}e_0) \right]^2 \big/ 8(1-\alpha)^2 \left[ap_{\text{e}}^2 - 4(1-\alpha)^2 \kappa \right]$。由命题 4.3 知 $\phi_1 = A(1-\alpha)$，$-a(c - s\alpha + p_{\text{e}}e_0) > 0$，当 $p_{\text{e}} < 2\sqrt{\kappa(1-\alpha)^2/a} = \varphi_1$ 时，$ap_{\text{e}}^2 - 4(1-\alpha)^2 \kappa < 0$，有 $w^{\text{ni}*} - w^{\text{nn}*} < 0$，$p^{\text{ni}*} - p^{\text{nn}*} < 0$，$Q^{\text{ni}*} - Q^{\text{nn}*} > 0$，$e^{\text{ni}*} > 0$，$\Pi_{\text{M}}^{\text{ni}*} - \Pi_{\text{M}}^{\text{nn}*} > 0$，故命题 4.4（1）成立；当 $p_{\text{e}} \geqslant \varphi_1$ 时，$ap_{\text{e}}^2 - 4(1-\alpha)^2 \kappa \geqslant 0$，有 $w^{\text{ni}*} - w^{\text{nn}*} \geqslant 0$，$p^{\text{ni}*} - p^{\text{nn}*} \geqslant 0$，$Q^{\text{ni}*} - Q^{\text{nn}*} \leqslant 0$，$\Pi_{\text{M}}^{\text{ni}*} - \Pi_{\text{M}}^{\text{nn}*} \leqslant 0$，$e^{\text{ni}*} \leqslant 0$；联系实际，取 $e^{\text{ni}*} = 0$，故命题 4.4（2）成立。证毕。

制造商的目标是使得自身利润最大化，当投资研发低碳技术比不投资研发低碳技术获得更多利润时，理性的制造商将会选择投资研发低碳技术；相反，制造商将会选择不投资研发低碳技术。在零售商不投资 RFID 技术情形下，由命题 4.4 可知，当 $p_{\text{e}} < \varphi_1$ 时，制造商投资研发低碳技术比不投资研发低碳技术能够获得更

多利润，理性的制造商将会选择投资研发低碳技术，即 $e^{mi*}>0$。这是因为当单位碳交易价格低于一定程度时（如 $p_e<\varphi_1$），制造商首先不会考虑售出碳排放权，而是碳排放权更多地用于生产。制造商一方面通过降低批发价，进而降低市场销售价格，扩大市场需求量；另一方面通过投资研发低碳技术获得更多碳排放权，满足生产所需的碳排放量。当 $p_e<\varphi_1$ 时，理性的制造商将会选择不投资研发低碳技术，即 $e^{mi*}=0$。这是因为当单位碳交易价格高于一定程度时（如 $p_e<\varphi_1$），扩大生产活动时获得的利润低于销售碳排放权时获得的收益。制造商将会提高批发价，进而提高产品销售价格，缩小生产规模，节约碳排放权，将更多的碳排放权进行销售。

综合命题 4.3 和命题 4.4，得到结论 4.1。

结论 4.1：零售商不投资 RFID 技术情形时，有

（1）若 $\alpha\geqslant\phi_1$，供应链双方不进行生产销售活动；

（2）若 $\alpha<\phi_1$ 且 $p_e\geqslant\varphi_1$，供应链双方进行生产销售活动，但制造商不投资研发低碳技术；

（3）若 $\alpha<\phi_1$ 且 $p_e<\varphi_1$，供应链双方进行生产销售活动并且制造商投资研发低碳技术。

其中，$\varphi_1=\left[A-a(c+p_ee_0)\right]/(A-as)$，$\phi_1=2\sqrt{\kappa(1-\alpha)^2/a}$。

结论 4.1 描述的是在零售商不投资 RFID 技术情形时，供应链双方是否进行生产销售活动，以及进行生产销售活动时，制造商是否投资研发低碳技术时需要满足的条件。可以得出，当 $\alpha\geqslant\phi_1$ 时，过高的产品错放率导致零售商不会进行销售活动，此时供应链无法正常运行；当 $\alpha<\phi_1$ 时，零售商进行销售活动，制造商进行生产活动，保证了供应链的正常运行。进一步地，当 $p_e\geqslant\varphi_1$ 时，制造商不投资研发低碳技术取得比投资研发低碳技术更高的收益，此时制造商将不会投资研发低碳技术；相反，当 $p_e<\varphi_1$ 时，制造商会选择投资研发低碳技术。也就是说，同时满足 $\alpha<\phi_1$ 且 $p_e<\varphi_1$ 时，供应链能够正常运行且制造商投资研发低碳技术。

由以上分析可知，产品错放率对零售商的决策产生重要影响，过高的产品错放率甚至导致零售商不进行销售活动，制造商则不会进行生产活动，进而导致整条供应链的生产运作无法正常进行，消费者的需求无法得到满足。为降低产品错放对供应链的影响，零售商将会考虑是否投资 RFID 技术。上文已对零售商不投资 RFID 技术进行了探讨，接下来将分析零售商投资 RFID 技术的情形。

2. 零售商投资 RFID 技术

当零售商投资 RFID 技术时，供应链产品错放现象得以完全消除。此时零售商订货量与市场需求量相等，即 $Q^*=q^*$。

1）制造商不投资研发低碳技术

制造商不投资研发低碳技术时，单位产品碳排放量为初始碳排放 e_0。则在零售商投资 RFID 技术-制造商不投资研发低碳技术情形（rn）下，制造商和零售商的利润函数分别为

$$\Pi_M^m = (w-c)Q - p_e T$$

$$\text{s.t.}\begin{cases} q = Q \\ T = e_0 Q - G \end{cases} \quad (4.72)$$

$$\Pi_R^m = (p-w)Q - c_v Q \quad (4.73)$$

引理 4.5：零售商投资 RFID 技术-制造商不投资研发低碳技术情形下，各决策变量的最优解为

$$w^{m*} = \frac{A + a(c + p_e e_0 - c_v)}{2a} \quad (4.74)$$

$$p^{m*} = \frac{3A + a(c + p_e e_0 + c_v)}{4a} \quad (4.75)$$

$$Q^{m*} = q^{m*} = \frac{A - a(c + p_e e_0 + c_v)}{4} \quad (4.76)$$

$$E^{m*} = \frac{\left[A - a(c + p_e e_0 + c_v)\right]e_0}{4} \quad (4.77)$$

证明：将式（4.49）代入式（4.73），得 $\partial^2 \Pi_R^m / \partial p^2 = -2a < 0$。令 $\partial \Pi_R^m / \partial p = 0$，得零售商的反应函数为

$$p = \left[A + a(w + c_v)\right]/2a \quad (4.78)$$

将式（4.78）代入式（4.72），得 $\partial^2 \Pi_M^m / \partial w^2 = -a < 0$。令 $\partial \Pi_M^m / \partial w = 0$ 得 w^{m*}、p^{m*}、Q^{m*}、q^{m*} 和 E^{m*}。证毕。

将引理 4.5 中最优解依次代入式（4.72）、式（4.73）得制造商和零售商利润分别为

$$\Pi_M^{m*} = \frac{\left[A - a(c + c_v + p_e e_0)\right]^2}{8a} + G p_e \quad (4.79)$$

$$\Pi_R^{m*} = \frac{\left[A - a(c + c_v + p_e e_0)\right]^2}{16a} \quad (4.80)$$

2）制造商投资研发低碳技术

制造商投资研发低碳技术时，单位产品碳排放量降至 $(e_0 - e)$。则在零售商投资 RFID 技术-制造商投资研发低碳技术情形（ri）下，制造商和零售商的利润函数分别为

$$\Pi_{M}^{ri} = (w-c)Q - p_{e}T - \frac{\kappa e^2}{2} \tag{4.81}$$

$$\text{s.t.} \begin{cases} Q = q \\ T = (e_0 - e)Q - G \end{cases}$$

$$\Pi_{R}^{ri} = (p-w)Q - c_{v}Q \tag{4.82}$$

引理 4.6：零售商投资 RFID 技术–制造商投资研发低碳技术情形下，各决策变量的最优解为

$$w^{ri*} = \frac{a\left[p_{e}^2 (A - ac_{v}) - 2\kappa p_{e} e_{0} \right] - 2\kappa \left[A + a(c - c_{v}) \right]}{a\left(ap_{e}^2 - 4\kappa \right)} \tag{4.83}$$

$$e^{ri*} = \frac{p_{e}\left[a(c + c_{v} + p_{e}e_{0}) - A \right]}{ap_{e}^2 - 4\kappa} \tag{4.84}$$

$$p^{ri*} = \frac{aAp_{e}^2 - 3A\kappa - a\kappa(c + c_{v} + p_{e}e_{0})}{a\left(ap_{e}^2 - 4\kappa \right)} \tag{4.85}$$

$$q^{ri*} = Q^{ri*} = \frac{\kappa\left[a(c + c_{v} + p_{e}e_{0}) - A \right]}{ap_{e}^2 - 4\kappa} \tag{4.86}$$

$$E^{ri*} = \frac{\kappa\left[a(c + c_{v} + p_{e}e_{0}) - A \right]\left\{ p_{e}\left[A - a(c + c_{v}) \right] - 4\kappa e_{0} \right\}}{\left(ap_{e}^2 - 4\kappa \right)^2} \tag{4.87}$$

证明：由引理 4.6 知零售商的反应函数为式（4.78）。将式（4.78）代入式（4.81），可得 $\partial^2 \Pi_{M}^{ri}/\partial w^2 = -a$，$\partial^2 \Pi_{M}^{ri}/\partial w \partial e = \partial^2 \Pi_{M}^{ri}/\partial e \partial w = -ap_{e}/2$，$\partial^2 \Pi_{M}^{ri}/\partial e^2 = -\kappa$。则关于 Π_{M}^{ri} 的海瑟矩阵为

$$H^{ri} = \begin{vmatrix} -a & \dfrac{-ap_{e}}{2} \\ \dfrac{-ap_{e}}{2} & -\kappa \end{vmatrix} \tag{4.88}$$

又因为 $H_{11}^{ri} = -a < 0$，由假设 4.5 知 $\det|H^{ri}| = a(4\kappa - ap_{e}^2)/4 > 0$。因此，$\Pi_{M}^{ri}$ 是关于 w 和 e 的凹函数。令 $\partial \Pi_{M}^{ri}/\partial w = 0$ 和 $\partial \Pi_{M}^{ri}/\partial e = 0$ 联立求解得 w^{ri*}、e^{ri*}、p^{ri*}、Q^{ri*}、q^{ri*} 和 E^{ri*}。证毕。

将引理 4.6 中最优解依次代入式（4.81）、式（4.82）得制造商和零售商利润分别为

$$\Pi_{M}^{ri*} = Gp_{e} - \frac{\kappa\left[A - a(c + c_{v} + p_{e}e_{0}) \right]^2}{2a\left(ap_{e}^2 - 4\kappa \right)} \tag{4.89}$$

$$\Pi_R^{ri*} = \frac{\kappa^2 \left[A - a(c + c_v + p_e e_0) \right]^2}{a \left(a p_e^2 - 4\kappa \right)^2} \tag{4.90}$$

通过对引理 4.5、引理 4.6 各最优解析式进行分析，得到以下结论。

命题 4.5：

（1）若 $c_v < \phi_2$，则 $Q^{m*} > 0$，$Q^{ri*} > 0$，$\Pi_R^{m*} > 0$，$\Pi_R^{ri*} > 0$，$\Pi_M^{m*} > Gp_e$，$\Pi_M^{ri*} > Gp_e$，$e^{ri*} > 0$；

（2）若 $c_v \geqslant \phi_2$，则 $Q^{m*} = 0$，$Q^{ri*} = 0$，$\Pi_R^{m*} = 0$，$\Pi_R^{ri*} = 0$，$\Pi_M^{m*} = Gp_e$，$\Pi_M^{ri*} = Gp_e$，$e^{ri*} = 0$。

其中，$\phi_2 = \left[A - a(c + p_e e_0) \right] / a$。

证明：当 $c_v < \left[A - a(c + p_e e_0) \right] / a = \phi_2$ 时，$\left[A - a(c + p_e e_0 + c_v) \right] > 0$，$\kappa \left[a(c + p_e e_0 + c_v) - A(1-a) \right] < 0$；又由假设 4.2 知 $4\kappa > a p_e^2$，得 $a p_e^2 - 4\kappa < 0$；故 $Q^{m*} > 0$，$Q^{ri*} > 0$，$\Pi_R^{m*} > 0$，$\Pi_R^{ri*} > 0$，$\Pi_M^{m*} > Gp_e$，$\Pi_M^{m*} > Gp_e$，$e^{ri*} > 0$，所以命题 4.5（1）成立。当 $c_v \geqslant \phi_2$ 时，$\left[A - a(c + p_e e_0 + c_v) \right] \leqslant 0$，$\kappa \left[a(c + p_e e_0 + c_v) - A(1-a) \right] \geqslant 0$，同时 $a p_e^2 - 4\kappa < 0$，得 $Q^{m*} \geqslant 0$，$Q^{ri*} \geqslant 0$。联系实际情况取 $Q^{m*} = 0$，$Q^{ri*} = 0$，故有 $\Pi_R^{m*} = 0$，$\Pi_R^{ri*} = 0$，$\Pi_M^{m*} = Gp_e$，$\Pi_M^{ri*} = Gp_e$，$e^{ri*} = 0$，故命题 4.5（2）成立。证毕。

因为 RFID 技术的应用在完全消除产品错放现象的同时也会产生额外的运作费用，零售商是否投资 RFID 技术取决于投资 RFID 技术是否比不投资获得更高的利润。由命题 4.5 可知，当 c_v 高于一定阈值时，如 $c_v \geqslant \phi_2$，零售商将不会进行销售活动，并且不会向制造商提交订货单。联系实际情形，该两种情形下的订货量 $Q^{k*} = 0$（$k \in \{\text{rn}, \text{ri}\}$）。因为此时零售商投资 RFID 技术，虽然消除了产品错放对供应链的影响，但是零售商的销售收益难以弥补投资 RFID 技术的成本，最终导致零售商入不敷出。对于制造商而言，在没有收到来自零售商订单的情形下，制造商为了获得收益，将售出政府分配的所有碳排放权，也不会投资研发低碳技术。当 c_v 低于一定阈值时，如 $c_v < \phi_2$，零售商才会考虑是否投资 RFID 技术。但是零售商会向制造商提交订单，进行销售活动，该两种情形下的订货量 $Q^{k*} > 0$（$k \in \{\text{rn}, \text{ri}\}$）。因为此时 RFID 不但能够消除产品错放现象，同时零售商的收益也能够弥补投资 RFID 技术的成本，能够获得一定的利润。制造商收到来自零售商的订单后将进行生产活动，能够获得比售出政府分配的碳排放权更多的利润。至于此时制造商是否投资研发低碳技术将会在下文进行探讨。当 $c_v \geqslant \phi_2$ 时，供应链双方不进行生产和销售活动，不具有实际研究价值。因此，本部分的重点是针对满足 $c_v < \phi_2$ 条件进行研究。

命题 4.3 探讨的是产品错放率 α 对零售商利润的影响，判断零售商是否进行生产活动；命题 4.5 探讨的是 RFID 技术对零售商利润的影响，判断零售商是否投资 RFID 技术。综合命题 4.3 和命题 4.5，得到结论 4.2。

结论 4.2： 对于零售商而言，有

（1）若 $\alpha < \phi_1$ 且 $c_v < \phi_2$，进行销售活动，但不能确定是否投资 RFID 技术；

（2）若 $\alpha \geqslant \phi_1$ 且 $c_v < \phi_2$，进行生产活动且投资 RFID 技术；

（3）若 $\alpha < \phi_1$ 且 $c_v \geqslant \phi_2$，只进行销售活动，不投资 RFID 技术；

（4）若 $\alpha \geqslant \phi_1$ 且 $c_v \geqslant \phi_2$，不进行销售活动且不投资 RFID 技术。

其中，$\phi_1 = \left[A - a(c + p_e e_0) \right] / (A - as)$，$\phi_2 = \left[A - a(c + p_e e_0) \right] / a$。

根据产品错放率 α 和 RFID 标签成本 c_v 不同的取值进行组合，将由该两个变量组成的二维平面划分为四个区域，分别为区域 Ⅰ、Ⅱ、Ⅲ、Ⅳ，与结论 4.2 中的（1）、（2）、（3）、（4）一一对应，如图 4.4 所示。

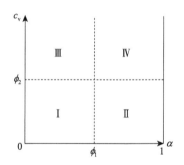

图 4.4　零售商不同决策条件分析

（1）在区域 Ⅰ 内，$\alpha < \phi_1$，保证了零售商会进行销售活动；另外 $c_v < \phi_2$，只能保证零售商投资 RFID 技术能获得一定的利润，但是并不能保证零售商投资 RFID 技术比不投资时获得的利润高。所以在区域 Ⅰ 内，零售商进行销售活动，但并不能确定零售商是否会投资 RFID 技术。

（2）在区域 Ⅱ 内，$\alpha \geqslant \phi_1$，零售商本不会进行生产活动，但是 $c_v < \phi_2$，即此时零售商会投资 RFID 技术。RFID 技术的使用避免了产品错放带来的损失，同时能够使零售商获得一定的利润。所以在区域 Ⅱ 内，零售商会进行生产活动和投资 RFID 技术，与区域 Ⅰ 的决策结果相同。

（3）在区域 Ⅲ 内，$\alpha < \phi_1$，保证了零售商会进行销售活动。但是 $c_v \geqslant \phi_2$，即零售商不投资比投资 RFID 技术获得更多的利润，此时理性的零售商将不会投资 RFID 技术。故在区域 Ⅲ 内，零售商会进行销售活动而不投资 RFID 技术。

（4）在区域 Ⅳ 内，$\alpha \geqslant \phi_1$ 且 $c_v \geqslant \phi_2$，即此时零售商无论投资 RFID 技术与否

都不能获得利润。所以此时理性的零售商将会选择不进行销售活动，更不会投资 RFID 技术。

接下来将零售商投资 RFID 技术与不投资 RFID 技术进行比较，进一步探讨零售商投资或不投资 RFID 条件。对引理 4.5 与引理 4.3 以及引理 4.6 与引理 4.4 分别进行比较，得出命题 4.6 和命题 4.7。

命题 4.6：

（1）若 $c_v < \phi_3$，$\Pi_R^{m*} > \Pi_R^{nn*}$；

（2）若 $\phi_2 \geqslant c_v \geqslant \phi_3$，$\Pi_R^{m*} \leqslant \Pi_R^{nn*}$。

其中，$\phi_2 = \left[A - a(c + p_e e_0) \right] / a$，$\phi_3 = \alpha(c - s + p_e e_0)/(1 - \alpha)$。

证明： $\Pi_R^{m*} - \Pi_R^{nn*} = \left\{ a\left[c(2 - \alpha) + c_v(1 - \alpha) + s\alpha \right] - 2A(1 - \alpha) + \alpha p_e e_0 (2 - \alpha) \right\}$ $\left[c_v(1 - \alpha) - \alpha(c - s + p_e e_0) \right] / 16(1 - \alpha)^2$，当 $c_v < \alpha(c - s + p_e e_0)/(1 - \alpha) = \phi_3$ 时，$\Pi_R^{m*} > \Pi_R^{nn*}$；当 $\phi_2 \geqslant c_v \geqslant \phi_3$ 时，$\Pi_R^{m*} \leqslant \Pi_R^{nn*}$。证毕。

命题 4.7：

（1）若 $c_v < \phi_4$，$\Pi_R^{ri*} > \Pi_R^{ni*}$；

（2）若 $\phi_2 \geqslant c_v \geqslant \phi_4$，$\Pi_R^{ri*} \leqslant \Pi_R^{ni*}$。

其中，$\phi_2 = \left[A - a(c + p_e e_0) \right] / a$，$\phi_4 = \alpha \left\{ 4(c - s)(1 - \alpha)\kappa - p_e^2 \left[a(c + s - s\alpha) - A(2 - \alpha) \right] + p_e e_0 \left[a p_e^2 + 4\kappa(1 - \alpha) \right] \right\} / \left[a p_e^2 - 4\kappa(1 - \alpha)^2 \right]$。

证明： 令 $\Pi_R^{ri*} - \Pi_R^{ni*} > 0$，解得 $c_v < \alpha \left\{ 4(c - s)(1 - \alpha)\kappa - p_e^2 \left[a(c + s - s\alpha) - A(2 - \alpha) \right] + p_e e_0 \left[a p_e^2 + 4\kappa(1 - \alpha) \right] \right\} / \left[a p_e^2 - 4(1 - \alpha)^2 \kappa \right] = \phi_4$；当 $\phi_2 \geqslant c_v \geqslant \phi_4$ 时，$\Pi_R^{ri*} \leqslant \Pi_R^{ni*}$。证毕。

当零售商投资 RFID 技术比不投资 RFID 技术能够获得更多利润时〔如命题 4.6（1）和命题 4.7（1）〕，理性的零售商将会投资 RFID 技术，否则零售商将不会投资 RFID 技术。

命题 4.6 和命题 4.7 探讨零售商投资 RFID 技术情形下是否投资 RFID 技术的条件，但是无法判断制造商是否投资研发低碳技术。通过对引理 4.5、引理 4.6 进行对比分析，得到命题 4.8。

命题 4.8： 对于制造商，有

（1）若 $p_e < \varphi_2$，则 $w^{ri*} < w^{m*}$，$p^{ri*} < p^{m*}$，$Q^{ri*} > Q^{m*}$，$e^{ri*} > 0$，$\Pi_M^{ri*} > \Pi_M^{m*}$；

（2）若 $p_e \geqslant \varphi_2$，则 $w^{ri*} \geqslant w^{m*}$，$p^{ri*} \geqslant p^{m*}$，$Q^{ri*} \leqslant Q^{m*}$，$e^{ri*} = 0$，$\Pi_M^{ri*} \leqslant \Pi_M^{m*}$。

其中，$\varphi_2 = 2\sqrt{\kappa/a}$，显然 $\varphi_2 \geqslant \varphi_1$。

证明： 因 $w^{\text{ri}*} - w^{\text{m}*} = p_e^2\left[A - a(c + c_v + p_e e_0)\right]/2\left(ap_e^2 - 4\kappa\right)$，$p^{\text{ri}*} - p^{\text{m}*} = p_e^2$ $\left[A - a(c + c_v + p_e e_0)\right]/4\left(ap_e^2 - 4\kappa\right)$，$Q^{\text{ri}*} - Q^{\text{m}*} = -ap_e^2\left[A - a(c + c_v + p_e e_0)\right]/$ $4\left(ap_e^2 - 4\kappa\right)$，$\varPi_M^{\text{ri}*} - \varPi_M^{\text{ri}*} = -p_e^2\left[A - a(c + c_v + p_e e_0)\right]^2/8\left(ap_e^2 - 4\kappa\right)$。由命题 4.5 知 $A - a(c + c_v + p_e e_0) > 0$，当 $p_e < 2\sqrt{\kappa/\alpha} = \varphi_2$ 时，$ap_e^2 - 4\kappa < 0$，有 $w^{\text{ri}*} - w^{\text{m}*} < 0$，$p^{\text{ri}*} - p^{\text{m}*} < 0$，$Q^{\text{ri}*} - Q^{\text{m}*} > 0$，$e^{\text{ri}*} > 0$，$\varPi_M^{\text{ri}*} - \varPi_M^{\text{m}*} > 0$，故命题 4.8（1）成立；当 $p_e \geqslant \varphi_2$ 时，$ap_e^2 - 4\kappa \geqslant 0$，有 $w^{\text{ri}*} - w^{\text{m}*} \geqslant 0$，$p^{\text{ri}*} - p^{\text{m}*} \geqslant 0$，$Q^{\text{ri}*} - Q^{\text{m}*} \leqslant 0$，$\varPi_M^{\text{ri}*} - \varPi_M^{\text{m}*} \leqslant 0$。$e^{\text{ri}*} \leqslant 0$，联系实际，取 $e^{\text{ri}*} = 0$。故命题 4.8（2）成立。证毕。

由命题 4.8 可知，当 $p_e < \varphi_2$ 时，制造商投资研发低碳技术比不投资研发低碳技术能够获得更多利润，理性的制造商将会选择投资研发低碳技术。当 $p_e \geqslant \varphi_2$ 时，制造商不投资研发低碳技术比投资研发低碳技术能够获得更多利润，理性的制造商将会选择不投资研发低碳技术。

一般来说，当单位碳交易价格较高时，制造商将会投资研发低碳技术以节约碳排放权。但从命题 4.4 和命题 4.8 的分析看出，过高的碳交易价格反而不利于促使制造商投资研发低碳技术。同时，政府分配的碳限额的大小对制造商决策并没有起到明显的约束作用，制造商将其视为企业自身持有的特殊资产而不作为决策考虑的因素。所以为了有效控制制造商的碳排放量，降低环境压力，政府部门应当将碳交易价格控制在一定范围内。

根据上述结论，得出供应链双方在不同约束条件下的最优决策结果，如表 4.8 所示。

表 4.8　制造商和零售商在不同条件下的最优决策结果

编号	条件	是否进行生产销售活动	是否投资 RFID 技术	是否投资研发低碳技术
1	$\alpha < \phi_1 \,\&\, c_v < \phi_4 \,\&\, p_e < \varphi_2$	是	是	是
2	$\alpha < \phi_1 \,\&\, c_v < \phi_3 \,\&\, p_e \geqslant \varphi_2$	是	是	否
3	$\alpha < \phi_1 \,\&\, c_v > \phi_4 \,\&\, p_e < \varphi_1$	是	否	是
4	$\alpha < \phi_1 \,\&\, c_v > \phi_3 \,\&\, p_e \geqslant \phi_1$	是	否	否
5	$\alpha \geqslant \phi_1 \,\&\, c_v < \phi_2 \,\&\, p_e < \varphi_2$	是	是	是
6	$\alpha \geqslant \phi_1 \,\&\, c_v < \phi_2 \,\&\, p_e \geqslant \varphi_2$	是	是	否
7	$\alpha \geqslant \phi_1 \,\&\, c_v \geqslant \phi_2$	否	否	否

以上对制造商和零售商在特定约束条件下的最优决策进行了探讨，接下来分析各因素对供应链最优决策的影响。

首先讨论产品错放率 α 对供应链决策的影响。通过对引理 4.3 各解析式进行分析，得出结论 4.3 和结论 4.4。

结论 4.3:

（1）当 $\alpha < \phi_5$ 时，$\partial Q^{nn*}/\partial \alpha > 0$，$\partial E^{nn*}/\partial \alpha > 0$；

（2）当 $\phi_5 \leqslant \alpha < \phi_1$ 时，$\partial Q^{nn*}/\partial \alpha \leqslant 0$，$\partial E^{nn*}/\partial \alpha \leqslant 0$。

其中，$\phi_1 = [A - a(c + p_e e_0)]/(A - as)$，$\phi_5 = [A - a(2c + 2p_e e_0 - s)]/(A - as)$，显然 $\phi_5 < \phi_1$。

证明： 因 $\partial Q^{nn*}/\partial \alpha = \{A(1-\alpha) - a[2c - s(1+\alpha) + 2p_e e_0]\}/4(1-\alpha)^3$，$\partial E^{nn*}/\partial \alpha = \partial E^{nn*}/\partial \alpha = e_0\{A(1-\alpha) - a[2c - s(1+\alpha) + 2p_e e_0]\}/4(1-\alpha)^3$；当 $\alpha < [A - a(2c + 2p_e e_0 - s)]/(A - as) = \phi_5$ 时，$A(1-a) - a[2c - s(1+\alpha) + 2p_e e_0] > 0$，故 $\partial Q^{nn*}/\partial \alpha > 0$，$\partial E^{nn*}/\partial \alpha > 0$，所以有结论 4.3（1）。当 $\alpha \geqslant \phi_5$ 时，$A(1-a) - a[2c - s(1+\alpha) + 2p_e e_0] \leqslant 0$，故 $\partial Q^{nn*}/\partial \alpha \leqslant 0$，$\partial E^{nn*}/\partial \alpha \leqslant 0$；又由结论 4.3（1）知当 $\alpha < [A - a(c + p_e e_0)]/(A - as) = \phi_1$ 时，零售商将不会进行生产活动，故要求 $\alpha < \phi_1$ 并且 $\phi_5 < \phi_1$，所以有结论 4.3（2）。证毕。

结论 4.4:

$\partial w^{nn*}/\partial \alpha < 0$，$\partial q^{nn*}/\partial \alpha < 0$，$\partial p^{nn*}/\partial \alpha > 0$，$\partial \Pi_M^{nn*}/\partial \alpha < 0$，$\partial \Pi_R^{nn*}/\partial \alpha < 0$。

证明： $\partial w^{nn*}/\partial \alpha = -(A - as)/2a < 0$，$\partial q^{nn*}/\partial \alpha = -(c - s + p_e e_0)a/4(1-\alpha)^2 < 0$，$\partial p^{nn*}/\partial \alpha = (c - s + p_e e_0)/4(1-\alpha)^2 > 0$，由命题 4.3 知 $A(1-\alpha) - a(c - s\alpha + p_e e_0) > 0$，故有 $\partial \Pi_M^{nn*}/\partial \alpha = -(c - s + p_e e_0)[A(1-\alpha) - a(c - s + p_e e_0)]/4(1-\alpha)^3 < 0$，$\partial \Pi_R^{nn*}/\partial \alpha = -(c - s + p_e e_0)[A(1-\alpha) - a(c - s\alpha + p_e e_0)]/8(1-\alpha)^3 < 0$。证毕。

从结论 4.3 和结论 4.4 可以看出，当零售商产品错放率增大时，零售商将会提高产品销售价格以弥补产品错放带来的损失。相应地，随着销售价格的提高，市场需求量随之下降。制造商为了激励零售商增大订货量，将会降低批发价。但是对于零售商而言，当 α 低于一定阈值时（如 $\alpha < \phi_5$），零售商将会提高订货量，侧重于通过提高销量来提高利润，同时使得总碳排放增加；但是当 α 高于该阈值时（如 $\phi_5 \leqslant \alpha < \phi_1$），零售商将会改变订货策略，侧重于提高销价来提高利润，使得总碳排放降低。无论零售商采取何种订货策略，制造商和零售商的收益都逐渐降低，所以消除产品错放现象对供应链双方都有益。

RFID 技术能够有效地消除产品错放现象，接下来探讨 RFID 技术对供应链双方最优决策产生的影响。通过对引理 4.3 和引理 4.5 进行对比分析，得到结论 4.5 和结论 4.6。

结论 4.5:

（1）若 $c_v < \phi_6$，$w^{rn*} > w^{nn*}$；

（2）若 $\phi_3 > c_v \geqslant \phi_6$，$w^{rn*} \leqslant w^{nn*}$。

其中，$\phi_3 = \alpha(c - s + p_e e_0)/(1 - \alpha)$，$\phi_6 = (A - as)\alpha/a$。

证明： $w^{rn*} - w^{nn*} = \left[A\alpha - a(c_v + s\alpha)\right]/2a$，当 $c_v < (A - as)\alpha/a = \phi_3$ 时，$\left[A\alpha - a(c_v + s\alpha)\right]/2a > 0$，即 $w^{rn*} > w^{nn*}$，故有结论 4.5（1）；相反，当 $c_v \geqslant \phi_3$ 时，$w^{rn*} \leqslant w^{nn*}$，同时由命题 4.5 知 $c_v < \left[A - a(c + p_e e_0)\right]/a = \phi_2$ 且 $\phi_2 > \phi_3$，故有结论 4.5（2）。证毕。

结论 4.6:

（1）若 $c_v < \phi_2$，$q^{rn*} > q^{nn*}$，$p^{rn*} < p^{nn*}$，$\Pi_M^{rn*} > \Pi_M^{nn*}$；

（2）若 $\phi_2 > c_v \geqslant \phi_3$，$q^{rn*} \leqslant q^{nn*}$，$p^{rn*} \geqslant p^{nn*}$，$\Pi_M^{rn*} \leqslant \Pi_M^{nn*}$。

其中，$\phi_2 = \left[A - a(c + p_e e_0)\right]/a$，$\phi_3 = \alpha(c - s + p_e e_0)/(1 + \alpha)$。

证明： $q^{rn*} - q^{nn*} = -a\left[c_v(1 - \alpha) - (c - s + p_e e_0)\alpha\right]/4(1 - \alpha)$，$p^{rn*} - p^{nn*} = \left[c_v(1 - \alpha) - (c - s + p_e e_0)\alpha\right]/4(1 - \alpha)$，$\Pi_M^{rn*} - \Pi_M^{nn*} = \left\{a\left[c(2 - \alpha) + c_v(1 - \alpha) - s\alpha + p_e e_0(2 - \alpha)\right] - 2A(1 - \alpha)\right\}\left[c_v(1 - \alpha) - (c - s + p_e e_0)\alpha\right]/8(1 - \alpha)^2$；当 $c_v < \alpha(c - s + p_e e_0)/(1 - \alpha) = \phi_3$ 时，$c_v(1 - \alpha) - (c - s + p_e e_0)\alpha < 0$，故 $q^{rn*} > q^{nn*}$，$p^{rn*} < p^{nn*}$，$\Pi_M^{rn*} > \Pi_M^{nn*}$，故有结论 4.6（1）；当 $c_v \geqslant \phi_3$ 时，$c_v(1 - \alpha) - (c - s + p_e e_0)\alpha \geqslant 0$，故 $q^{rn*} \leqslant q^{nn*}$，$p^{rn*} \geqslant p^{nn*}$，$\Pi_M^{rn*} \leqslant \Pi_M^{nn*}$，同时由命题 4.5 知 $c_v < \left[A - a(c + p_e e_0)\right]/a = \phi_2$ 且 $\phi_2 > \phi_3$，故有结论 4.6（2）。证毕。

当产品错放率 α 高于一定阈值时，零售商投资 RFID 技术消除了产品错放现象，使得自身成本在一定程度上得到降低。由结论 4.5（1）和结论 4.6（1）可以看出，当 RFID 标签成本低于一定阈值时（如 $c_v < \phi_4$），零售商将会降低销售价格以提高销售量来获得更多利润，此时制造商为了获得更高收益，将会提高批发价，使得自身的利润增加。相反，当 RFID 标签成本高于该阈值时，零售商将会提高销售价格以获得更多收益，此时销售量降低。制造商为了提高零售商的订货量，可能会降低批发价。此时，制造商的利润低于零售商不投资 RFID 技术时的利润。

零售商投资 RFID 技术消除产品错放现象的同时也会产生额外的运作成本，接下来研究 RFID 标签成本 c_v 的变化对供应链决策的影响。通过对引理 4.5 和引理 4.6 的最优解析式关于 c_v 的分析得到结论 4.7 至结论 4.10。

结论 4.7： $\partial w^{m*}/\partial c_v < 0$，$\partial Q^{m*}/\partial c_v < 0$，$\partial p^{m*}/\partial c_v > 0$，$\partial E^{m*}/\partial c_v < 0$，$\partial \Pi_M^{m*}/\partial c_v < 0$，$\partial \Pi_R^{m*}/\partial c_v < 0$。

证明： $\partial w^{m*}/\partial c_v = -1/2 < 0$，$\partial Q^{m*}/\partial c_v = -a/4 < 0$，$\partial p^{m*}/\partial c_v = 1/4 > 0$，$\partial E^{m*}/\partial c_v = -ae_0/4 < 0$，$\partial \Pi_M^{m*}/\partial c_v = -[A - a(c + c_v + p_e e_0)]/4 < 0$，$\partial \Pi_R^{m*}/\partial c_v = -[A - a(c + c_v + p_e e_0)]/8 < 0$。证毕。

结论 4.8： $\partial e^{ri*}/\partial c_v < 0$，$\partial Q^{ri*}/\partial c_v = \partial q^{ri*}/\partial c_v < 0$，$\partial p^{ri*}/\partial c_v > 0$，$\partial \Pi_M^{ri*}/\partial c_v < 0$，$\partial \Pi_R^{ri*}/\partial c_v < 0$。

证明： $\partial e^{ri*}/\partial c_v = -ap_e/(4\kappa - ap_e^2) < 0$，$\partial Q^{ri*}/\partial c_v = \partial q^{ri*}/\partial c_v = -a\kappa/(4\kappa - ap_e^2) < 0$，$\partial p^{ri*}/\partial c_v = \kappa/(4\kappa - ap_e^2) > 0$，$\partial \Pi_M^{ri*}/\partial c_v = -\kappa[A - a(c + c_v + p_e e_0)]/(4\kappa - ap_e^2) < 0$，$\partial \Pi_R^{ri*}/\partial c_v = -2\kappa^2[A - a(c + c_v + p_e e_0)]/(4\kappa - ap_e^2) < 0$。证毕。

结论 4.9：

（1）若 $p_e < \phi_3$，$\partial w^{ri*}/\partial c_v > 0$；

（2）若 $\phi_2 \geqslant p_e \geqslant \phi_3$，$\partial w^{ri*}/\partial c_v \leqslant 0$。

其中，$\phi_2 = 2\sqrt{\kappa/a}$，$\phi_3 = \sqrt{2\kappa/a}$。

证明： $\partial w^{ri*}/\partial c_v = (2\kappa - ap_e^2)/(4\kappa - ap_e^2)$，由假设 4.2 知 $4\kappa > ap_e^2$，故当 $p_e < \sqrt{2\kappa/a} = \phi_3$ 时，$2\kappa > ap_e^2$，故 $\partial w^{ri*}/\partial c_v > 0$；当 $p_e \geqslant \phi_3$ 时，$2\kappa \leqslant ap_e^2$，故 $\partial w^{ri*}/\partial c_v \leqslant 0$，同时由命题 4.4 知 $p_e < 2\sqrt{\kappa/a} = \varphi_2$ 且 $\phi_2 > \phi_3$。证毕。

结论 4.10：

（1）若 $c_v < \phi_7$，$\partial E^{ri*}/\partial c_v > 0$；

（2）若 $\phi_2 > c_v \geqslant \phi_7$，$\partial E^{ri*}/\partial c_v \leqslant 0$。

其中，$\phi_2 = [A - a(c + p_e e_0)]/a$，$\phi_7 = [2(Ap_e - acp_e - 2\kappa e_0) - ap_e^2 e_0]/2ap_e$。

证明： $\partial E^{ri*}/\partial c_v = a\kappa[2p_e(A - ac - ac_v) - e_0(4\kappa + ap_e^2)]/(4\kappa - ap_e^2)^2$，当 $c_v < [2(Ap_e - acp_e - 2\kappa e_0) - ap_e^2 e_0]/2ap_e = \phi_5$，$2p_e(A - ac - ac_v) - e_0(4\kappa + ap_e^2) > 0$，故 $\partial E^{ri*}/\partial c_v > 0$；相反，当 $c_v \geqslant \phi_5$，$\partial E^{ri*}/\partial c_v \leqslant 0$，同时 $\phi_5 < \phi_2 = [A - a(c + p_e e_0)]/a$。证毕。

由结论 4.7 可知，在零售商投资 RFID 技术-制造商不投资研发低碳技术情形下，随着 RFID 标签成本 c_v 的逐渐增加，零售商逐渐增大产品销售价格而降低产品销售量，从而使得碳排放总量降低。制造商将通过降低批发价的方式激励零售商提高订货量。但是制造商和零售商的收益都随着 c_v 的逐渐增加而降低。同理，

第 4 章 碳约束下新能源汽车企业生产投资决策 81

由结论 4.8 得，在零售商投资 RFID 技术–制造商投资研发低碳技术情形下，零售商的销售价格逐渐增加并且销售量逐渐降低，制造商的低碳研发水平以及供应链双方的利润也随之降低。由结论 4.9 和结论 4.10 看出制造商的批发价以及碳排放总量的变化趋势视 p_e 和 c_v 的相对大小而定。

紧接着探讨制造商投资研发低碳技术对供应链双方决策的影响，得到结论4.11。

结论 4.11：$w^{ni*} < w^{nn*}$，$w^{ri*} < w^{rn*}$；$Q^{ni*} > Q^{nn*}$，$q^{ni*} > q^{nn*}$，$Q^{ri*} = q^{ri*} > q^{rn*} = Q^{rn*}$；$p^{ni*} < p^{nn*}$，$p^{ri*} < p^{rn*}$；$\Pi^{ni*} > \Pi^{nn*}$，$\Pi^{ri*} > \Pi^{rn*}$。

证明：由假设 4.5 知 $ap_e^2 - 4\kappa(1-\alpha)^2 < 0$，所以 $ap_e^2 - 8\kappa(1-\alpha)^2 < 0$；同时，$A(1-\alpha) - a(c - s\alpha + p_e e_0) > 0$，$A - a(c + c_v + p_e e_0) > 0$。所以 $w^{ni*} - w^{nn*} = p_e^2 [A(1-a) - a(c - s\alpha + p_e e_0)] / 2[ap_e^2 - 4\kappa(1-\alpha)^2] < 0$，$Q^{ni*} - Q^{nn*} = -ap_e^2 [A(1-\alpha) - a(c - s\alpha + p_e e_0)] / 4(1-\alpha)^2[ap_e^2 - 4\kappa(1-\alpha)^2] > 0$，$q^{ni*} - q^{nn*} = -ap_e^2 [A(1-\alpha) - a(c - s\alpha + p_e e_0)] / 4(1-\alpha)[ap_e^2 - 4\kappa(1-\alpha)^2] > 0$，$p^{ni*} - p^{nn*} = p_e^2 [A(1-\alpha) - a(c - s\alpha + p_e e_0)] / 4(1-\alpha)[ap_e^2 - 4\kappa(1-\alpha)^2] < 0$，$\Pi^{ni*} - \Pi^{nn*} = p_e^2 [8\kappa(1-\alpha)^2 - ap_e^2][A(1-\alpha) - a(c - s\alpha + p_e e_0)]^2 / 16(1-\alpha)^2[ap_e^2 - 4\kappa(1-\alpha)^2]^2 > 0$；$w^{ri*} - w^{rn*} = p_e^2 [A - a(c + c_v + p_e e_0)] / 2[ap_e^2 - 4\kappa] < 0$，$Q^{ri*} - Q^{rn*} = q^{ri*} - q^{rn*} = -ap_e^2 [A - a(c + c_v + p_e e_0)] / 4[ap_e^2 - 4\kappa] > 0$，$p^{ri*} - p^{rn*} = p_e^2 [A - a(c + c_v + p_e e_0)] / 4[ap_e^2 - 4\kappa] < 0$，$\Pi^{ri*} - \Pi^{rn*} = p_e^2 [8\kappa - ap_e^2][A - a(c + c_v + p_e e_0)]^2 / 16[ap_e^2 - 4\kappa]^2 > 0$。证毕。

结论 4.11 为引理 4.4 与引理 4.3 以及引理 4.6 与引理 4.5 分别进行对比得出。从中可以看出，制造商投资研发低碳技术，使得产品批发价和销售价格降低，销售量及零售商订货量增加，同时使得零售商的利润也有所增加，即制造商投资研发低碳技术不但能够降低单位产品的碳排放量，在一定条件下也能够使得自身收益增加（从命题 4.4 和命题 4.8 得出），而且对零售商也有利。

4.2.3 算例分析

上文对四种情形下制造商和零售商的最优决策及其条件进行了分析，并探讨了各变量对供应链双方最优决策的影响。接下来通过算例对产品错放率 α、单个 RFID 标签成本 c_v 和单位碳交易价格 p_e 进行灵敏度分析，以期获得更多管理启示。为了更形象地描绘出各最优解析式随着这些变量变化而呈现的变化趋势，在满足所有约束条件下，不妨将各变量系数分别取值为 $A = 2\,000$，$a = 10$，

$c = 20$，$s = 1$，$\kappa = 5\,000$，$e_0 = 7$，$G = 50$，$\alpha = 0.2$，$p_e = 10$，$c_v = 3$。

1. 关于 α 的灵敏度分析

虽然产品错放现象产生于零售商，但是制造商与零售商在同一条供应链上，同样对制造商决策产生影响。接下来将分析 α 如何对制造商和零售商产生影响。因零售商投资 RFID 技术完全消除产品错放，故该部分只对零售商不投资 RFID 技术情形进行分析。零售商投资 RFID 技术情形下，产品错放率 α 变化对零售商和供应商决策的影响如图 4.5 所示。

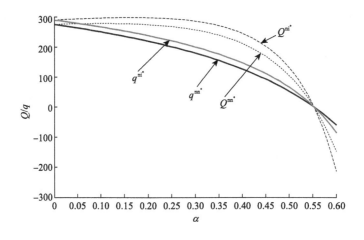

（a）

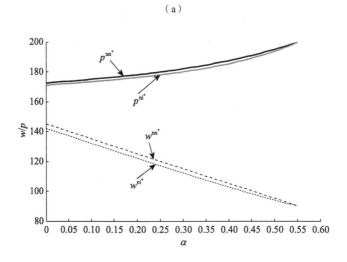

（b）

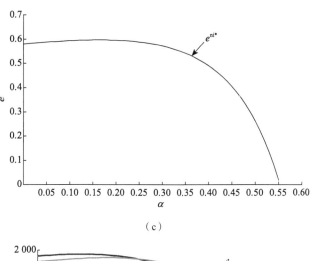

（c）

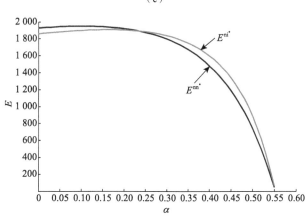

（d）

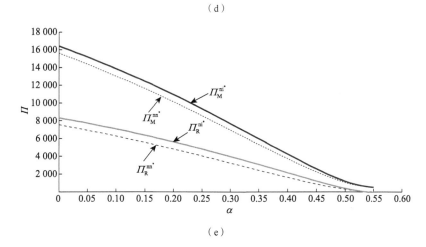

（e）

图 4.5 α 变化对供应链双方决策的影响

　　在该算例中，满足命题 4.4（1）中零售商投资研发低碳技术的条件，即制造商投资研发低碳技术比不投资研发低碳技术获得更多利润［图 4.5（e）］，而且使得零售商的利润也增加。从图 4.5 可以看出，随着产品错放率的逐渐增大，产品零售价逐渐增大，制造商的批发价逐渐降低；而零售商的订货量先增大，然后逐渐降低，直至为 0（在 $\alpha=0.552$ 处取得），单位产品碳排放降低量及碳排放总量亦呈现相同的趋势，同时制造商和零售商的收益都逐渐降低。这是因为产品错放率越高，零售商遭受的损失越大。零售商将会通过提高产品售价的方式对损失加以弥补，制造商为了促使零售商增加订货量而降低批发价；同时，当产品错放率低于一定阈值（$\alpha=0.11$）时，零售商提高订货量，侧重于提高销量来获得更多收益，使得碳排放总量增加以及制造商加大对低碳技术的投资力度；当产品错放率低于该阈值时，零售商将会改变订货策略，降低订货量，侧重于提高售价以获得更多利润，使得制造商减少对低碳技术的投入，但是订货量的降低使得碳排放总量逐渐降低。同时还可以看出，制造商投资研发低碳技术使得批发价和销售价格降低，市场需求量增加。

　　2. 关于 c_v 的灵敏度分析

　　当零售商通过投资 RFID 技术消除产品错放时，RFID 标签使用成本必然会对零售商和制造商决策产生影响。接下来通过算例研究零售商投资 RFID 技术情形下，RFID 标签成本 c_v 变动对零售商和制造商决策的影响。RFID 标签成本变化对零售商投资 RFID 技术情形下供应链双方决策的影响如图 4.6 所示。

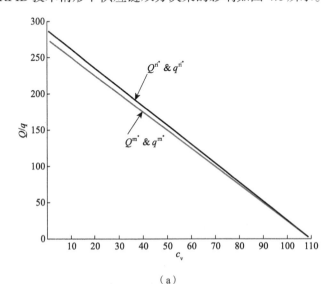

（a）

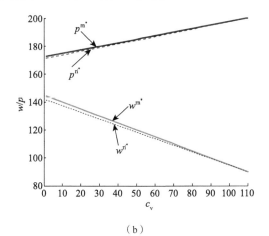

（b）

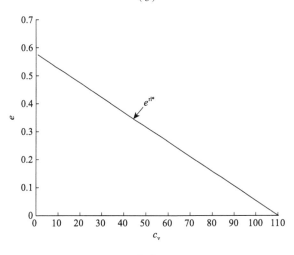

（c）

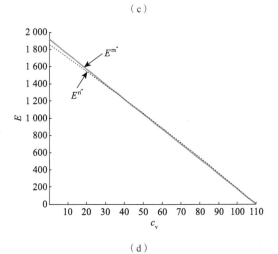

（d）

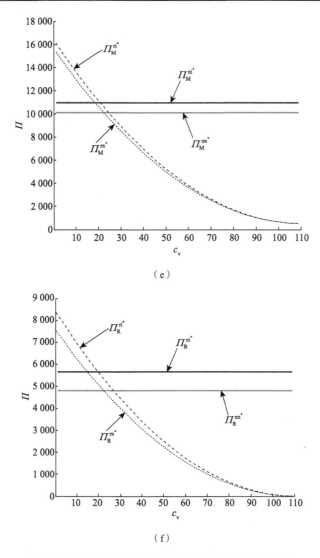

图 4.6　RFID 标签成本变化对供应链双方决策的影响

　　从图 4.6 可以看出，随着 RFID 标签成本（c_v）的逐渐增加，产品批发价和销售量（订货量）逐渐降低，从而导致制造商投资研发低碳技术的力度和总碳排放量也降低，最终导致供应链双方的收益都呈现下降的趋势。这是由于 c_v 的增大而导致零售商的成本逐渐增加，零售商将会通过提高产品销售价格以弥补投资 RFID 技术的成本。销售价格的提高导致产品销售量和订货量降低，使得制造商投资研发低碳技术的积极性降低。制造商为了提高零售商的订货量，将会降低产品批发价，最终导致供应链双方的利润降低。另外，以零售商不投资 RFID 技术情形下供应链双方收益为比较对象，得出在该算例中零售商投资 RFID 技术的条件。从图 4.6（f）中可以看出，当 c_v 分别满足 $c_v < 19.5$ 和 $c_v < 22.25$ 时，零售商将投资 RFID 技术，此时制造商也能获得比零售商不投资 RFID 技术更多的利润，即零售商投资 RFID 技术能够使制造商的利润也增加。

3. 关于 p_e 的灵敏度分析

在限额与交易机制下，单位碳排放交易价格 p_e 对供应链双方决策的影响不容忽视，p_e 的大小直接关系到整个供应链是否能够正常运行。接下来将分析四种情形下 p_e 对制造商和零售商产生怎样的影响。单位碳交易价格 p_e 变化对四种情形下供应链双方最优决策的影响如图 4.7 所示。

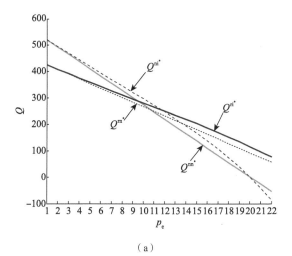

（a）

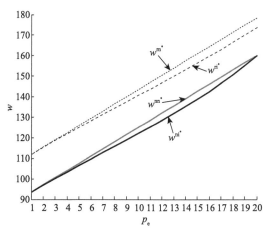

（b）

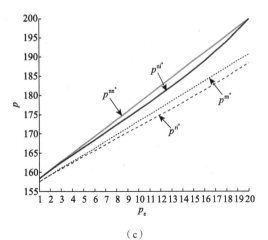

（c）

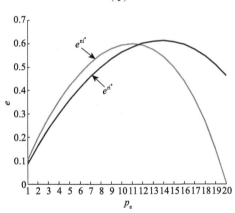

（d）

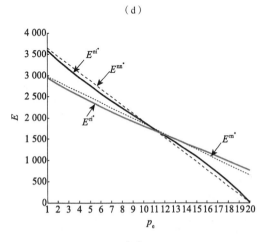

（e）

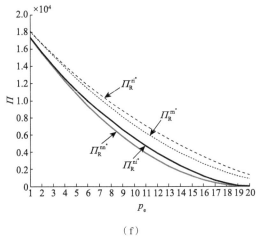

（f）

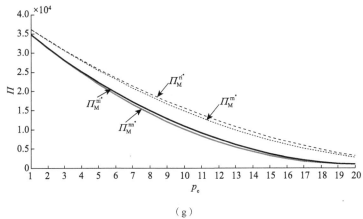

（g）

图 4.7　单位碳交易价格变化对供应链双方决策的影响

从图 4.7 中可以看出，随着 p_e 的逐渐增大，制造商的生产成本增加，从而导致批发价增加，进而导致零售价格增加，进而导致订货量（产品错放率一定时，与销售量变化趋势相同）降低，供应链产生的碳排放总量也随之降低。但是当 p_e 在一定阈值范围内，制造商投资研发低碳技术的力度逐渐增大，供应链碳排放总量低于不投资研发低碳技术时的碳排放总量；而超过该阈值时，制造商的投资力度逐渐降低，供应链碳排放总量大于不投资研发低碳技术时的碳排放总量。对于供应链双方的利润而言，都呈现出下降的趋势。当 p_e 上升到一定水平时，制造商将不会进行生产活动，而是将政府分配的碳限额全部售于碳交易市场，此时零售商的利润为 0。单纯从四种情形下供应链双方的利润来看，都有 $\Pi_R^{ri*} > \Pi_R^{rn*} > \Pi_R^{ni*} > \Pi_R^{nn*}$，$\Pi_M^{ri*} > \Pi_M^{rn*} > \Pi_M^{ni*} > \Pi_M^{nn*}$，$\Pi_M^{ri*} > \Pi_M^{rn*} > \Pi_M^{ni*} > \Pi_M^{nn*}$。说明制造商投资研发低碳技术和零售商投资 RFID 技术，不仅能够使得自身利润增加，而且也会使得对方获得更多利润。

4.3 本章小结

本章考虑在限额与交易机制下，由单个供应商和制造商组成的供应链系统的最优生产决策问题；以供应商和制造商在无碳排放约束下最优决策为参照对比，说明限额与交易机制能够在一定程度上起到限制碳排放的作用，但并不是在所有情形下都能发挥作用。本章的研究揭示出限额与交易机制对供应链最优决策的一个影响机制。此外，本章考虑在限额与交易机制下，研究供应链存在产品错放现象时最优决策问题。在限额与交易机制下，制造商可以通过投资研发低碳技术以降低单位产品碳排放量。产品错放现象广泛存在于供应链运行过程中，使得供应链双方承受着不必要的损失。为了降低产品错放现象对供应链的影响，零售商将考虑是否投资 RFID 技术。

综上，本章针对碳约束下的供应链生产决策问题进行了研究。针对碳约束下的制造商生产决策研究，可为政府相关部门约束制造商的生产行为起到一定作用。考虑供应链决策受到限额与交易机制的约束以及零售商存在产品错放现象的影响，也是具有一定现实意义的。其中，零售商存在产品错放的问题间接说明供应链决策对用户的依赖性。这些研究对新能源汽车供应链的生产决策具有一定的借鉴作用。

然而，对用户的依赖程度必须有一个长期性因素的保障，这就需要对用户行为的内外部因素进行分析。所以，下一章将针对消费者绿色偏好和外部补贴这两个因素的变化来研究其对新能源汽车供应链决策的影响。

第5章 消费者绿色偏好及补贴对新能源汽车供应链决策的影响

我国出台的《节能与新能源汽车产业发展规划（2012—2020 年）》确定了新能源汽车路线发展战略。近年来，随着政策扶持力度不断加强，中国新能源汽车销售量实现了快速增长。同时，随着消费者环保意识逐渐增强和新能源汽车行业迅速发展，消费者偏好行为在发生着改变，政府也出台多项政策进行产业扶持。消费者绿色偏好和政府补贴都是影响新能源汽车供应链决策的重要因素，很大程度上影响新能源汽车的定价、需求和利润等。因此，在消费者环保意识逐渐提升的大趋势下，解决补贴退坡后的新能源汽车产业链健康发展问题的有效措施之一就在于合理地实施供应链决策。此外，不同消费者群体对新能源汽车需求不同，如何将消费者绿色偏好和政府补贴考虑进新能源汽车供应链优化决策中，建立新能源汽车供应链优化决策模型，对于促进新能源汽车市场成熟与发展有着重要意义。这些问题将成为新能源汽车市场发展迫切需要解决的战略议题之一，是政府制定政策和企业决策亟待解决的问题。

本章首先分别从消费者绿色偏好和政府补贴角度研究其对新能源汽车供应链的影响，然后将消费者绿色偏好和政府补贴同时考虑进新能源汽车供应链中，建立集中决策和分散决策模型，并通过数值分析研究各参数对新能源汽车供应链决策的影响。

5.1 考虑消费者绿色偏好的新能源汽车供应链优化决策

5.1.1 消费者绿色偏好对新能源汽车供应链优化决策的影响

在国家大力推进低碳环保可持续发展的同时，消费者低碳意愿以及由此产生的低碳产品市场也在潜移默化地发生改变[18, 71, 78]。绿色消费逐步成为人们一种主要的消费模式，消费者的消费特征会更趋向环境友好[79, 80]。与传统燃油汽车相比，新能源汽车最明显的优势就在于节能环保，因此，如何从消费者绿色偏好角度去引导和激发新能源汽车市场发展，这给研究带来了新的机会和挑战。

新能源汽车市场由众多异质消费者所构成。因此，要合理地对新能源汽车市场进行细分，从而更进一步分析市场需求情况。从个体消费者出发，影响消费者绿色偏好的主要因素包括道德约束、低碳意识和经济驱动三个方面。其中道德约束是指消费者购买和使用低碳产品是符合社会期望的，可以在一定程度上增加消费者效用，若低于社会期望，会受到道德方面的谴责；低碳意识是指在社会期望的基础上，受环境知识、教育水平、收入水平等诸多因素的影响，一部分消费者有较强烈的低碳意愿，对产品的低碳表现较为关注；经济驱动是指消费者购买或使用低碳产品带来的经济性影响，如购买低碳产品享受补贴、优惠等，消费者往往也会出于经济驱动提升对绿色产品的心理估价[81-83]。随着社会的不断发展，人们的环保意识逐渐增强，思维方式、价值观念乃至消费心理和消费行为都发生了很大变化或者正在发生变化。我国很多消费者，特别是中低层收入者，购车目的往往还是出于经济驱动，如购车为了享受补贴和税费减免等。也有部分学者从不同角度对消费者绿色行为偏好特征与行为进行研究，并运用不同模型或公式刻画绿色偏好影响因素及其作用机制等[84, 85]。针对绿色产品市场的兴起，越来越多的学者开始考虑消费者绿色偏好对供应链协调与优化决策影响，并通过刻画消费者绿色偏好对市场低碳的反应，分析其与供应链运作决策的相互作用机理，进而提出供应链决策模型与方法[22, 81, 86]。部分学者研究消费者绿色偏好对需求与价格的影响，并尝试性地构建低碳影响型需求函数，对绿色偏好和产品需求与价格的关系进行系统的刻画[87, 88]。消费者绿色偏好的变化会影响消费者对新能源汽车的购买意愿，因此，新能源汽车供应链企业应制定相应措施，有效地考虑消费者绿色偏好特征，提高消费者对新能源汽车的购买意愿，是刺激产品需求的关键问题。

5.1.2　考虑消费者绿色偏好的新能源汽车供应链模型构建

新能源汽车作为我国重点培育与发展的战略性新兴产业之一，目前已成为我国汽车工业发展的基本方向。近年来，随着消费者环保意识和低碳产品选择偏好的逐步加强，以及政策支持力度的不断增大，我国新能源汽车产业快速发展，但是与预定目标还有一定的差距。现实中，新能源汽车的生产成本往往高于传统汽车，从而影响其市场竞争力。然而，由于消费者支付意愿的差异，市场上存在普通消费者和绿色消费者，由于绿色消费者的低碳溢价受到绿色偏好的驱动，绿色消费者会表现出对新能源汽车更高的支付意愿，绿色消费者愿意支付更多来选择新能源汽车[89]。因此，新能源汽车与传统汽车价格的不同和消费者绿色偏好的差异导致了这两类产品的需求差异和市场的价格不同，进而影响供应链企业优化决策。因此，研究考虑消费者绿色偏好差异的传统汽车和新能源汽车供应链优化决策问题，对新能源汽车供应链决策具有现实意义。

本节从供应链需求端出发，考虑两类消费者所占的比例，将消费者划分为不同类型。根据传统汽车和新能源汽车需求差异性，分别构建两类消费者效用函数以及两类产品需求函数，并建立汽车供应链集中决策和分散决策模型，得到传统汽车和新能源汽车制造商和经销商的最优定价、需求、供应链总利润等命题，并设计收益共享契约，建立协调机制。最后，通过数值分析研究消费者绿色偏好和绿色消费者比例对供应链总利润的影响，为新能源汽车制造商相关决策的制定提供参考。

1. 问题描述与参数假设

考虑由单个供应商与单个经销商组成的两级汽车供应链，汽车制造商作为供应链的领导者，经销商是跟随者，汽车制造商生产传统汽车和新能源汽车。设传统汽车和新能源汽车的单位生产成本分别为 c_t 和 c_n，且 $c_n > c_t$ [90]，两类产品的出厂价分别为 w_t 和 w_n，相应的市场价格分别为 p_t 和 p_n。假设市场潜在规模为 β 且存在两类消费群体，即普通消费者和绿色消费者。普通消费者和绿色消费者支付意愿的差异，导致二者对产品的估值和消费效用不同，假设绿色消费者和普通消费者所占的比例分别为 r 和 $1-r$。基于此，构建普通消费者和绿色消费者分别购买传统汽车和新能源汽车的效用函数。

假定每个消费者至多购买一辆传统汽车或新能源汽车，并且每个消费者都是理性的，但对产品的估算价值存在差异。本节重点考虑传统汽车与新能源汽车在环境方面带来的差异，因此，假定新能源汽车和传统汽车在基本需求（如外形、颜色、舒适度等）方面为消费者带来的效用相等，并假设消费者对传统汽车和新能源汽车提供的基本需求的估值为 λ，且服从 $[0,1]$ 上的均匀分布。本节引入消费者绿色偏好 θ（$0 < \theta < 1$），可以理解为消费者为单位产品降低 1 单位的碳排放量愿意支付的钱，即消费者愿意付出更高的价格购买低碳产品。当绿色消费者对传统汽车的估值为 λ 时，由于绿色消费者购买新能源汽车会获得更高的环保效用，则其对新能源汽车的估值为 $(1+\theta)\lambda$ [91]；普通消费者不从环保角度出发，对新能源汽车的估值等同于传统汽车，因此对新能源汽车不会产生偏见。

借鉴文献[89]，消费者对产品估值为 γ，产品零售价格为 p，则消费者购买

该产品的净效用为 $U = \gamma - p$。综上所述,绿色消费者购买传统汽车和新能源汽车的效用分别为 $U_t^a = \lambda - p_t$ 和 $U_n^a = (1+\theta)\lambda - p_n$;普通消费者购买传统汽车和新能源汽车的效用分别为 $U_t^b = \lambda - p_t$ 和 $U_n^b = \lambda - p_n$。

当绿色消费者更倾向购买传统汽车时,须满足条件是 $U_t^a > U_n^a$ 且 $U_t^a > 0$,即 $\lambda < \dfrac{p_n - p_t}{\theta}$ 且 $\lambda > p_t$;当绿色消费者支付意愿满足 $p_t < \lambda < \dfrac{p_n - p_t}{\theta}$ 时,可得 $p_n > (1+\theta)p_t$,其对传统汽车的需求为 $D_t^a = \beta r \displaystyle\int_{p_t}^{\frac{p_n - p_t}{\theta}} f(\lambda)\mathrm{d}\lambda = \beta r \left(\dfrac{p_n - p_t}{\theta} - p_t \right)$。绿色消费者倾向于购买新能源汽车的条件为 $U_n^a > U_t^a$ 且 $U_n^a > 0$,即 $\lambda > \dfrac{p_n - p_t}{\theta}$ 且 $\lambda > \dfrac{p_n}{1+\theta}$。由 $p_n > (1+\theta)p_t$,可得 $\dfrac{p_n - p_t}{\theta} > \dfrac{p_n}{1+\theta}$。因此,当绿色消费者支付意愿满足 $\dfrac{p_n - p_t}{\theta} < \lambda < 1$ 时,其对新能源汽车的需求为 $D_n^a = \beta r \displaystyle\int_{\frac{p_n - p_t}{\theta}}^{1} f(\lambda)\mathrm{d}\lambda = \beta r \left(1 - \dfrac{p_n - p_t}{\theta} \right)$。绿色消费者的购买行为如图 5.1 所示。

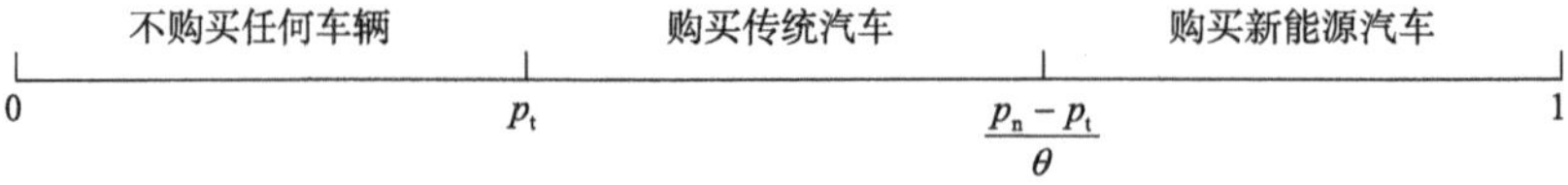

| 不购买任何车辆 | 购买传统汽车 | 购买新能源汽车 |

$$0 \qquad\qquad p_t \qquad\qquad \dfrac{p_n - p_t}{\theta} \qquad\qquad 1$$

图 5.1　绿色消费者的购买行为

同理可得,普通消费者倾向于购买新能源汽车的条件为 $U_n^b > U_t^b$ 且 $U_n^b > 0$,当支付意愿满足 $p_n < \lambda < 1$ 时,其对新能源汽车的需求为 $D_n^b = \beta(1-r)\displaystyle\int_{p_n}^{1} f(\lambda)\mathrm{d}\lambda = \beta(1-r)(1-p_n)$;普通消费者倾向于购买传统汽车的支付意愿满足 $p_t < \lambda < 1$ 时,对传统汽车的需求为 $D_t^b = \beta(1-r)\displaystyle\int_{p_t}^{1} f(\lambda)\mathrm{d}\lambda = \beta(1-r)(1-p_t)$。

因此,可得新能源汽车和传统汽车的总需求为

$$D_n = D_n^a + D_n^b = \beta r \left(1 - \dfrac{p_n - p_t}{\theta} \right) + \beta(1-r)(1-p_n) \tag{5.1}$$

$$D_t = D_t^a + D_t^b = \beta r \left(\dfrac{p_n - p_t}{\theta} - p_t \right) + \beta(1-r)(1-p_t) \tag{5.2}$$

汽车制造商和经销商的利润函数为

$$\Pi_m = (w_t - c_t)D_t + (w_n - c_n)D_n \tag{5.3}$$

$$\Pi_l = (p_t - w_t)D_t + (p_n - w_n)D_n \tag{5.4}$$

2. 模型建立与求解

基于上述问题描述与参数假设，我们分别建立了集中决策模型、分散决策模型，并对模型结果比较分析，进行相应的协调机制设计，模型中使用的参数描述见表5.1。

表 5.1　模型中参数描述

参数符号	描述	参数假设
c_t, c_n	传统汽车和新能源汽车单位生产成本	
p_t, p_n	传统汽车和新能源汽车市场销售价格	
w_1, w_2	传统汽车和新能源汽车单位产品出厂价	
β	潜在市场规模	
r	绿色消费者人数比例	$0 < r < 1$
λ	消费者对传统汽车和新能源汽车所提供的基本需求估值	$0 < \lambda < 1$
θ	消费者绿色偏好	$0 < \theta < 1$
U_t^a	绿色消费者购买传统汽车的效用函数	
U_n^a	绿色消费者购买新能源汽车的效用函数	
U_t^b	普通消费者购买传统汽车的效用函数	
U_n^b	普通消费者购买新能源汽车的效用函数	
D_n^a, D_n^b	普通消费者和绿色消费者购买新能源汽车的市场需求	
D_t^a, D_t^b	普通消费者和绿色消费者购买传统汽车的市场需求	
D_t, D_n	传统汽车和新能源汽车市场需求	
Π_S	集中决策下供应链总利润	
Π_m^j, Π_l^j	分散决策下汽车制造商和经销商总利润	
p_t^j, p_n^j	分散决策下传统汽车和新能源汽车市场销售价格	
w_t^j, w_n^j	分散决策下传统汽车和新能源汽车出厂价	

1）集中决策模型

在新能源汽车市场中，新能源汽车供应链企业会为了实现总体利益最大化而达成一定协议进行集中决策。当制造商和经销商处于集中决策情况下，在市场销售价格上能够拥有足够的主导权，有效提高供应链企业利润。新能源汽车供应链总的利润函数为

$$\Pi_S = (p_t - c_t)D_t + (p_n - c_n)D_n \tag{5.5}$$

由上式可得 $\varPi_S$ 的海塞矩阵为

$$H = \begin{Bmatrix} \dfrac{\partial^2 \varPi_S}{\partial p_n^2} & \dfrac{\partial^2 \varPi_S}{\partial p_n p_t} \\ \dfrac{\partial^2 \varPi_S}{\partial p_t p_n} & \dfrac{\partial^2 \varPi_S}{\partial p_t^2} \end{Bmatrix} = \begin{Bmatrix} -2\beta(1-r) - \dfrac{2\beta r}{\theta} & \dfrac{2\beta r}{\theta} \\ \dfrac{2\beta r}{\theta} & -2\beta(1-r) - 3\beta r\left(1+\dfrac{1}{\theta}\right) \end{Bmatrix}$$

其中，$-2\beta(1-r) - \dfrac{2\beta r}{\theta} < 0$，且 $|H| > 0$，可得海塞矩阵是负定的，因此，$\varPi_S$ 是关于 p_n、p_t 的严格凹函数，存在唯一最优解。结合式（5.1）和式（5.2）对式（5.5）进行求解，可得命题 5.1。

命题 5.1：集中化决策下，新能源汽车和传统汽车的最优销售价格为

$$p_n = \frac{r(\theta c_n + r c_n + r) - (c_n + 1)(2r + \theta)}{2[r(r+\theta) - (2r+\theta)]} \tag{5.6}$$

$$p_t = \frac{r[\theta(2+c_t) - 2(1+c_t) + r^2(1-\theta+c_t) - \theta(1+c_t)]}{2(r^2 + r\theta - \theta)} \tag{5.7}$$

证明：对式（5.6）、式（5.7）分别求 p_n、p_t 的一阶偏导 $\dfrac{\partial \varPi_S}{\partial p_n}$、$\dfrac{\partial \varPi_S}{\partial p_t}$，并令其等于 0，联立方程则可得新能源汽车和传统汽车的最优销售价格。证毕。

命题 5.2：集中决策下，新能源汽车最优销售价格是关于消费者绿色偏好 θ 和绿色消费者比例 r 的凹函数。

证明：对 p_n、p_t 分别求一阶偏导，可得

$$\frac{\partial p_n}{\partial \theta} = \frac{(2-r)r^2}{2[r^2 + (\theta-2) - \theta]^2} > 0 \tag{5.8}$$

$$\frac{\partial p_n}{\partial r} = \frac{\theta(r^2 + \theta)}{2[r^2 + r(\theta-2) - \theta]^2} > 0 \tag{5.9}$$

即随着 θ 的增大，新能源汽车销售价格增加；随着绿色消费者比例 r 的增加，新能源汽车销售价格也增加。证毕。

将 p_n、p_t 分别代入式（5.1）、式（5.2）和式（5.5）中，可得新能源汽车和传统汽车的市场需求和供应链总利润，函数表达式如下所示：

$$D_n = \frac{\beta[\theta[1 + c_t(r-1)] + r(c_n - c_t)]}{2\theta} \tag{5.10}$$

$$D_t = \frac{\beta r(c_n - c_t) - \beta\theta(c_t + r - 1)}{2\theta} \tag{5.11}$$

$$\Pi_S = \frac{\left[(c_t-1)(\theta-r^2)-rc_t(\theta-2)-2r\right]\left[\theta+\theta c_t(r-1)+r(c_n-c_t)\right]}{4\beta\theta\left[r^2-\theta+(\theta-2)\right]}$$

$$+\frac{\left[\left[\theta+2r+r\theta(c_t-2)-2rc_t\right]-\theta c_t+r^2(\theta+c_t-1)\right]\left[\theta(r+c_t-1)+r(c_t)\right]}{4\beta\theta\left[r^2-\theta+(\theta-2)\right]}$$

$$(5.12)$$

命题 5.3：集中决策下，新能源汽车市场需求是关于消费者绿色偏好 θ 的凹函数，传统汽车市场需求是关于 θ 的凸函数。

证明：集中决策下，对新能源汽车市场需求 D_n 求关于 θ 的一阶偏导，得 $\dfrac{\partial D_n}{\partial \theta}=\dfrac{\beta r(c_n-c_t)}{2\theta^2}>0$，随着消费者绿色偏好的增加，新能源汽车市场需求也增长。同理 $\dfrac{\partial D_t}{\partial \theta}=-\dfrac{r^2(r+3)(r-1)}{2\left[r^2+r(\theta-2)-\theta\right]^2}<0$，传统汽车市场需求随着 θ 增大而减小。证毕。

2）分散决策模型

分散决策下，制造商是领导者，经销商是跟从者，制造商、经销商分别以自身利润最大化为决策目标。制造商根据两类产品需求决定产品的出厂价，经销商决定产品的市场定价。由此，形成由一个制造商和一个经销商所组成的新能源汽车两级供应链企业之间的 Stackelberg 主从博弈模型，具体如下：

$$\text{Max}\,\Pi_m^j=(w_t-c_t)D_t+(w_n-c_n)D_n \qquad (5.13)$$

$$\text{s.t.Max}\,\Pi_l^j=(p_t-w_t)D_t+(p_n-w_n)D_n \qquad (5.14)$$

用上标 j 表示分散决策下各最优解。结合式（5.1）、式（5.2）、式（5.6）和式（5.7）对上述模型进行求解，可得命题 5.4。

命题 5.4：分散决策下，新能源汽车和传统汽车的最优出厂价和经销商最优销售价格分别为

$$w_n^j=\frac{(1+c_n)(r^2-\theta)+r\left[-2+(\theta-2)c_n\right]}{2\left[r^2+r(\theta-2)-\theta\right]} \qquad (5.15)$$

$$w_t^j=\frac{r^2(1-r+c_t)+r\left[-2(1+c_t)+\theta(2+c_t)\right]-\theta(1+c_t)}{2\left[r^2+r(\theta-2)-\theta\right]} \qquad (5.16)$$

$$p_n^j=\frac{(3+c_n)(r^2-\theta)+r\left[c_n(\theta-2)-6\right]}{4\left[r^2+r(\theta-2)-\theta\right]} \qquad (5.17)$$

$$p_t^j = \frac{r^2(3-3\theta+c_t)+r\left[-2(3+c_t)+\theta(6+c_t)\right]-\theta(3+c_t)}{4\left[r^2+r(\theta-2)-\theta\right]} \quad (5.18)$$

将上述最优决策结果代入式（5.1）、式（5.2）、式（5.13）和式（5.14），可得到新能源汽车与传统汽车的最优生产量 D_n^j 和 D_t^j，汽车制造商和经销商的最优利润 Π_m^j 和 Π_l^j。

证明：对 Π_l^j 求导，易得 Π_l^j 是关于 p_n、p_t 的严格凹函数，存在唯一最优解。将其代入 Π_m^j 中，通过求解可知，Π_m^j 是关于 w_n、w_t 的严格凹函数，因此，新能源汽车和传统汽车存在唯一批发价 w_n^j、w_t^j，相应可得新能源汽车和传统汽车存在唯一市场销售价格 p_n^j、p_t^j。根据逆向归纳法，令 $\dfrac{\partial \Pi_m^j}{\partial w_n}=0$，得 $w_n =$
$\dfrac{r\theta c_n+rc_t-2rw_t-\theta-c_n(1+c_n)}{2(r\theta-r-\theta)}$，将其代入 $\dfrac{\partial \Pi_m^j}{\partial w_t}=0$ 中，可得两类产品的最优批发价和市场销售价。证毕。

命题 5.4 表明，分散决策下，汽车制造商的利润随着新能源汽车和传统汽车出厂价的增加而上升，说明批发价的增加对消费者需求影响不明显，此时汽车制造商应该在保证一定销售量的情况下，适当地提升批发价以利于利润的增加。

命题 5.5：分散决策模型下，新能源汽车最优出厂价 w_n^j 和市场销售价格 p_n^j 是关于消费者绿色偏好 θ 和绿色消费者比例 r 的凹函数；反之，传统汽车的 w_t^j 和 p_t^j 是关于 θ 和 r 的凸函数。

证明：对 w_n^j 和 p_n^j 分别求 θ、r 的一阶偏导得

$$\frac{\partial w_n^j}{\partial \theta} = \frac{(2-r)r^2}{2\left[r^2+r(\theta-2)-\theta\right]^2} > 0 \quad (5.19)$$

$$\frac{\partial p_n^j}{\partial r} = \frac{\theta(r^2+\theta)}{2\left[r^2+r(\theta-2)-\theta\right]} > 0 \quad (5.20)$$

命题 5.5 得证。w_n^j、p_n^j 均随 θ 的增加而增大，w_t^j、p_t^j 随 θ 的增加而减小；w_n^j、p_n^j 均随 r 的增加而增大，w_t^j、p_t^j 随 r 的增加而减小。消费者绿色偏好和绿色消费者比例的增加，有利于汽车制造商和经销商对新能源汽车的销售，增加消费者对新能源汽车的需求。因此，汽车制造商和经销商应积极采取相应措施提高消费者环保意识，扩大绿色消费者比例，提高新能源汽车市场价格，从而有助于新能源汽车企业利润的增加。

3. 结果比较

通过比较集中决策和分散决策下新能源汽车和传统汽车销售价格、需求量，得到命题 5.6 和命题 5.7。

命题 5.6：比较集中决策和分散决策下新能源汽车和传统汽车的销售价格和市场需求，可得 $p_n < p_n^i$、$p_t < p_t^j$。

证明：由于 $p_n - p_n^i < 0$，可得 $p_n < p_n^i$，同理可得 $p_t < p_t^j$。该结论说明新能源汽车和传统汽车分散决策下最优销售价格高于集中决策下的最优销售价格。这说明分散决策下，汽车制造商和经销商分别以提高自身利益为目的进行决策，从而提高产品销售价格，降低市场需求。

命题 5.7：在集中决策和分散决策下，新能源汽车和传统汽车的需求量满足 $D_n > D_n^j$、$D_t > D_t^j$。

证明：由式 5.10 得 $D_n = \dfrac{\beta\left[\theta\left[1 + c_t(r-1)\right] + r(c_n - c_t)\right]}{2\theta}$，将式（5.15）、式（5.16）、式（5.17）和式（5.18）代入式（5.1）得 $D_n^j = \dfrac{\beta\left[\theta\left[1 + c_t(r-1)\right] + r(c_n - c_t)\right]}{4\theta}$。因此，$D_n > D_n^j$；同理可得，$D_t = \dfrac{\beta r(c_n - c_t) - \beta\theta(c_t + r - 1)}{2\theta}$、$D_t^j = \dfrac{\beta r(c_n - c_t) - \beta\theta(c_t + r - 1)}{4\theta}$，得 $D_t > D_t^j$。证毕。

由上可知集中决策下新能源汽车和传统汽车的需求大于分散决策下的需求，在分散决策情况下，汽车制造商应通过考虑影响消费者需求的其他因素，如产品技术水平、价格预期等因素，扩大需求，从而增加利润。

4. 协调机制设计

集中决策是新能源汽车供应链上理想的决策方式，但在实际情况下供应链成员多数采用分散决策。在分散决策下供应链成员本身属于独立的参与方，会尽可能地使本身利益达到最大化，存在"双重边际效应"，损害到供应链其他成员的利益，从而会造成供应链利润流失。那么此时就要进行协调机制设计，使分散决策下的利润达到集中决策下的效果，经销商有足够的动力实现帕累托改进，其可以通过收益共享契约来协调制造商与自身之间的关系，适当转移部分销售收入给经销商以改善其收益使分散决策下供应链利润最大化。经销商不仅支付给制造商单位出厂价格 w，同时还支付给制造商部分销售收入，制造商获得的销售份额为 φ，而经销商获得的销售份额为 $1 - \varphi$（$0 \leqslant \varphi \leqslant 1$）。因此，分别得到制造商和经销商的利润函数：

$$\Pi_{\mathrm{m}}^{\mathrm{j}*} = \left(w_{\mathrm{t}} - c_{\mathrm{t}}\right)D_{\mathrm{t}} + \left(w_{\mathrm{n}} - c_{\mathrm{n}}\right)D_{\mathrm{n}} + \varphi\left(w_{\mathrm{t}}D_{\mathrm{t}} + w_{\mathrm{n}}D_{\mathrm{n}}\right) \tag{5.21}$$

$$\Pi_{\mathrm{l}}^{\mathrm{j}*} = \left[(1-\varphi)p_{\mathrm{t}} - w_{\mathrm{t}}\right]D_{\mathrm{t}} + \left[(1-\varphi)p_{\mathrm{n}} - w_{\mathrm{n}}\right]D_{\mathrm{n}} \tag{5.22}$$

$$\Pi_{\mathrm{m}}^{\mathrm{s}} \geqslant \Pi_{\mathrm{m}}^{\mathrm{j}}, \Pi_{\mathrm{l}}^{\mathrm{s}} \geqslant \Pi_{\mathrm{l}}^{\mathrm{j}} \tag{5.23}$$

其中，式（5.21）、式（5.22）为激励相容条件，确保经销商的利润最大化，式（5.23）为约束条件，是经销商和制造商愿意合作的条件，即当协调后制造商利润大于协调前，且协调后经销商利润也大于协调前利润时，供应链企业才会接受契约协调机制。根据文献[92]的理论，收益共享契约需满足 $p_{\mathrm{n}}^{\mathrm{j}*} = p_{\mathrm{n}}$ 和 $p_{\mathrm{t}}^{\mathrm{j}*} = p_{\mathrm{t}}$，故令 $p_{\mathrm{n}}^{\mathrm{j}*} = p_{\mathrm{n}}$、$p_{\mathrm{t}}^{\mathrm{j}*} = p_{\mathrm{t}}$，可得命题5.8。

命题5.8：协调机制下：

（1）新能源汽车和传统汽车的最优出厂价分别为

$$w_{\mathrm{n}}^{\mathrm{j}*} = \frac{\left(r^2 - \theta\right)(1 + c_{\mathrm{n}} + \varphi) + r\left[(\theta - 2)c_{\mathrm{n}} - 2(1+\varphi)\right]}{2\left\{\left[r(\theta - 2) + r^2 - \theta\right](1+\varphi)\right\}} \tag{5.24}$$

$$w_{\mathrm{t}}^{\mathrm{j}*} = \frac{r^2\left(1 + c_{\mathrm{t}} + \varphi - r - r\varphi\right) + r\left[-2(1 + c_{\mathrm{t}} + \varphi) + \theta(2 + c_{\mathrm{t}} + 2\varphi)\right] - \theta(1 + c_{\mathrm{t}} + \varphi)}{2\left[r^2 - \theta + r(\theta - 2)\right](1 + \varphi)} \tag{5.25}$$

（2）新能源汽车和传统汽车的最优生产量分别为

$$D_{\mathrm{n}}^{\mathrm{j}*} = \frac{\beta\left[\theta\left[1 + c_{\mathrm{t}}(r - 1)\right] + r\left(c_{\mathrm{n}} - c_{\mathrm{t}}\right)\right]}{2\theta} \tag{5.26}$$

$$D_{\mathrm{t}}^{\mathrm{j}*} = \frac{\beta r\left(c_{\mathrm{n}} - c_{\mathrm{t}}\right) - \beta\theta\left(c_{\mathrm{t}} + r - 1\right)}{2\theta} \tag{5.27}$$

（3）汽车制造商和经销商的利润分别为

$$\Pi_{\mathrm{m}}^{\mathrm{j}*} = \frac{\begin{array}{l}\theta^2\beta\left[c_{\mathrm{n}}^{\ 2} + c_{\mathrm{t}}^{\ 2} + 2(1+\varphi) - (2+\varphi)(c_{\mathrm{n}}+c_{\mathrm{t}})\right] + r\theta\beta\left[3c_{\mathrm{n}}^{\ 2} + 4c_{\mathrm{t}} - 3c_{\mathrm{t}}^{\ 2} - 4\varphi + 2c_{\mathrm{t}}\varphi + 2c_{\mathrm{n}}\left(2 + c_{\mathrm{t}} + c_{\mathrm{n}}\right)\right] \\ + \theta\beta\left[2c_{\mathrm{n}}^{\ 2} + c_{\mathrm{t}}^{\ 2} + 3 + 3\varphi - (2+\varphi)(c_{\mathrm{n}}+2c_{\mathrm{t}})\right] + r^3\beta\left[\theta^2(1+\varphi) - \theta\left(1 + c_{\mathrm{n}}^{\ 2} + \varphi - 2c_{\mathrm{t}} - \varphi c_{\mathrm{t}}\right)\right] - \\ \beta\left\{r^2\theta^2\left(c_{\mathrm{n}}^{\ 2} + 3 + 3\varphi - 2c_{\mathrm{t}} - \varphi c_{\mathrm{t}}\right) + \theta\left[-4c_{\mathrm{n}}^{\ 2} - 2c_{\mathrm{t}}^{\ 2} - 4(1+\varphi) + 3c_{\mathrm{t}}(2+\varphi) + c_{\mathrm{n}}(2 + 2c_{\mathrm{t}} + \varphi)\right]\right\}\end{array}}{4\theta\left(r^2 + \theta + r(\theta - 2)\right)} \tag{5.28}$$

$$\Pi_{\mathrm{l}}^{\mathrm{j}*} = \frac{\begin{array}{l}\theta^2\beta\varphi\left[c_{\mathrm{n}} + c_{\mathrm{t}} + \varphi c_{\mathrm{n}}^{\ 2} + \varphi c_{\mathrm{t}}^{\ 2} - 2(1+\varphi)\right] + r^3\beta\varphi\left[\left(c_{\mathrm{n}} - c_{\mathrm{t}}\right)^2\varphi + \theta^2(1+\varphi) + \theta\left(c_{\mathrm{t}} - 1 + \varphi c_{\mathrm{n}}^{\ 2} - \varphi\right)\right] \\ - r\beta\varphi\theta\left[4 - 2c_{\mathrm{t}} + 4\varphi - 3\varphi c_{\mathrm{n}}^{\ 2} - 3\varphi c_{\mathrm{t}}^{\ 2} + 2c_{\mathrm{t}}\left(\varphi c_{\mathrm{t}} - 1\right) + \theta\left(c_{\mathrm{n}} + 2c_{\mathrm{t}} - 3\varphi + 2\varphi c_{\mathrm{n}}^{\ 2} + \varphi c_{\mathrm{t}}^{\ 2}\right)\right] + \\ r^2\beta\varphi\left\{2\varphi\left(c_{\mathrm{n}} - c_{\mathrm{t}}\right)^2 + \theta^2\left[\varphi + \varphi\left(c_{\mathrm{n}}^{\ 2} - 3\right) - 3\right] - \theta\beta\varphi\left[c_{\mathrm{n}} + 3c_{\mathrm{t}} + 4\varphi c_{\mathrm{n}}^{\ 2} - 2\varphi c_{\mathrm{n}}c_{\mathrm{t}} + 2\varphi c_{\mathrm{t}}^{\ 2} - 4(1+\varphi)\right]\right\}\end{array}}{4\theta(1+\varphi)\left(r^2 + r(\theta - 2) - \theta\right)}$$

$$(5.29)$$

证明：使用与命题 5.4 相同的证明方法，可得收益共享契约下的 p_n^{j*} 和 p_t^{j*}，根据收益共享契约理论令 $p_n^{j*} = p_n$、$p_t^{j*} = p_t$，代入可求得关于 D_n^{j*} 和 D_t^{j*} 的新能源汽车和传统汽车的出厂价 w_n^{j*} 和 w_t^{j*}，将上述结果代入式（5.28）、式（5.29）可求得汽车制造商和经销商的利润 Π_m^{j*} 和 Π_l^{j*}。

若要供应链企业同意进行收益共享契约，需要满足两个前提，即协调后制造商利润大于协调前，且协调后经销商利润也大于协调前利润时，供应链企业才会接受契约协调机制，即

$$\Pi_m^s \geqslant \Pi_m^j, \quad \Pi_l^s \geqslant \Pi_l^j \tag{5.30}$$

根据上述条件，可得到命题 5.9。

命题 5.9：在收益共享契约下，存在一个区间 $[\underline{\varphi}, \overline{\varphi}]$，使 $\varphi \in [\underline{\varphi}, \overline{\varphi}]$，满足制造商和经销商在协调机制后的利润大于协调前的利润，并存在多个 φ 值使协调机制下供应链企业利润达到集中决策的利润。

证明：对式（5.30）进行计算可得到 φ 的存在区间 $[\underline{\varphi}, \overline{\varphi}]$，且满足 $0 < \varphi \leqslant 1$，使协调后的供应链企业利润大于协调前的企业利润。

5.1.3　数值分析

本节将对集中决策和分散决策下新能源汽车供应链决策进行数值分析。通过数值分析更加直观地反映集中决策和分散决策下绿色消费者人数比例 r 和绿色偏好 θ 对新能源汽车价格、供应链利润的影响，从而更加准确地判断其变化趋势。由于 $c_n > c_t$ [90]，本节假设新能源汽车和传统汽车生产成本分别为 $c_n = 0.4$、$c_t = 0.2$，市场规模 $\beta = 1$。

1. 集中决策下绿色消费者人数比例和绿色偏好对价格和供应链总利润的影响

我们分别研究绿色消费者人数比例 r 和绿色偏好 θ 对集中决策下新能源汽车和传统汽车销售价格的影响以及绿色消费者人数比例和绿色偏好对集中决策下供应链总利润的影响，验证了命题 5.2 的结论，具体如图 5.2 和图 5.3 所示。

由图 5.2（a）和图 5.2（b）可知，绿色消费者人数比例和绿色偏好的增加会使新能源汽车销售价格提高。绿色消费者人数比例和绿色偏好的增加，扩大了消费者对新能源汽车的需求，从而使新能源汽车的价格增加。对于传统汽车而言，由图 5.2（a）可知绿色消费者人数的增加会使传统汽车销售价格下降到一个值时再上升，可见绿色消费者人数比例开始增加时，会对传统汽车产生很大影响，消

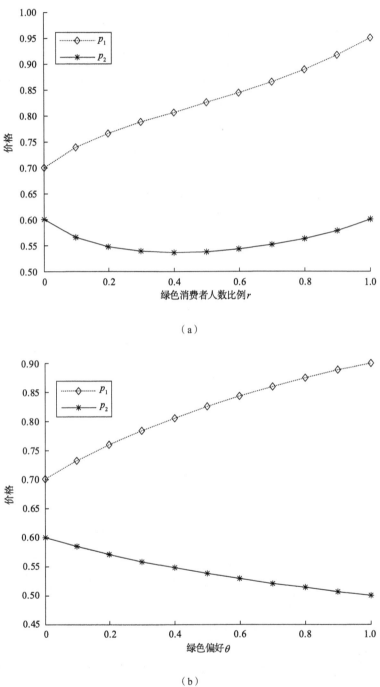

（a）

（b）

图 5.2 集中决策下 r 和 θ 对新能源汽车和传统汽车销售价格的影响

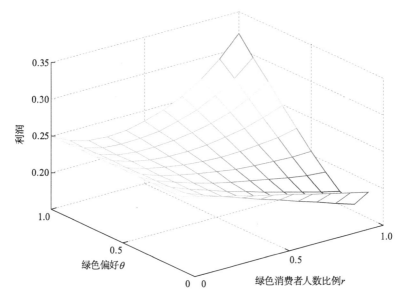

图 5.3　集中决策下 r 和 θ 对供应链总利润的影响

费者对传统汽车的需求降低使得传统汽车的市场价格降低，后期价格又渐渐上升。传统汽车制造商在这期间应积极调整销售策略，扩大市场份额，从而提升销售价格促进利润的增长。由图 5.2（b）可知绿色偏好的增加会使传统汽车需求减少，销售价格降低。

　　由图 5.3 可看出绿色消费者人数比例的增加虽然可以提高新能源汽车市场销售价格，但总体对集中决策下供应链总利润却不利。这与此时传统汽车销售价格下降有关，传统汽车价格的下降会使利润降低，并且新能源汽车价格的提高也可能减少消费者的购买，因此，新能源汽车制造商应合理提高新能源汽车的销售价格。由图 5.3 可明显看到绿色偏好的增加使集中决策下供应链总利润先下降，下降到某个点时又迅速上升。可见消费者绿色偏好的增加提高了新能源汽车的市场需求，但在开始阶段对供应链总利润是不利的，但从长远看来，消费者绿色偏好的增加促进了供应链总利润的增加。

　　2. 分散决策下绿色消费者人数比例和绿色偏好对价格、制造商利润和经销商利润的影响

　　我们进一步研究了在分散决策下绿色消费者人数比例和绿色偏好对价格、制造商利润和经销商利润的影响，分散决策下绿色消费者人数比例和绿色偏好对新能源汽车和传统汽车销售价格和出厂价格的影响分别如图 5.4（a）和图 5.4（b）所示。

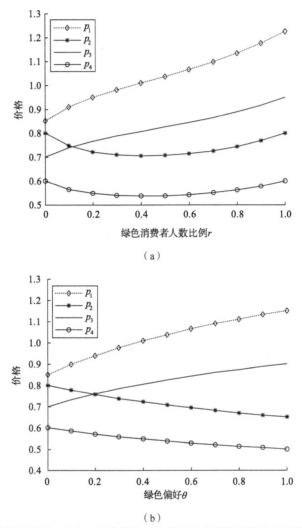

图 5.4　分散决策下 r 和 θ 对新能源汽车和传统汽车销售价格和出厂价格的影响

　　由图 5.4（a）和图 5.4（b）可看出绿色消费者人数比例和绿色偏好对新能源汽车和传统汽车销售价格影响的总体变化趋势与集中决策下相同，但其上升和下降的幅度更加明显。图 5.4（a）和图 5.4（b）都反映出分散决策下新能源汽车和传统汽车的销售价格大于集中决策下的销售价格，验证了命题 5.6 的结论。同时可知绿色消费者人数比例和绿色偏好的增加使得新能源汽车的出厂价格呈上升趋势。随着绿色偏好的增加，传统汽车出厂价格降低，但是绿色消费者人数比例的增加使得传统汽车出厂价格先下降后上升，其趋势与销售价格趋势一致，可见新能源汽车销售价格和出厂价格之间的联系密不可分，且其定价策略也受到市场不确定性的影响[93]。

　　然后，我们接着研究了分散决策下绿色消费者人数比例和绿色偏好对汽车制造商和经销商利润的影响、分散决策下绿色消费者人数比例和绿色偏好对汽车制造商和经销商利润的影响，分别如图 5.5（a）和图 5.5（b）所示。

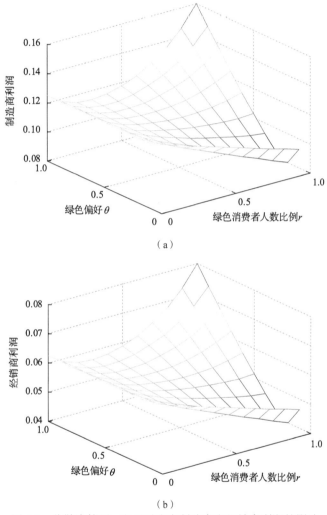

（a）

（b）

图 5.5　分散决策下 r 和 θ 对汽车制造商和经销商利润的影响

　　由图 5.5（a）和图 5.5（b）可知绿色消费者人数比例的增加使得制造商和零售商的利润下降，而随着绿色偏好的增加，制造商和经销商的利润先下降后上升，这与集中决策下绿色消费者人数比例和绿色偏好对供应链总利润的影响变化趋势一致。但是由图 5.5 可知制造商的利润大于经销商的利润，可见分散决策下，在制造商主导的两级供应链中制造商获得最优利润。同时比较集中决策下供应链总利润和分散决策下制造商和经销商总利润之和,可知集中决策下供应链总利润大于分散决策下供应链总利润。

5.2 考虑政府补贴的新能源汽车供应链优化决策

5.2.1 政府补贴对新能源汽车供应链优化决策的影响

为促进新能源汽车行业的发展,政府通过补贴的形式予以扶持,尤其是对新能源汽车制造商的补贴,在政府补贴降低制造商的生产成本的同时,补贴的变化对新能源汽车供应链决策也会产生重要影响[94]。根据上述文献综述可知国内外文献大多对政府补贴政策对新能源汽车供应链的影响进行研究,将补贴进行具体量化的文章较少。我国从 2009 年开始对新能源汽车给予财政补贴促进其推广和应用,一定程度上促进了新能源汽车行业的发展。但同时,中国新能源汽车行业的发展过度依赖补贴,近年来,中央和地方政府为促进新能源汽车行业的发展提供了大量的财政扶持,这也导致出现了大量"骗补"事件。财政部等四部委分别于2017 年 12 月和 2018 年 2 月发布了关于购置新能源车辆税收减免和调整新能源汽车财政补贴的政策通知。这两则政策的出台,表明新能源汽车补贴政策已经进入"后补贴时代"。根据财政部等四部委联合发布《关于 2016-2020 年新能源汽车推广应用财政支持政策的通知》中的有关内容,补贴标准将逐步退坡,2020年以后补贴政策将退出。

关于补贴退坡问题,Hao 等认为当产品技术改善和电池成本降低时,新能源汽车可以不依赖补贴而仍然保持一定的市场竞争力[32];Holtsmark 和 Skonhoft 对挪威新能源汽车的政策补贴进行研究,结果表明为促进新能源汽车市场的可持续发展,挪威政府需要在未来几年尽快取消政府补贴政策[33];Wang 等对中国新能源汽车的销售情况进行调查分析,研究发现在补贴中存在新能源汽车企业的地方保护政策和部分企业骗补等行为,对新能源汽车市场发展造成不良影响,并认为新能源汽车电机、充电设施等成熟与发展是促进新能源汽车提高销售量的关键[34]。因此,在后补贴时代,如何建立新能源汽车供应链决策模型使企业得到最优决策结果,对新能源汽车企业尤为重要。

5.2.2 考虑政府补贴的新能源汽车供应链优化决策模型的构建

本节将对新能源汽车的补贴用产品绿色度进行刻画,国家对低碳产品拥有绿色度标准，新能源汽车的绿色度超过该标准，国家才会给予相应补贴。本节将研究补贴系数调整因子和新能源汽车绿色度标准的变化对新能源汽车供应链决策的影响，并通过建立新能源汽车供应链优化决策模型，研究各影响因素对新能源汽车价格、需求量和利润的影响趋势。主要解决两个问题：①如何建立考虑政府补贴的新能源汽车市场需求函数以及制造商和经销商利润函数？②集中决策和分散决策下，当补贴系数调整因子降低和绿色度标准上升时，补贴减少如何影响供应链决策？新能源汽车出厂价格、销售价格、需求量、制造商和经销商利润如何变化？可以得到何种管理启示？

1. 问题描述及参数假设

考虑由一个汽车制造商和一个经销商组成的供应链系统，制造商通过经销商销售其生产的新能源汽车。假设制造商在新能源汽车供应链中处于主导地位，分别研究供应链企业在集中决策和分散决策下的最优决策，分别考虑集中决策和分散决策两种情况下新能源汽车供应链企业利润、销售价格、需求量的变化情况，并通过数值分析补贴系数调整因子和绿色度标准对新能源汽车销售价格、需求量以及制造商和经销商利润的影响。

为规范制造商的生产活动和提高市场中新能源汽车的占有率，促进新能源汽车产业快速健康发展，政府对新能源汽车会给予一定的财政补贴。政府同时制定了根据产品绿色度获得新能源汽车制造商获得补贴的最低标准 g_0，单位产品补贴系数调整因子为 γ，当绿色度高于此标准，即 $g > g_0$ 时才能获得补贴，因此，单位产品补贴系数为 $S = \gamma(g - g_0)$。借鉴参考文献[95]，研发成本与产品的绿色度有关，$C(g) = \frac{1}{2}\tau g^2$，$\tau$ 为研发成本系数，此研发成本为固定投入成本，与产品的单位生产成本相互独立。新能源汽车的销售价格为 p，出厂价格为 w，并根据文献[96]，新能源汽车的市场需求量为

$$q = a - hp + \mu g \tag{5.31}$$

其中，a 为新能源汽车市场的基本需求，h 为价格敏感因子，μ 为新能源汽车产品研发对消费者支付意愿的边际影响，其中 $h > 0, 0 < \mu \leqslant 1, g > 0$。由上述假设可得新能源汽车制造商和经销商的利润函数为

$$\Pi_m = (w - c + S)(a - hp + \mu g) - \frac{1}{2}\tau g^2 \tag{5.32}$$

$$\Pi_l = (p_1 - w)(a - hp_1 + \mu g) \tag{5.33}$$

集中决策下新能源汽车供应链总利润为

$$\Pi = (p_2 - c + S)(a - hp_2 + \mu g) - \frac{1}{2}\tau g^2 \tag{5.34}$$

其中，$S = \gamma (g - g_0)$，$\dfrac{1}{2} \tau g^2$ 为新能源汽车研发成本。

2. 模型建立与求解

根据上述问题描述，我们假设制造商在新能源汽车供应链中处于主导地位，分别建立供应链企业在集中决策下和分散决策下的模型，同样对决策模型进行分析和结果比较，最后进行模型的协调机制设计，模型中使用的参数描述见表5.2。

表 5.2　主要参数描述

参数符号	描述	参数假设
g_0	新能源汽车产品绿色度最低标准	
g	新能源汽车产品绿色度	$g > 0$
γ	补贴系数调整因子	
S	单位产品补贴系数	
τ	新能源汽车成本研发系数	
a	新能源汽车潜在市场需求	
h	价格敏感因子	$h > 0$
μ	新能源汽车产品研发对消费者支付意愿的边际影响	$0 < \mu \leqslant 1$
Π	集中决策下供应链总利润	
p_2^*	集中决策下新能源汽车最优销售价格	
q^*	集中决策下新能源汽车最优需求量	
Π^*	集中决策下新能源汽车最优利润	
Π_m、Π_l	分散决策下汽车制造商和经销商总利润	
p_m	分散决策下新能源汽车最优销售价格	
q_m	分散决策下新能源汽车最优需求量	
w_m	分散决策下新能源汽车最优出厂价格	
Π_m^M、Π_L^M	分散决策下汽车制造商和经销商最优利润	

1）集中决策模型

集中决策下，新能源汽车制造商和经销商之间进行合作，决策目标是使供应链总利润最大化，通过求解，可得集中决策下新能源汽车最优销售价格、需求量和供应链利润。集中决策下利润函数表达式如下：

$$\Pi = \left[p_2 - c + \gamma(g - g_0) \right](a - hp_2 + \mu g) - \frac{1}{2}\tau g^2 \qquad (5.35)$$

命题 5.10：在集中决策下，供应链企业存在唯一最优销售价格、需求量及最优利润。

证明：给定任意值，对式（5.35）关于 p_2 分别求一阶导数和二阶导数：

$$\frac{\partial \Pi}{\partial p_2} = a + \mu g - hp_2 - h\left[-c + p_2 + \gamma(g - g_0) \right] \qquad (5.36)$$

$$\frac{\partial \Pi}{\partial p_2^2} = -2h < 0 \qquad (5.37)$$

由式（5.37）可知，当参数取任意定值时，供应链存在唯一的最优销售价格，令式（5.36）中 $\frac{\partial \Pi}{\partial p_2} = 0$，可得新能源汽车供应链集中决策下的最优销售价格为

$$p_2^* = \frac{a + ch + \mu g - h\gamma(g - g_0)}{2h} \qquad (5.38)$$

结果显示，当供应链企业最优决策的参数在假设范围内取任意定值时，供应链利润仍然具有唯一的最优价格；当销售价格存在唯一最优解时，生产量也会存在最优生产量；同理可证，存在供应链最优利润，求解过程与最优销售价格相同：

$$q^* = \frac{a - ch + \mu g + h\gamma(g - g_0)}{2} \qquad (5.39)$$

$$\Pi^* = \frac{a^2 - 2\tau hg^2 - 2a\left[ch + g_0 h\gamma - g(\mu + h\gamma) \right] + \left[ch + g_0 h\gamma - g(\mu + h\gamma) \right]^2}{4h} \qquad (5.40)$$

推论 5.1：集中决策下，新能源汽车补贴系数调整因子与单位产品最优销售价格成反比，与需求成正比。

证明：分别对式（5.38）、式（5.39）关于补贴系数调整因子求一阶导数，结果如下：

$$\frac{\partial p^*}{\partial \gamma} = \frac{h(g_0 - g)}{2h} < 0 \qquad (5.41)$$

$$\frac{\partial q^*}{\partial \gamma} = \frac{h(g - g_0)}{2} > 0 \qquad (5.42)$$

推论 5.1 得证。集中决策下，当补贴系数调整因子 γ 降低，补贴系数减小，新能源汽车需求量随之下降，是因为 γ 的降低使产品绿色度逐渐下降，且集中决策下新能源汽车价格升高，因此，γ 与产品需求量成正比。

推论 5.2：集中决策下，可得新能源汽车绿色度函数式为

$$g = \frac{h\gamma(c + g_0\gamma) - a\gamma}{h\gamma^2 + \gamma u - 2\tau} \tag{5.43}$$

证明：将式（5.32）对 g 求一阶和二阶偏导可得

$$\frac{\partial \Pi}{\partial g} = \gamma(a - hp + \mu g) - \tau g \tag{5.44}$$

$$\frac{\partial \Pi}{\partial g^2} = -\tau < 0 \tag{5.45}$$

由式（5.45）可知，当其他参数取任意值时，新能源汽车绿色度存在唯一最优值，令 $\frac{\partial \Pi}{\partial g} = 0$，可求得新能源汽车绿色度，推论 5.2 得证。由式（5.43）可看出绿色度与绿色度标准、成本等因素都有关系，此时，新能源汽车制造商应根据这些因素的变化，使绿色度最优以促进企业的发展。

推论 5.3：集中决策下绿色度标准与新能源汽车最优销售价格成正比，与需求量成反比。

证明：分别对式（5.38）、式（5.39）和式（5.40）求一阶导数可得

$$\frac{\partial p_2^*}{\partial g_0} = \frac{\gamma}{2} > 0 \tag{5.46}$$

$$\frac{\partial q^*}{\partial g_0} = -\frac{\gamma h}{2} < 0 \tag{5.47}$$

由上述求导结果可知，在其他参数不变的情况下，随着新能源汽车绿色度标准的提高，补贴率下降，汽车的销售价格增加。这表明，绿色度标准的提高会迫使研发成本上升，故新能源车企必须通过提高价格来弥补成本支出的增加，但同时也会使需求量有所降低。

推论 5.4：集中决策下，参数 μ 与新能源汽车销售价格和需求量成正比。

证明：分别对式（5.38）和式（5.39）求一阶导数得

$$\frac{\partial p_2^*}{\partial \mu} = \frac{g}{2h} > 0 \tag{5.48}$$

$$\frac{\partial q^*}{\partial \mu} = \frac{g}{2} > 0 \tag{5.49}$$

推论 5.4 证毕。由推论 5.4 可得，参数 μ 的上升促使新能源汽车销售价格增加和需求量的扩大，μ 的增加是指新能源汽车产品研发对消费者支付意愿的边际影响增强。主要原因在于产品研发投入增加使得绿色度增加，μ 的增加扩大消费者需求，因此，销售价格随之增长。

2）分散决策模型

考虑以汽车制造商为主导者的新能源汽车两级供应链博弈模型。经销商根据

市场需求向制造商批发产品，并向市场销售，经销商根据制造商所定的批发价，确定市场销售价格及需求量。由此，形成由一个制造商和一个经销商所组成的新能源汽车两级供应链企业之间的博弈关系，采用逆向求解法求解。分散决策下制造商和经销商的目标函数分别为

$$\Pi_{\mathrm{m}} = (w - c + s)(a - hp + \mu g) - \frac{1}{2}\tau g^2 \qquad (5.50)$$

$$\Pi_{\mathrm{l}} = (p_{\mathrm{l}} - w)(a - hp_{\mathrm{l}} + \mu g) \qquad (5.51)$$

对式（5.51）关于 p_{l} 求一阶导数得 $\dfrac{\partial \Pi_{\mathrm{l}}}{\partial p_{\mathrm{l}}} = a - hp_{\mathrm{l}} + \mu g - h(p_{\mathrm{l}} - w)$，且

$\dfrac{\partial \Pi_{\mathrm{l}}}{\partial p_{\mathrm{l}}^2} = -2h < 0$，因此新能源汽车经销商存在唯一最优价格，令 $\dfrac{\partial \Pi_{\mathrm{l}}}{\partial p_{\mathrm{l}}} = 0$，可得

$p_{\mathrm{l}} = \dfrac{a + \mu g + hw}{2h}$。代入式（5.50）得

$$\Pi_{\mathrm{m}} = \frac{\left[w - c + \gamma(g - g_0) \right](a + \mu g - hw) - \tau g^2}{2} \qquad (5.52)$$

由式（5.40）可知 Π_{m} 的海塞矩阵为

$$H = \begin{pmatrix} -\tau + \gamma\mu & \dfrac{\mu - h\gamma}{2} \\ \dfrac{\mu - h\gamma}{2} & -h \end{pmatrix} = \frac{(\mu - h\gamma)^2}{4} + h\tau - \gamma\mu h$$

需满足 $\dfrac{\partial \Pi_{\mathrm{m}}}{\partial g^2} = -\tau + \gamma\mu < 0$ 且 $|H| > 0$ 时，海塞矩阵是负定性的，可知 Π_{m} 是关于 (g, w) 的严格凹函数，其存在唯一最优解。在求解极大值问题时，若目标函数是凹函数，且约束条件是线性函数，则该规划属于凸规划，Kuhn-Tucker 条件是确定最优点的充要条件。因为 $g > g_0$，构造拉格朗日函数如下：

$$\Pi_{\mathrm{m}} = \frac{\left[w - c + \gamma(g - g_0) \right](a + \mu g - hw) - \tau g^2}{2} + \lambda(g - g_0) \qquad (5.53)$$

根据 Kuhn-Tucker 条件，可得

$$\frac{\partial \Pi_{\mathrm{m}}}{\partial w} = \frac{a + \mu g - hw - h\left[w + \gamma(g - g_0) - c \right]}{2} = 0 \qquad (5.54)$$

$$\frac{\partial \Pi_{\mathrm{m}}}{\partial g} = \lambda + \frac{-2\tau g + \mu\left[w + \gamma(g - g_0) - c \right] + \gamma(a + \mu g - hw)}{2} = 0 \qquad (5.55)$$

$$\lambda(g - g_0) = 0, \quad \lambda \geqslant 0 \qquad (5.56)$$

命题 5.11：分散决策下，当 $\lambda > 0$ 或 $\lambda = 0$ 时，新能源汽车供应链存在唯一最优销售价格、需求量、制造商和经销商利润。

证明：由式（5.56）可知 $\lambda > 0$ 或 $\lambda = 0$。当 $\lambda > 0$ 时，则 $g - g_0 = 0 \Rightarrow g_m = g_0$，求得

$$w_{m1} = \frac{a + ch + \mu g}{2h} \tag{5.57}$$

$$\lambda = \frac{2\tau g + c\mu - \gamma(a + \mu g - hw) - \mu w}{2} \tag{5.58}$$

将式（5.53）、式（5.54）代入 p 中，可得经销商最优销售价格：

$$p_{m1} = \frac{3a + ch + 3g\mu}{4h} \tag{5.59}$$

因此，将式（5.57）、式（5.59）代入式（5.31）、式（5.51）可得经销商需求量和最优利润：

$$q_{m1} = \frac{a - ch + \mu g}{4} \tag{5.60}$$

$$\Pi_1^{M1} = \frac{(a - ch + \mu g)^2}{16h} \tag{5.61}$$

将出厂价和需求最优解 w_m 和 q_m 代入式（5.50），可得新能源汽车制造商最优利润：

$$\Pi_m^{M1} = \frac{a^2 - 4\tau h g^2 + (\mu g - ch)^2 + 2a(\mu g - ch)}{8h} \tag{5.62}$$

其中，当 $\lambda = 0$ 时，$g - g_0 > 0$，令 $\frac{\partial \Pi_m}{\partial w} = 0$、$\frac{\partial \Pi_m}{\partial g} = 0$，可得最优需求量、出厂价格、销售价格和绿色度为

$$q_{m2} = \frac{a - ch + \mu g + h\gamma(g - g_0)}{4} \tag{5.63}$$

$$w_{m2} = \frac{a + ch + \mu g - h\gamma(g - g_0)}{2h} \tag{5.64}$$

$$p_{m2} = \frac{3a + ch + 3\mu g - h\gamma(g - g_0)}{4h} \tag{5.65}$$

$$g_m = \frac{h\gamma(c + \gamma g_0) - a\gamma}{\gamma\mu + h\gamma^2 - 4\tau} \tag{5.66}$$

同样可得新能源汽车经销商最优利润和制造商最优利润为

$$\Pi_1^{M2} = \frac{\left[a - ch + \mu g + h\gamma(g - g_0)\right]^2}{16h} \tag{5.67}$$

$$\Pi_m^{M2} = \frac{a^2 - 4\tau hg^2 - 2a\left[ch - ug - h\gamma(g - g_0)\right] + \left[ug - ch + h\gamma(g - g_0)\right]}{8h}$$

（5.68）

推论 5.5：分散决策下，当 $\lambda=0$ 时，$g > g_0$，产品绿色度标准与新能源汽车出厂价和销售价格成正比，与需求量成反比。

证明：分别对式（5.63）、式（5.64）和式（5.65）求一阶偏导得

$$\frac{\partial w_m}{\partial g_0} = \frac{\gamma}{2} > 0$$

（5.69）

$$\frac{\partial p_m}{\partial g_0} = \frac{\gamma}{4} > 0$$

（5.70）

$$\frac{\partial q_m}{\partial g_0} = -\frac{\gamma h}{4} < 0$$

（5.71）

由上述证明可知，当新能源汽车绿色度标准提高，补贴率下降时，新能源汽车出厂价随之上升，同时销售价格也随之上升，价格提高使新能源汽车需求量下降。因此，新能源汽车制造商应根据绿色度标准的变化，提高技术水平，降低成本。在达到绿色度标准的前提下，合理制定新能源汽车出厂价，并从影响新能源汽车需求的其他方面进行改进，扩大市场份额。

推论 5.6：分散决策下，无论是 $g > g_0$ 或 $g = g_0$，参数 μ 与新能源汽车的出厂价格、销售价格和需求量都成正比。

证明：分别对式（5.57）、式（5.59）、式（5.60）、式（5.63）、式（5.64）和式（5.65）关于参数 μ 求一阶偏导可得

$$\frac{\partial w_{m1}}{\partial \mu} = \frac{\partial w_{m2}}{\partial \mu} = \frac{g}{2h} > 0$$

（5.72）

$$\frac{\partial p_{m1}}{\partial \mu} = \frac{\partial p_{m2}}{\partial \mu} = \frac{3g}{4h} > 0$$

（5.73）

$$\frac{\partial q_{m1}}{\partial \mu} = \frac{\partial q_{m2}}{\partial \mu} = \frac{g}{4} > 0$$

（5.74）

证毕。

由推论 5.6 可知，在 $g > g_0$ 和 $g = g_0$ 条件下，随着参数 μ 的增加，新能源汽车的出厂价格、销售价格和需求量都增长。产品研发使得新能源汽车绿色度增大，同时 μ 的增加刺激消费需求，研发成本和需求的增长促使新能源汽车出厂价格和销售价格上升。

3. 结果比较

命题 5.12：集中决策和分散决策下，$g > g_0$ 时，新能源汽车销售价格、需求

量、绿色度和利润满足以下关系：

$$p_2^* < p_{m2}, \quad q^* > q_{m2}, \quad g > g_m, \quad \Pi^* > \Pi_m^{M2} + \Pi_1^{M2}$$

证明：根据式（5.38）、式（5.39）、式（5.63）和式（5.65）可得

$$\frac{h\gamma(g-g_0)+a+\mu g-ch}{2h} < \frac{h\gamma(g-g_0)+3a+3\mu g-ch}{4h} \quad (5.75)$$

$$\frac{a+h\gamma(g-g_0)+\mu g-ch}{2} > \frac{a+h\gamma(g-g_0)+\mu g-ch}{4} \quad (5.76)$$

同时，根据式（5.40）、式（5.43）、式（5.66）、式（5.67）和式（5.68）可得

$$\frac{hg_0\gamma^2+ch\gamma-a\gamma}{\gamma\mu+h\gamma^2-4\tau} > \frac{hg_0\gamma^2+ch\gamma-a\gamma}{\gamma\mu+h\gamma^2-2\tau} \quad (5.77)$$

$$\Pi^* - \left(\Pi_m^{M2}+\Pi_1^{M2}\right) = \frac{\left[a+\mu g-ch+h\gamma(g-g_0)\right]^2}{16h} > 0 \quad (5.78)$$

证毕。

由命题 5.12 可知，集中决策下新能源汽车销售价格小于分散决策下销售价格，但集中决策下的需求量、产品绿色度和利润比分散决策下大。分散决策下，制造商作为主导者先决定产品的出厂价格和绿色度，新能源汽车销售价格随之增长，同时减少研发成本，导致分散决策下销售价格高而绿色度偏低。集中决策下利润最大，说明在集中决策下，新能源汽车供应链获得最优利润。

4. 协调机制设计

由上述结果比较可知，集中决策下新能源汽车供应链总利润大于分散决策下制造商利润和经销商利润之和。经销商可通过收益共享契约来实现帕累托改进，合理地转让部分销售收入给新能源汽车制造商，因此，制造商获得销售份额为 ψ，经销商获得的销售份额为 $1-\psi$，可得新能源汽车制造商和经销商的利润函数为

$$\Pi_m^C = \left(w-c+s\right)\left(a-hp^C+\mu g\right)-\frac{1}{2}\tau g^2+\psi w\left(a-hp^C+\mu g\right) \quad (5.79)$$

$$\Pi_1^C = \left((1-\psi)p^C-w\right)\left(a-hp^C+\mu g\right) \quad (5.80)$$

上式可保证经销商利润最大化，制造商为使协调机制下供应链收益达到集中决策下供应链收益水平，首先保证协调机制下自身决策变量 p^C、q^C 与集中决策结果保持一致，即 $p^C = p_2^*$，$q^C = q^*$，可得以下命题。

命题 5.13：协调机制下：

（1）制造商最优出厂价格、销售价格和需求量分别为

$$w^C = (1-\psi)\left[c+\gamma(g-g_0)\right] \quad (5.81)$$

$$p^{\mathrm{C}} = \frac{a + ch + \mu g - h\gamma(g - g_0)}{2h} \tag{5.82}$$

$$q^{\mathrm{C}} = \frac{\left[a + \mu g + h\gamma(g - g_0) - ch\right]}{2} \tag{5.83}$$

（2）新能源汽车制造商和经销商利润分别为

$$\Pi_{\mathrm{m}}^{\mathrm{C}} = \frac{\psi^2 \left[c + \gamma(g - g_0)\right]\left[a + \mu g - ch + h\gamma(g - g_0)\right] - \tau g^2}{2} \tag{5.84}$$

$$\Pi_{1}^{\mathrm{C}} = \frac{\left[a + \mu g - ch + h\gamma(g - g_0)\right]\left[a + ch(2\psi - 1) + h\gamma(g - g_0) - 2h\psi\gamma(g - g_0) + \mu g\right]}{4}$$

$$\tag{5.85}$$

证明：根据收益共享契约理论，对式（5.80）关于 w 和 p 求一阶偏导，并令 $p^{\mathrm{C}} = p_2^*$，$q^{\mathrm{C}} = q^*$，可求得 w^{C}、p^{C} 和 q^{C}，最后将其代入新能源汽车制造商和经销商的利润函数中，求得 $\Pi_{\mathrm{m}}^{\mathrm{C}}$ 和 Π_{1}^{C}，命题 5.13 得证。

供应链双方都自愿践行该契约的一个基本前提是双方在践行协调后的收益分别都大于分散决策下的各自收益，即需要：

$$\Pi_{\mathrm{m}}^{\mathrm{C}} \geqslant \Pi_{\mathrm{m}}^{\mathrm{M2}} \tag{5.86}$$

$$\Pi_{1}^{\mathrm{C}} \geqslant \Pi_{1}^{\mathrm{M2}} \tag{5.87}$$

命题 5.14：协调机制下，存在一个区间 $[\underline{\psi}, \overline{\psi}]$，使得 $\varphi \in [\underline{\psi}, \overline{\psi}]$，满足汽车制造商和经销商在协调机制后的利润大于协调前利润，并存在多个 ψ 值使协调机制下汽车供应链企业利润达到集中决策的利润。

证明：将式（5.84）和式（5.85）代入式（5.86）和式（5.87）中，可求得区间 $[\underline{\psi}, \overline{\psi}]$，同时存在多个 ψ 值使协调机制下汽车供应链企业利润达到集中决策的利润，并满足 $0 < \underline{\psi} < \overline{\psi}$，通过新能源汽车销售收入份额的变动进行制造商和经销商之间的利润分配。

5. 数值分析

对集中决策和分散决策下新能源汽车供应链的优化决策结果进行分析，通过数值分析，观察补贴系数调整因子对产品销售价格、需求量以及经销商和制造商利润的影响，更直观地展示变化情况。本节研究参考 $g > g_0$ 的情况，将相关参数赋值如下：$c = 3$，$a = 10$，$g_0 = 0.5$，$\tau = 2$，$\mu = 0.5$。

1）绿色度标准和补贴系数调整因子对产品销售价格的影响

p_1 和 p_2 分别为集中决策和分散决策下的销售价格、绿色度标准和补贴系数调整因子对新能源汽车市场销售价格的影响，用图 5.6（a）和图 5.6（b）表示。

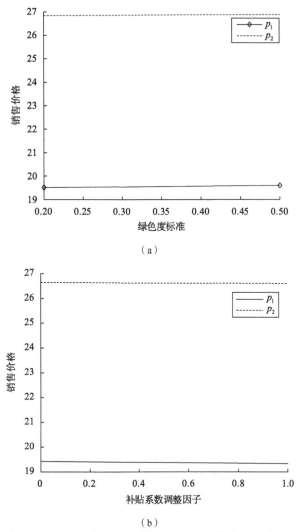

（a）

（b）

图 5.6　绿色度标准和补贴系数调整因子对销售价格的影响

由图 5.6（a）可知集中和分散决策下，绿色度标准和销售价格成正比，且分散决策下的销售价格大于集中决策，说明绿色度标准的升高使新能源汽车企业增加投入成本，销售价格上涨。由图 5.6（b）可看出补贴系数调整因子 γ 与集中决策和分散决策下新能源汽车的销售价格成反比，补贴系数下降时，销售价格上涨，但是变动幅度较小。

2）绿色度标准和补贴系数调整因子对产品需求量的影响

q_1 和 q_2 分别是集中决策和分散决策下新能源汽车需求量、绿色度标准和补贴系数调整因子对需求量的影响，用图 5.7（a）和图 5.7（b）表示。

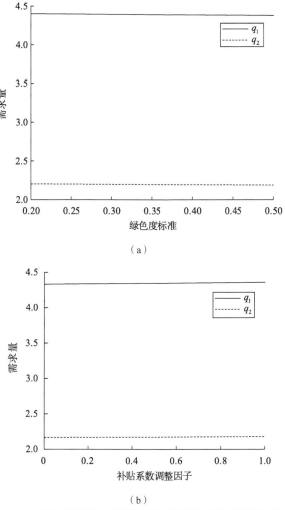

图 5.7　绿色度标准和补贴系数调整因子对需求量的影响

由图 5.7（a）可知绿色度标准与需求量成反比，集中决策下需求大于分散决策，主要由于绿色度标准的提高和补贴系数减小使销售价格上升，从而降低了需求。从图 5.7（b）可以看出，补贴系数调整因子 γ 的降低，使得集中决策和分散决策下新能源汽车的需求量都随之下降。因为 γ 的减少使产品绿色度逐渐降低，且集中决策下新能源汽车价格上升，使 γ 与需求量成正比。

3）绿色度标准和补贴系数调整因子对利润的影响

我们分别考虑了在集中决策和分散决策下，绿色度标准和补贴系数调整因子对利润的影响。具体影响结果见图 5.8。

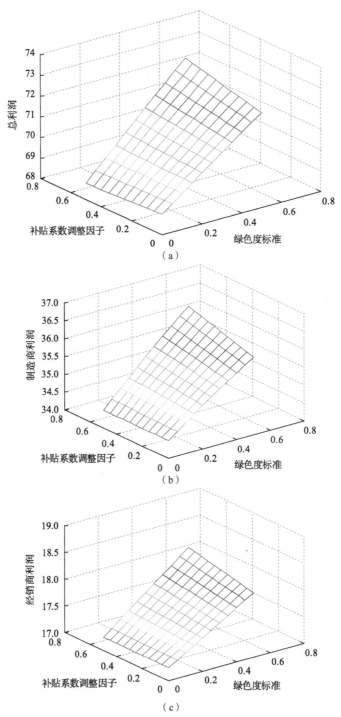

图 5.8 绿色度标准和补贴系数调整因子对利润的影响

由图 5.8（a）可知补贴系数调整因子与供应链总利润成反比，绿色度标准与供应链总利润成正比。补贴系数调整因子虽使需求扩大，但幅度较小，同时销售价格的降低，使集中决策下总利润降低。绿色度标准使销售价格增长是利润上升的主要原因，可见，当补贴系数调整因子下降而绿色度标准升高时，补贴系数下降，集中决策下的供应链总利润增大。

由图 5.8（b）和图 5.8（c）可得绿色度标准和补贴系数调整因子对制造商和经销商影响的趋势相同，绿色度标准与制造商和经销商利润成正比，补贴系数调整因子与制造商和经销商利润成反比，但对制造商影响的趋势更为明显。主要是由于分散决策下，补贴系数调整因子 γ 的增加使销售价格下降，制造商制造与研发过程中需要付出更多成本，从而使利润减少；绿色度标准使销售价格上升，制造商和经销商利润上升显著。可见，补贴退坡机制下，当补贴系数降低时，分散决策下的新能源汽车制造商和经销商利润下降。

5.3　考虑消费者绿色偏好和政府补贴的新能源汽车供应链优化决策

5.2 节考虑消费者偏好建立了新能源汽车供应链优化决策模型，将消费者类型划分为绿色消费者和普通消费者，研究了消费者偏好和绿色消费者人数比例对产品需求、价格和利润的影响。本节主要考虑政府补贴构建新能源汽车供应链优化决策模型，通过绿色度刻画了补贴参数，得到最优销售价格等命题，并分析了补贴系数调整因子的影响。但在实际情况中，消费者偏好和政府补贴往往共存在新能源汽车供应链中，本节结合 5.1 节和 5.2 节的研究，考虑在一个制造商和经销商组成的两级供应链中，同时考虑消费者绿色偏好和政府补贴建立新能源汽车优化决策模型，主要研究补贴给绿色消费者和补贴给新能源汽车制造商两种补贴策略下的新能源汽车供应链优化决策。在两种补贴策略下分别建立集中决策和分散决策模型，通过数值分析展示消费者偏好和补贴系数对新能源汽车供应链决策的影响，最后将两种补贴策略下的结果进行比较。

5.3.1　补贴给绿色消费者的优化决策模型

1. 问题描述和参数假设

在由一个汽车制造商和经销商组成的供应链中，汽车制造商既生产新能源汽车也生产传统汽车，制造商在整个供应链系统中占据主导地位，经销商为跟随者。政府为鼓励新能源汽车行业的发展，会给予一定的财政补贴。本节以此为背景研究新能源汽车供应链优化决策问题。

基于 5.1 节的研究，同样假设传统汽车和新能源汽车的单位生产成本分别为 c_t 和 c_n，且 $c_n > c_t$，两类产品的出厂价分别为 w_t 和 w_n，相应的市场价格分别为 p_t 和 p_n。假设市场潜在规模为 β 且存在两类消费群体，即普通消费者和绿色消费者。由于普通消费者和绿色消费者支付意愿的差异，二者对产品的估值和消费效用不同，假设绿色消费者和普通消费者分别所占的比例为 r 和 $1-r$。基于此，构建普通消费者和绿色消费者分别购买传统汽车和新能源汽车的效用函数。

假设消费者对传统汽车和新能源汽车提供的基本需求的估值为 λ，且服从 $[0,1]$ 上的均匀分布。消费者绿色偏好为 θ（$0<\theta<1$），绿色消费者对传统汽车的估值为 λ 时，同样由于绿色消费者购买新能源汽车会获得更高的环保效用，其对新能源汽车的估值为 $(1+\theta)\lambda$。在考虑政府补贴的情况下，绿色消费者购买新能源汽车和传统汽车的效用分别为 $U_n^a=(1+\theta)\lambda-p_n+s$ 和 $U_t^a=\lambda-p_t$；普通消费者购买新能源汽车和传统汽车的效用分别为 $U_n^b=\lambda-p_n+s$ 和 $U_t^b=\lambda-p_t$。

当绿色消费者倾向于购买传统汽车时，须满足 $U_t^a>U_n^a$ 和 $U_t^a>0$，得 $p_t<\lambda<\dfrac{p_n-p_t-s}{\theta}$，其对传统汽车的需求为 $D_t^a=\beta r\displaystyle\int_{p_t}^{\frac{p_n-p_t-s}{\theta}}f(\lambda)\mathrm{d}\lambda=\beta r\left(\dfrac{p_n-p_t-s}{\theta}-p_t\right)$。

绿色消费者倾向于购买新能源汽车的条件为 $U_n^a>U_t^a$ 且 $U_n^a>0$，与 5.1 节求解方法相同，可得 $\dfrac{p_n-p_t-s}{\theta}<\lambda<1$，需求为 $D_n^a=\beta r\displaystyle\int_{\frac{p_n-p_t-s}{\theta}}^{1}f(\lambda)\mathrm{d}\lambda=\beta r\left(1-\dfrac{p_n-p_t-s}{\theta}\right)$。同理可得普通消费者对两类汽车需求分别为 $D_t^b=\beta(1-r)\displaystyle\int_{p_t}^{1}f(\lambda)\mathrm{d}\lambda=\beta(1-r)(1-p_t)$ 和 $D_n^b=\beta(1-r)\displaystyle\int_{p_n-s}^{1}f(\lambda)\mathrm{d}\lambda=\beta(1-r)(1-p_n+s)$。因此，新能源汽车和传统汽车的总需求为

$$D_n=D_n^a+D_n^b=\beta r\left(1-\dfrac{p_n-p_t-s}{\theta}\right)+\beta(1-r)(1-p_n+s) \tag{5.88}$$

$$D_t=D_t^a+D_t^b=\beta r\left(\dfrac{p_n-p_t-s}{\theta}-p_t\right)+\beta(1-r)(1-p_t) \tag{5.89}$$

具体参数如表 5.3 所示。

表 5.3　相关参数描述

参数符号	描述
p_t^*、p_n^*	集中决策下传统汽车和新能源汽车最优销售价格
s	补贴系数
D_t^*、D_n^*	集中决策下传统汽车和新能源汽车市场最优需求量
Π_T	集中决策下供应链总利润
Π_m^{**}、Π_l^{**}	分散决策下汽车制造商和经销商总利润
p_t^{**}、p_n^{**}	分散决策下传统汽车和新能源汽车市场销售价格
w_t^{**}、w_n^{**}	分散决策下传统汽车和新能源汽车出厂价格

2. 模型建立与求解

1）集中决策模型

集中决策下，利润函数表达式如下所示：

$$\Pi_T = (p_t - c_t)D_t + (p_n - c_n)D_n \tag{5.90}$$

Π_T 的海塞矩阵为

$$H = \begin{pmatrix} -2\beta(1-r) - \dfrac{2\beta r}{\theta} & \dfrac{2\beta r}{\theta} \\ \dfrac{2\beta r}{\theta} & -2\beta(1-r) - 3\beta r\left(1+\dfrac{1}{\theta}\right) \end{pmatrix}$$

与 5.1 节一致，海塞矩阵是负定的，因此，Π_S 是关于 p_n、p_t 的严格凹函数，存在唯一最优解。

命题 5.15：集中决策下，新能源汽车和传统汽车存在最优销售价格、需求以及最优利润。

证明：对式（5.90）分别求关于 p_n 和 p_t 的一阶偏导，并令 $\dfrac{\partial \Pi_T}{\partial p_n} = 0$、

$\dfrac{\partial \Pi_T}{\partial p_t} = 0$，联立方程则可得新能源汽车和传统汽车的最优销售价格为

$$p_n^* = \frac{r(1+c_n+s)(r-2) + \theta[c_n(r-1) + s(r-1) - 1]}{2[\theta(r-1) + r(r-2)]} \tag{5.91}$$

$$p_t^* = \frac{r^2(1+c_t-\theta) + \theta r(2+c_t) - 2r(1+c_t) - \theta - c_t\theta}{2(r^2 + \theta r - 2r - \theta)} \tag{5.92}$$

将式（5.91）和式（5.92）代入式（5.88）和式（5.89）中，可得新能源汽车和传统汽车的需求为

$$D_n^* = \frac{\beta\{r(s+c_t-c_n)+\theta[1+c_n(r-1)+s-rs]\}}{2\theta} \tag{5.93}$$

$$D_t^* = \frac{r(c_n-c_t-s)-\beta[\theta(c_t+r-1)]}{2\theta} \tag{5.94}$$

同时将式（5.91）、式（5.92）、式（5.93）和式（5.94）代入式（5.90）中得供应链总利润为

$$\Pi_T^* = \frac{r\left[\begin{array}{l}[(c_t-1)(r-2)+\theta(r-1)(c_t+r-1)][\theta(c_t+r-1)+r(c_t+s-c_n)]\\-\{r(r-2)(c_n-s-1)+\theta[1+c_n(r-1)+s-rs]\}\{r[c_t+(r-1)+s-rs]\}\end{array}\right]}{4\theta[\theta(r-1)+r(r-2)]} \tag{5.95}$$

命题 5.16：集中决策下，补贴系数与新能源汽车销售价格成正比。

证明：分别对式（5.91）和式（5.93）求一阶偏导，可得

$$\frac{\partial p_n^*}{\partial s} = \frac{1}{2} > 0 \tag{5.96}$$

$$\frac{\partial D_n^*}{\partial s} = \frac{\beta[\theta(1-r)+r]}{2\theta} > 0 \tag{5.97}$$

由结果可知，命题 5.16 得证。汽车制造商通过提高价格来分享政府补贴，政府补贴给绿色消费者扩大了新能源汽车的市场占有率，需求也随之增加。

2）分散决策模型

考虑以制造商为主导者的新能源汽车两级供应链博弈模型。经销商根据市场需求向制造商批发产品，并向市场销售。经销商根据制造商所定的批发价，确定其需求量，因此，形成由一个制造商和一个经销商所组成的新能源汽车两级供应链企业之间的博弈关系。并得到以下命题。

命题 5.17：分散决策下，汽车供应链中新能源汽车和传统汽车存在唯一最优出厂价格、销售价格、需求量、制造商和经销商最优利润。

证明：汽车制造商和经销商的利润函数为

$$\Pi_m^* = (w_t-c_t)D_t + (w_n-c_n)D_n \tag{5.98}$$

$$\Pi_l^* = (p_t-w_t)D_t + (p_n-w_n)D_n \tag{5.99}$$

采用逆向求解法，先对 Π_l^* 中 p_n、p_t 进行求导，得到其是关于 p_n、p_t 的严格凹函数，存在唯一最优解。令 $\frac{\partial \Pi_m^*}{\partial w_n^*} = 0$，得到 w_n^*，并将其代入 $\frac{\partial \Pi_m^*}{\partial w_t^*} = 0$，可得两类产品的最优出厂价格和销售价格为

$$w_n^* = \frac{r(r-2)(c_n+s+1)+\theta\left[s(r-1)+c_n(r-1)-1\right]}{2\left[\theta(r-1)+r(r-2)\right]} \quad (5.100)$$

$$w_t^* = \frac{\theta(r-1)(1+c_t-r)+r(1+c_t)(r-2)}{2\left[\theta(r-1)+r(r-2)\right]} \quad (5.101)$$

$$p_n^{**} = \frac{(r-2)(3+3s+c_n)+\theta\left[c_n(r-1)+3s(r-1)-3\right]}{4\left[\theta(r-1)+r(r-2)\right]}$$
$$(5.102)$$

$$p_t^{**} = \frac{\theta(c_t+3-3r)(r-1)+r(3+c_t)(r-2)}{4\left[\theta(r-1)+r(r-2)\right]} \quad (5.103)$$

命题 5.18：分散决策下，补贴系数与消费者绿色偏好和新能源汽车出厂价格及销售价格成正比；与传统汽车出厂价格和销售价格成反比。

证明：对式（5.100）关于补贴系数 s 求一阶偏导得 $\frac{\partial w_n^{**}}{\partial s}=\frac{1}{2}>0$，对式（5.102）求一阶偏导得 $\frac{\partial p_n^{**}}{\partial s}=\frac{3}{4}>0$，对式（5.100）和式（5.102）关于消费者绿色偏好求一阶偏导得

$$\frac{\partial w_n^{**}}{\partial\theta}=\frac{r^2(2-r)}{2\left[(r-1)+r(r-2)\right]^2}>0 \quad (5.104)$$

$$\frac{\partial p_n^{**}}{\partial\theta}=\frac{3r^2(2-r)}{4\left[(r-1)+r(r-2)\right]}>0 \quad (5.105)$$

命题 5.18 得证。由命题 5.18 可知，随着补贴系数和消费者绿色偏好的增加，新能源汽车出厂价格和销售价格也上升，消费者绿色偏好的增大，说明消费者的环保意识增强，刺激市场需求，需求量的扩大使新能源汽车出厂价格和销售价格都随之上升。消费者获得更多的补贴也促使汽车制造商和经销商通过提高价格来分享补贴。

3. 数值分析

上述内容构建了补贴给消费者情况下的新能源汽车供应链优化决策模型，给出了在集中决策和分散决策下该种补贴模式下价格、需求及利润的最优解。为验证模型的有效性，通过数值分析展现消费者绿色偏好和政府补贴系数对决策的影响。根据参考文献[97]，将相关参数赋值如下：$c_n=0.4$，$c_t=0.2$，$r=0.5$，市场规模 $\beta=1$。

1）集中决策下补贴系数和绿色偏好对新能源汽车销售价格和供应链总利润的影响

集中决策下补贴系数和消费者绿色偏好对新能源汽车销售价格的影响以及集中决策下补贴系数和绿色偏好对供应链利润的影响分别用图 5.9 和图 5.10 表示。

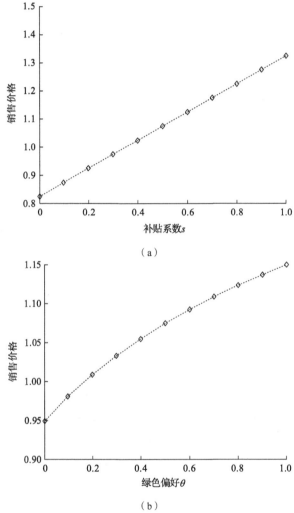

（a）

（b）

图 5.9   集中决策下 s 和 θ 对新能源汽车销售价格的影响

由图 5.9 可知，s 和 θ 与新能源汽车销售价格成正比，当补贴系数 s 下降时，消费者获得的补贴值减少，需求降低，制造商通过降低销售价格来刺激需求和增加利润，因此价格下降；同时，消费者绿色偏好增加，消费者的环保意识提升，同样刺激了消费者购买新能源汽车的欲望，需求扩大，新能源汽车销售价格上升。由图 5.9（a）和图 5.9（b）可看出补贴系数与销售价格成正比，补贴系数下降时，销售价格随之降低且幅度较大，同比之下，消费者绿色偏好增加使销售价格上升的速度由慢变快。

由图 5.10 可知，补贴系数 s 与集中决策下供应链总利润成正比，主要是因为补贴系数的降低使销售价格下降，需求扩大；但随着消费者绿色偏好的增大，集中决策下供应链利润呈下降趋势。由此可见，当消费者绿色偏好较大时，政府补贴降低了供应链利润，且补贴系数与供应链利润变化的趋势更加显著。

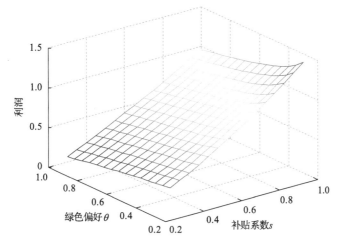

图 5.10　集中决策下 s 和 θ 对供应链利润的影响

2）分散决策下补贴系数和绿色偏好对价格、制造商利润和经销商利润的影响

分散决策下补贴系数和绿色偏好对新能源汽车出厂价格和销售价格的影响、对制造商利润的影响以及对经销商利润的影响分别用图5.11、图 5.12 和图 5.13 表示。

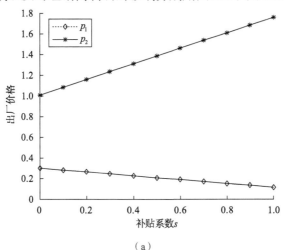

（a）

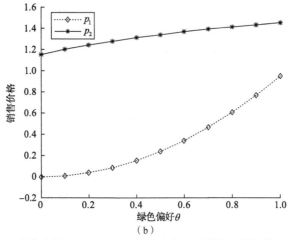

（b）

图 5.11　分散决策下 s 和 θ 对新能源汽车出厂价格和销售价格的影响

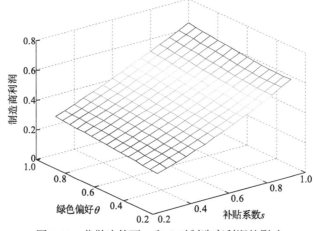

图 5.12　分散决策下 s 和 θ 对制造商利润的影响

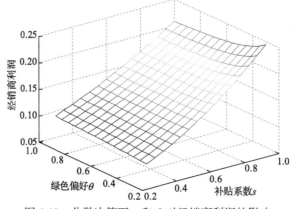

图 5.13　分散决策下 s 和 θ 对经销商利润的影响

由图 5.11（a）可知，分散决策下，补贴系数与新能源汽车的销售价格成正比，与出厂价格成反比。可见在补贴退坡背景下新能源出厂价格随之上升，由图 5.11（b）同样可知，消费者绿色偏好的增加促进新能源汽车出厂价格和销售价格的上升，且出厂价格的后期增长幅度大于销售价格。

由图 5.12 可知，补贴系数 s 和消费者绿色偏好 θ 与汽车制造商利润成正比，θ 的增长促进了新能源汽车销售价格上升，需求扩大。如图 5.13 所示，θ 的增长同样促进了经销商利润的增加，此时补贴系数下降不利于制造商和经销商利润提高。相同条件下，经销商利润增长的幅度大于制造商，制造商利润大于经销商利润。

5.3.2　补贴给新能源汽车制造商的优化决策模型

1. 问题描述和参数假设

在现实生活中，还存在政府补贴给新能源汽车制造商的情况，在该情况下，本节建立新能源汽车供应链模型，同时考虑消费者绿色偏好和政府补贴建立集中和分散决策模型，分析补贴系数和消费者绿色偏好对新能源汽车决策的影响，两类汽车产品竞争模型参数描述见表 5.4。

表 5.4　两类汽车产品竞争模型参数描述

参数符号	描述
p_t^R、p_n^R	集中决策下传统汽车和新能源汽车最优销售价格
s	补贴系数
D_t^R、D_n^R	集中决策下传统汽车和新能源汽车市场最优需求量
Π_R	集中决策下供应链总利润
p_t^{R*}、p_n^{R*}	分散决策下传统汽车和新能源汽车市场销售价格
w_t^R、w_n^R	分散决策下传统汽车和新能源汽车出厂价格

2. 模型建立与求解

1）集中决策模型

结合 5.3.1 节研究，在集中决策下，新能源汽车供应链总利润函数为

$$\Pi_R = (p_t - c_t)D_t + (p_n - c_n + s)D_n \tag{5.106}$$

同 5.3.1 节证明方法相同，同样可得 Π_R 的海塞矩阵是负定的，因此，Π_S 是

关于 p_n、p_t 的严格凹函数，存在唯一最优解。

　　命题 5.19：集中化决策下，新能源汽车供应链存在唯一最优销售价格、需求量和供应链利润。

　　证明：求解方法同 5.3.1 节，可得

$$p_n^R = \frac{r(r-2)(c_n+1-s) + \theta[-1+c_n(r-1)-s-rs]}{2[\theta(r-1)+r(r-2)]} \quad (5.107)$$

$$p_t^R = \frac{\theta(1+c_t-r)(r-1) + r(1+c_t)(r-2)}{2[\theta(r-1)+r(r-2)]} \quad (5.108)$$

$$D_n^r = \frac{\beta\{r(c_t+s-c_n) + \theta[1+c_n(r-1)+s-rs]\}}{2\theta} \quad (5.109)$$

$$D_t^R = \frac{\beta r(c_t+s-c_n) - \beta\theta(c_t+r-1)}{2\theta} \quad (5.110)$$

将式（5.107）、式（5.108）、式（5.109）和式（5.110）代入式（5.106）中可得供应链总利润为

$$\Pi_R = \frac{\beta\begin{bmatrix}[r(c_t-1)(r-1)+\theta(r-1)(c_t+r-1)][\theta(c_t+r-1)+r(c_t+s-c_n)] - \\ \{r(r-2)(c_n-1-s)+\theta[1+c(r-1)+s-rs]\}\{r(c_t+s-c_n)+\theta[1+c_n(r-1)+s-rs]\}\end{bmatrix}}{4\theta[\theta(r-1)+r(r-2)]}$$

$$(5.111)$$

　　2）分散决策模型

　　此时政府补贴给新能源汽车制造商，因此，绿色消费者和普通消费者的效用函数不变，则需求不变，可得分散决策下新能源汽车制造商和零售商的利润函数为

$$\text{Max}\Pi_m^R = (w_t-c_t)D_t + (w_n-c_n+s)D_n \quad (5.112)$$

$$\text{s.t.Max}\Pi_l^R = (p_t-w_t)D_t + (p_n-w_n)D_n \quad (5.113)$$

　　命题 5.20：分散决策下，补贴给汽车制造商的情况下，新能源汽车供应链存在最优出厂价格、销售价格及制造商和经销商利润。

　　证明：根据逆向归纳法求解，令 $\dfrac{\partial\Pi_m^R}{\partial w_n^R}=0$，$\dfrac{\partial\Pi_m^R}{\partial w_t^R}=0$，联立方程可求得 w_n^R、w_t^R 为

$$w_n^R = \frac{\theta[-1+c(r-1)] + r(1+c)(r-1)}{2[\theta(r-1)+r(r-2)]} \quad (5.114)$$

$$w_t^R = \frac{q(1+c_t-r)(r-1)+r(1+c_t)(r-2)}{2[q(r-1)+r(r-2)]} \qquad (5.115)$$

$$p_n^{R*} = \frac{r(r-2)(3-2s+c_n)+\theta[-3+c_n(r-1)+2s-2rs]}{4[\theta(r-1)+r(r-2)]} \qquad (5.116)$$

$$p_t^{R*} = \frac{\theta(3+c_t-3r)(r-1)-r(3+c_t)(r-2)}{4[\theta(r-1)+r(r-2)]} \qquad (5.117)$$

将式（5.114）、式（5.115）、式（5.116）和式（5.117）代入式（5.112）或式（5.113），可得新能源汽车供应链中新能源汽车和传统汽车的需求，以及制造商和经销商利润。

3. 数值分析

上述内容构建了补贴给新能源汽车制造商情况下的新能源汽车供应链优化决策模型，给出了集中决策和分散决策下该种补贴模式下价格、需求以及利润的最优解。为验证模型的有效性，通过数值分析展现消费者绿色偏好和政府补贴系数对决策的影响。根据参考文献[85]，将相关参数赋值如下：$c_n = 0.4$，$c_t = 0.2$，$r = 0.5$，市场规模 $\beta = 1$。

1）集中决策下补贴系数和绿色偏好对新能源汽车销售价格和供应链总利润的影响

我们研究在集中决策下补贴系数和绿色偏好对新能源汽车销售价格的影响以及集中决策下补贴系数和绿色偏好对供应链总利润的影响，分别如图 5.14 和图 5.15 所示。

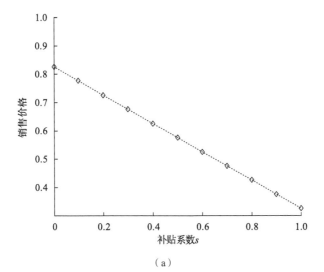

（a）

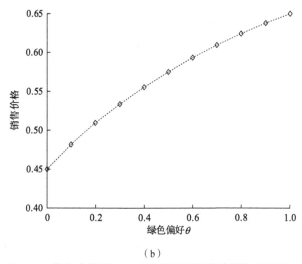

（b）

图 5.14　集中决策下 s 和 θ 对新能源汽车销售价格的影响

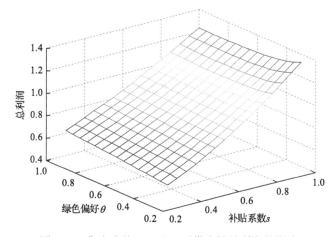

图 5.15　集中决策下 s 和 θ 对供应链总利润的影响

由图 5.14（a）可知集中决策下，补贴系数与新能源汽车销售价格成反比。补贴下降时，新能源汽车经销商的销售价格随之上升，由于政府减少对新能源制造商的补贴，出厂价格上升，故经销商价格提高。由图 5.14（b）可得绿色偏好的增加使消费者环保意识增强，需求扩大，促进新能源汽车销售价格增长。

图 5.15 为集中决策下补贴系数和绿色偏好对供应链总利润的影响，可以看出补贴系数和消费者绿色偏好与供应链总利润成正比，补贴的变化对供应链利润的影响更为明显。虽然在补贴退坡的大背景下，但消费者绿色偏好的增长仍促进了新能源汽车的销售量增加，也促进了供应链总利润的增加。

2）分散决策下补贴系数和绿色偏好对新能源汽车销售价格和供应链总利润的影响

分散决策下补贴系数和绿色偏好对新能源汽车销售价格的影响、对新能源汽车制造商利润的影响以及对新能源汽车经销商利润的影响分别如图5.16、图 5.17和图 5.18 所示。

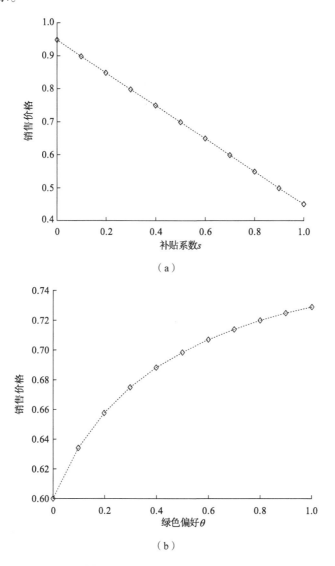

（a）

（b）

图 5.16　分散决策下 s 和 θ 对新能源汽车销售价格的影响

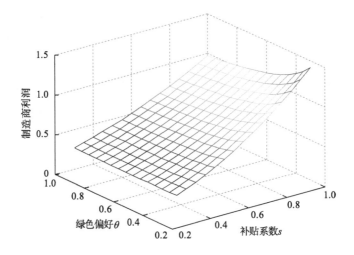

图 5.17　分散决策下 s 和 θ 对新能源汽车制造商利润的影响

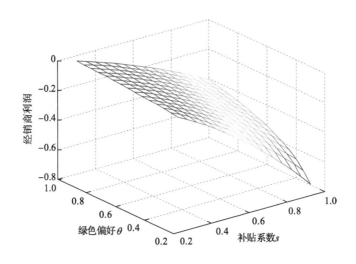

图 5.18　分散决策下 s 和 θ 对新能源汽车经销商利润的影响

　　由图 5.16（a）和图 5.16（b）可知，补贴系数与新能源汽车销售价格成反比，消费者绿色偏好与新能源汽车销售价格成反比，与集中决策下的变化一致，但分散决策下的价格总体高于集中决策。

　　图 5.17 为分散决策下补贴系数和绿色偏好对新能源汽车制造商利润的影响，补贴系数和消费者绿色偏好与制造商利润成正比，而图 5.18 中，补贴系数与新能源汽车经销商利润成反比，可见补贴降低有利于经销商利润上升，消费者绿色偏好增加促进新能源汽车经销商利润增长。

4. 结果比较

通过对补贴给消费者和补贴给汽车制造商两种补贴方式下新能源汽车销售价格、需求和利润的分析，可得命题 5.21。

命题 5.21：政府补贴给消费者和补贴给汽车制造商两种补贴方式下新能源汽车出厂价格、销售价格和需求量对比如下：

集中决策下，$p_n^* > p_n^R$、$D_n^* = D_n^R$；分散决策下，$p_n^{**} > p_n^{R*}$、$w_n^{**} > w_n^{R*}$、$D_n^{**} > D_n^{R*}$。

证明：$p_n^* - p_n^R = s > 0$；$D_n^* = D_n^R = \dfrac{\beta\left\{r(c_t + s - c_n) + \theta\left[1 + c_n(r-1) + s - rs\right]\right\}}{2\theta}$；

$p_n^{**} - p_n^{R*} = \dfrac{5}{4}s > 0$；$w_n^{**} - w_n^{R*} = \dfrac{s}{2} > 0$；$D_n^{**} - D_n^{R*} = \dfrac{\beta s\left[\theta(r-1) - r\right]}{4\theta} < 0$。证毕。

命题 5.21 表明，集中决策下，补贴给消费者时新能源汽车销售价格比补贴给汽车制造商时的销售价格高，需求量在两种补贴情况下不变；分散决策下，补贴给消费者时的销售价格和出厂价格比补贴给制造商时要高，但补贴给消费者时新能源汽车的需求量相对较低。补贴给消费者时，政府通过提高出厂价格转移政府的补贴，补贴给制造商时，制造商通过降低出厂价格分享政府补贴，同时，集中决策下，补贴给制造商时，新能源汽车需求量增加。因此，政府在补贴时，补贴给新能源汽车制造商更具优势，既可以增加需求，同时还降低了新能源汽车的出厂价格和销售价格。

5.4 补贴退坡机制下考虑随机需求的新能源汽车供应链优化与协调

在应对能源和环境污染双重危机的现实背景下，发展新能源汽车成为许多国家或地区政府作为有效缓解环境和能源问题的有效途径之一。近年来，随着政策扶持力度不断加强，中国的新能源汽车实现了快速的增长。截至 2022 年底，全国新能源汽车保有量已达 1 310 万辆。中国已超越美国成为全球最大的新能源汽车市场。但新能源汽车销量激增的背后也暴露出一些问题，如中国新能源汽车推广过度依赖补贴，并呈现明显的"补贴依赖症"。事实上，新能源汽车市场发展除了由政府政策驱动和引导外，也应有企业的推广努力和市场需求等因素的共同推动。与此同时，新能源汽车补贴政策将从 2017 年开始进入"后补贴"时代，并建立了补贴退坡机制。在补贴退坡机制下，如何建立考虑补贴下降程度、研发水平、市场需求等因素影响的新能源汽车供应链决策模型，有效实现新能源汽车推广目标和补贴政策的合理退坡对地方政府至关重要。

目前关于补贴条件下新能源汽车供应链决策问题引起了一些学者关注，并展开了相关的研究。但目前对补贴背景下新能源汽车供应链决策研究，大多数学者都假设需求函数为依赖市场价格的确定性函数[98, 99]，但现实生活中市场需求是具有随机性的；而且，在市场需求变动的情况下，总会伴随着企业库存的改变。此外，相关研究也较少关注补贴退坡机制下新能源汽车供应链决策问题。

5.4.1 问题描述及参数假设

1. 问题描述

在补贴退坡机制下，假设市场需求具有随机性，考虑由一个制造商和一个经销商组成的新能源汽车两级供应链，分别研究供应链企业在集中决策和分散决策下最优决策的问题。其中，分散决策包括批发价格契约和收益共享契约。新能源汽车制造商和经销商均为理性经济人，以追求利益最大化为目标。假设制造商在新能源汽车供应链中处于主导地位，经销商向制造商订购产品存在缺货惩罚和单位产品库存处理成本，制造商的生产量与经销商的订购量一致；制造商的研发水平超过政府补贴最低标准，享受政府补贴；制造商研发成本和研发水平会影响经销商的订购量和销售价格。其中，用补贴率、研发水平敏感因子、随机需求扰动项、库存因子四个参数分别表示政府补贴程度、市场对研发水平的敏感程度、消费者需求波动范围和库存变化。以补贴率和研发水平敏感因子为主要参数形成不同组合策略，分别考虑集中决策和分散决策两种情况下新能源汽车供应链企业利润、销售价格、订购量、生产量的最优决策。

2. 参数假设

考虑市场需求具有随机性，在补贴退坡机制下，对新能源汽车两级供应链企业最优决策进行分析。由于补贴退坡机制的实行，补贴率不断下降，有 $0 \leqslant \beta < 1$；在本节中假设市场需求与销售价格和新能源汽车的研发水平具有相关性，分别用敏感因子 b 和 c 表示市场需求对销售价格和研发水平的敏感性。其中，研发水平敏感因子越高，则消费者对新能源汽车研发水平要求越高，并且加入随机需求扰动项，表示新能源汽车市场中消费者需求的变动情况。由于新能源汽车市场处于不断发展时期，有 $\varepsilon > 0$，服从 $[A, B]$ 均匀分布（$A \geqslant 0$），其均值为 μ；制造商的研发水平 r 已经达到了政府的补贴标准 r_0，享受政府补贴，即

$r > r_0$；w 表示在分散决策下制造商销售给经销商的批发价格；c_m 表示制造商生产单位新能源汽车所需要的生产成本。因为新能源汽车市场正处在发展阶段，存在较大的盈利空间，所以在分散决策下新能源汽车的市场售价和批发价均高于生产成本，且经销商的销售价格高于批发价；λ 表示制造商的研发技术效率。一般来说研发成本与研发水平呈二次方关系，即研发成本为 $\frac{1}{2}\lambda r^2$ [71]；假设在分散决策下，制造商不存在库存和缺货的情况，经销商的订购量等同于制造商的生产量；分散决策下经销商向制造商订购产品时，会预先设定库存因子以保证利润最大化，防止库存积压。同时，库存因子在消费者需求的变动范围内，即 $A < z < B$。由于经销商存在库存和缺货的情况，会有库存处理成本和缺货损失的费用支出。h 表示库存处理成本，对于没有销售出去的产品，经销商需要付出库存的管理成本。同时 h 可取负值，表示经销商可以以低于市场价格的销售价格售出，并且高于单位产品批发价，即 $h \geq -w$；s 表示缺货惩罚成本，当市场需求量大于经销商订购量会出现缺货的情况，错失销售机会，造成利润损失；其余参数不在此赘述，具体见表5.5。

表 5.5　参数描述

参数符号	描述	参数假设
π、π_1、π_2、π_{1s}、π_{2s}	分别为集中决策下供应链利润，分散决策、收益共享契约下制造商和经销商利润	
β	补贴率	$0 \leq \beta < 1$
p_1、p_2、p_{1s}	分别为分散决策、集中决策、收益共享契约下经销商单位产品的销售价格	
w、w_s	制造商分别在分散决策和协调机制下单位产品的批发价	
c_m	制造商制造单位产品的边际成本	$c_m < w$
D	新能源汽车市场的随机需求量	
r	制造商的新能源汽车研发水平	
r_0	制造商能够享受政府研发补贴的最低研发水平	$r_0 \leq r$
λ	制造商企业的技术研发效率	
a	新能源汽车市场的基本需求量	
b、c	价格敏感因子、研发水平敏感因子	b、$c > 0$
ε	随机需求扰动项，即新能源汽车市场中消费者需求的变动情况	$\varepsilon > 0, A < \varepsilon < B$
z	新能源汽车经销商订购产品时预先决定的库存参数	$A < z < B$

续表

参数符号	描述	参数假设
q_1、q_{1s}	分散决策和协调机制下经销商向制造商的订购量	
q_2	集中决策下供应链的生产量	
h	库存处理成本	h 可取负值，但 $h \geqslant -w$
s	缺货惩罚成本	
S	单位产品补贴值	
t	单位产品补贴调整因子	

5.4.2　模型建立与求解

1. 模型建立

在借鉴文献[93]的基础上，本节在市场需求函数中考虑新能源汽车的研发水平，表示市场需求对新能源汽车研发水平敏感。另外，经销商向制造商订购产品时不仅依赖产品销售价格，也会考虑新能源汽车研发水平以及预先确定的库存因子，从而确定订购量函数。由此，新能源汽车市场需求函数和订购量函数为

$$D = a - bp + cr + \varepsilon \tag{5.118}$$

$$q = a - bp + cr + z \tag{5.119}$$

制造商获得单位产品的政府补贴，并且不存在产品的缺货和库存情况，表示制造商的生产量与经销商的订购量一致。制造商的利润由三部分构成：来自经销商的批发价收入、政府单位产品的补贴以及研发生产产品所需成本支出，则制造商的利润函数为

$$\pi_1 = (w - c_m + S)q_1 - \frac{1}{2}\lambda r^2 \tag{5.120}$$

其中，$S = \beta t(r - r_0)$，$\frac{1}{2}\lambda r^2$ 为新能源汽车研发成本。

经销商向制造商订购产品存在产品库存和缺货的情况，分析市场需求量和经销商订购量的大小关系，若市场需求量高于经销商订购量则经销商处于缺货状态，反之经销商会有一定的产品库存。经销商的利润由两部分构成：经销商在市场中的销售收入、库存积压处理成本支出或者缺货造成的利润损失，可得到经销商利润函数如下：

$$\begin{aligned}
\pi_2 &= p_1 \min(q_1, D) - wq_1 - h(q_1 - D)^+ - s(D - q_1)^+ \\
&= (p_1 - w)q_1 - (p_1 + h)(q_1 - D)^+ - s(D - q_1)^+
\end{aligned} \tag{5.121}$$

化简式（5.121）得到经销商利润函数为

$$\pi_2 = (p_1 - w)q_1 - (h + p_1)\wedge(z) - s\Theta(z) \tag{5.122}$$

其中，

$$\wedge(z) = E(z - \varepsilon)^+ = \int_A^z (z - \mu)f(\mu)\mathrm{d}\mu \tag{5.123}$$

$$\Theta(z) = E(\varepsilon - z)^+ = \int_z^B (\mu - z)f(\mu)\mathrm{d}\mu \tag{5.124}$$

$f(\mu)$ 为 ε 的概率密度函数。$\wedge(z)$ 和 $\Theta(z)$ 服从均匀分布，化简后可得

$$\wedge(z) = \frac{(z - A)^2}{2(B - A)} \tag{5.125}$$

$$\Theta(z) = -\frac{(z - B)^2}{2(B - A)} \tag{5.126}$$

2. 集中决策

在新能源汽车市场中，新能源汽车供应链企业会为了实现总体利益最大化达成一定的协议进行集中决策。当制造商和经销商处于集中决策情况下，在市场销售价格上能够拥有足够的主导权，能有效提高供应链企业利润，即集中决策下供应链利润为制造商利润和经销商利润之和。函数表达式如下：

$$\pi = \left[p_2 - c_{\mathrm{m}} + \beta t(r - r_0)\right]q_2 - (h + p_2)\wedge(z) - s\Theta(z) - \frac{1}{2}\lambda r^2 \tag{5.127}$$

通过对式（5.127）的分析，可以得出以下命题。

命题 5.22：在集中决策下，假设影响供应链企业决策的四个因素的代表参数（补贴率、研发水平敏感因子、随机需求扰动项、库存因子）为任意定值时，供应链企业存在唯一最优销售价格、最优生产量及最优利润。

证明：给定任意参数值，将式（5.127）关于 p_1 分别求一阶和二阶导数：

$$\frac{\partial \pi}{\partial p_2} = a - bp_2 + cr + z - \wedge(z) - b\left[-c_{\mathrm{m}} + p_2 + t\beta(r - r_0)\right] \tag{5.128}$$

$$\frac{\partial^2 \pi}{\partial p_2^2} = -2b < 0 \tag{5.129}$$

由式（5.129）可知，当参数取任意定值时，供应链存在唯一的最优销售价格。进一步求解供应链最优价格，令式（5.128）为 0，可得集中决策供应链最优销售为

$$p_2^* = \frac{a + b\left[d - t\beta(r - r_0) + cr + z - \wedge(z)\right]}{2b} \tag{5.130}$$

由证明结果显示，当供应链企业最优决策的四个参数在假设范围内取任意定

值时，供应链利润仍然具有唯一的最优价格；供应链的订购量函数由销售价格决定，当销售价格存在唯一最优解时，生产量也会存在最优生产量；同理可证，存在供应链最优利润，求解过程与最优销售价格相似。其最优解如式（5.131）、（5.132）所示，并可得出以下推论：

$$q_2^* = \frac{a - b\left[d - t\beta(r - r_0)\right] + cr + z + \wedge(z)}{2} \tag{5.131}$$

$$\pi^* = -s\Theta(z) + \frac{\left\{a - b\left[d + t\beta(r - r_0)\right] + cr + z\right\}^2 - \left[\wedge(z)\right]^2}{4b} \tag{5.132}$$

$$- \frac{\wedge(z)\left\{a + b\left[d + 2h - t\beta(r - r_0)\right] + cr + z - \wedge(z)\right\}}{2b}$$

推论 5.7：集中决策下供应链企业的最优销售价格与新能源汽车补贴率成反比，而最优生产量与补贴率成正比。

证明：式（5.130）、式（5.131）对补贴率进行求导可得

$$\frac{\partial p_2^*}{\partial \beta} = \frac{t(r - r_0)}{2} < 0 \tag{5.133}$$

$$\frac{\partial q_2^*}{\partial \beta} = \frac{bt(r - r_0)}{2} > 0 \tag{5.134}$$

由求导结果可知，推论 5.7 得证。当补贴下降时，企业自身生产投入的成本会增加，为了保证利润，企业使销售价格提高并降低生产量。推论 5.7 中，假设其他条件均不变，仅使补贴率下降，那么当新能源汽车自身没有其他改进时，提高市场销售价格会使消费者对新能源汽车的接受度降低。由此可知，如果仅仅是补贴下降，而不采取其他相应辅助措施，会对新能源汽车市场造成一定的消极影响。

推论 5.8：集中决策下供应链企业的最优销售价格和最优生产量均与新能源汽车研发水平成正比。

证明：式（5.130）、式（5.131）对研发水平敏感因子进行求导可得

$$\frac{\partial p_2^*}{\partial c} = \frac{r}{2b} > 0 \tag{5.135}$$

$$\frac{\partial q_2^*}{\partial c} = \frac{r}{2} > 0 \tag{5.136}$$

推论 5.8 得证。由先前的文献研究可知，制约我国新能源汽车市场发展的关键因素是新能源汽车本身续航里程、性能不稳定、充电问题等[26, 93, 100]。由推论可知，当研发水平增加时，新能源汽车市场销售价格和生产量均会提高。根据推论分析得到：消费者的市场接受度会随着研发水平的进步而相应提高。这表明有

良好技术支撑的新能源汽车企业才有足够的实力提高市场售价，扩大企业利润，进而促进新能源汽车接受度。

3. 分散决策

考虑以制造商为主导者，经销商作为跟随者的新能源汽车两级供应链博弈模型。经销商根据市场需求向制造商批发产品，并向市场销售。首先制造商会制定批发价，经销商根据制造商所定的批发价，预先制定库存因子并结合市场销售价格确定订购量，最大限度地降低由于库存和缺货所造成的利润损失。由此，形成由一个制造商和一个经销商所组成的新能源汽车两级供应链企业之间的博弈关系，并得到以下命题。

命题 5.23：在分散决策下，假设影响供应链企业决策的四个因素的代表参数（补贴率、研发水平敏感因子、随机需求扰动项、库存因子）为任意值时，供应链存在唯一最优批发价格、最优销售价格、最优订购量、最优利润。

证明：（1）给定任意参数值，将式（5.120）关于 w 分别求一阶和二阶导数，得

$$\frac{\partial \pi_1}{\partial w} = \frac{1}{2}\Big[a + bd + cr - 2bw + z - bt\beta(r - r_0) + \wedge(z) \Big] \quad （5.137）$$

$$\frac{\partial \pi_1^2}{\partial w^2} = -b < 0 \quad （5.138）$$

由式（5.138）可知，当其他参数取任意值时，制造商存在唯一的最优批发价。若要求出最优批发价，令式（5.137）为 0，即可求出最优批发价：

$$w^* = \frac{a + cr + z + b\big[d - t\beta(r - r_0)\big] + \wedge(z)}{2b} \quad （5.139）$$

（2）给定任意参数值，对式（5.122）关于 p_1 分别求一阶和二阶导数，得

$$\frac{\partial \pi_2}{\partial p_1} = a - 2bp_1 + cr + bw + z - \wedge(z) \quad （5.140）$$

$$\frac{\partial^2 \pi_2}{\partial p_1^2} = -2b < 0 \quad （5.141）$$

由式（5.141）可知，当其他参数取任意值时，经销商存在唯一的最优销售价格。若要求出最优销售价格，令式（5.140）为 0，进一步结合式（5.139），可得分散决策供应链上经销商销售价格的唯一最优解：

$$p_1^* = \frac{3(a + cr + z) + b\big[d - t\beta(r - r_0)\big] - \wedge(z)}{4b} \quad （5.142）$$

（3）由式（5.119）经销商的订购量函数可知，订购量受到销售价格的影响。由证明（2）可知，经销商存在唯一最优销售价格，即可得订购量也存在最

优解。当其他参数取任意值时，将式（5.142）销售价格最优解代入式（5.119），得到经销商最优订购量：

$$q_1^* = \frac{a + cr + z - b\left[d - t\beta(r - r_0)\right] + \wedge(z)}{4} \quad （5.143）$$

同理可证，经销商和制造商利润也存在唯一最优解。当其他参数取任意值时，将最优解 p_1^*、q_1^* 代入式（5.122），可得经销商的最优利润 π_2^*：

$$\pi_2^* = -s\Theta(z) + \frac{\left[a - bd + cr + z + bt\beta(r - r_0) - 3\wedge(z)\right]\left[a - bd + cr + z + bt\beta(r - r_0) + \wedge(z)\right]}{16b}$$

$$- \frac{\wedge(z)\left[h + 3a + bd + 3cr + 3z - bt\beta(r - r_0)\right]}{4b}$$

$$（5.144）$$

将最优解 w^* 和 q_1^* 代入式（5.120），得到制造商的最优利润 π_1^*：

$$\pi_1^* = \frac{\left\{a - b\left[d - t\beta(r - r_0)\right] + cr + z + \wedge(z)\right\}^2}{8b} - \frac{1}{2}\lambda r^2 \quad （5.145）$$

命题 5.23 得证，并得出以下推论。

推论 5.9：分散决策下批发价格、销售价格和订购量均与新能源汽车研发水平成正比。

证明：将式（5.139）、式（5.142）和式（5.143）分别关于研发水平敏感因子求一阶导数，结果如下：

$$\frac{\partial w^*}{\partial c} = \frac{r}{2b} > 0 \quad （5.146）$$

$$\frac{\partial p_1^*}{\partial c} = \frac{3r}{4b} > 0 \quad （5.147）$$

$$\frac{\partial q_1^*}{\partial c} = \frac{r}{4} > 0 \quad （5.148）$$

推论 5.9 得证。新能源汽车研发水平对市场的影响通过研发水平敏感因子表示。结果表明当研发水平敏感因子增加时，消费者需求会对研发水平有更高的要求。制造商若要扩大销售量，提高企业销售利润，则需要不断地提高新能源汽车研发水平，才有足够的实力提高批发价而不降低消费者接受度。有了市场需求的激励，经销商会增加订货量，促进更多的产品销售，实现新能源汽车推广的目标。由此可以看出，研发水平的提高对制造商和经销商都是有益的。

推论 5.10：分散决策下批发价格与补贴率成反比；销售价格和订购量均与补贴率成正比。

证明：将式（5.139）、式（5.142）和式（5.143）分别关于补贴率求一阶导数，结果如下：

$$\frac{\partial w^*}{\partial \beta} = \frac{-t(r - r_0)}{2b} < 0 \qquad (5.149)$$

$$\frac{\partial p_1^*}{\partial \beta} = \frac{-t(r - r_0)}{4b} < 0 \qquad (5.150)$$

$$\frac{\partial q_1^*}{\partial \beta} = \frac{bt(r - r_0)}{4} > 0 \qquad (5.151)$$

推论 5.10 得证。因为补贴下降，企业自身投入成本变高，所以会相应提高批发价弥补损失的利润。批发价格增加，订购量减少而零售商的销售价格也会相应提高。当新能源汽车本身性能没有改变，而销售价格却增加时，消费者接受度会降低。由此可知，如果仅仅是补贴下降，而没有其他的对应措施，会对新能源汽车市场发展产生一定的消极影响。若要改变这种情况，政府和企业应相应地做出其他辅助措施，从而抵消补贴下降所造成的影响。

由于部分参数对最优决策影响的表达式较为复杂，难以直接判断，故在 5.4.3 节仿真分析中显示。根据上述命题和推论，可知补贴下降和研发水平的提高均会对新能源汽车市场产生影响，但具体影响程度难以确定。分析单因素变化对新能源汽车市场的影响是不全面的，那么如何找出最有利于促进新能源汽车市场发展的组合策略？以上问题将在 5.4.3 节中利用仿真进行分析。

4. 基于收益共享的契约协调策略

集中决策是新能源汽车供应链上理想的决策方式，但在实际情况下供应链成员多数采用分散决策。在分散决策下供应链成员本身属于独立的参与方，会尽可能地使本身利益达到最大化，而损害到供应链其他成员的利益，从而会造成供应链利润流失。那么此时就要进行协调机制设计，使分散决策下的利润达到集中决策下的效果。近年来，收益共享契约也是供应链契约协调策略的热点之一[101]。因此，本节将收益共享契约引入具有补贴退坡背景下的新能源汽车供应链中，尝试在分散决策下进行供应链协调以达到集中决策下的供应链利润。

补贴退坡机制下，补贴率 $0 < \beta < 1$，假设制造商的研发水平 r 始终高于政府补贴基准且有改进空间，即 $r_0 < r$。为使分散决策下收益共享契约的供应链利润最大化，经销商不仅支付给制造商单位批发价格 w，同时还支付给制造商部分销售收入，制造商获得销售份额为 e，而经销商获得的销售份额为 $1-e$（$0 \leq e \leq 1$）。因此，分别得到制造商和经销商的利润函数：

$$\pi_{1s} = \left(ep_{1s} + w_s - c_m + S\right)q_{1s} - \frac{1}{2}\lambda r^2 - ep \wedge (z) \qquad (5.152)$$

$$\pi_{2s}=\big[(1-e)p_{1s}-w_s\big]q_{1s}-\big[h+(1-e)p_{1s}\big]\wedge(z)-s\Theta(z) \quad (5.153)$$

命题 5.24：收益共享契约下供应链若要达到集中决策下的供应链利润，销售份额 e 需要达到以下条件：

$$e=\frac{b\big[d+t\beta(r_0-r)\big]-(a+cr+z)+\wedge(z)}{b\big[d+t\beta(r_0-r)\big]-(a+cr+z)} \quad (5.154)$$

证明：采用逆向归纳法，对式（5.153）关于 p_{1s} 求一阶导数，进而求得协调机制下销售价格、批发价、订购量 p_{1s}^*、w_{1s}^*、q_{1s}^* 的最优解，可以得到收益共享协调机制下的制造商和经销商的最优利润 π_{1s}^*、π_{2s}^*，令 $\pi_{1s}^*+\pi_{2s}^*=\pi^*$，从而得出 e 的函数表达式。将 e 代入 p_{1s}^*,q_{1s}^*，有 $p_{1s}^*=p_2^*$，$q_{1s}^*=q_2^*$，使收益共享协调机制下的销售价格和生产量与集中决策一致，即式（5.151）、式（5.150）分别对 p_{1s}、w_{1s} 求一阶导数，得

$$p_{1s}^*=\frac{x+g-(3-2e)\wedge(z)}{2b(2-e)} \quad (5.155)$$

$$w_{1s}^*=\frac{(-1+e)\{-[x+\wedge(z)](1-e)-g\}}{b(-2+e)} \quad (5.156)$$

其中，为使表达式简洁，令 $x=a+cr+z$、$g=b\big[d+\beta t(r_0-r)\big]$。由式（5.155）可得协调机制下的最优订货量 q_{1s}^*：

$$q_{1s}^*=\frac{[x+\wedge(z)](3-2e)-g}{2(-2+e)} \quad (5.157)$$

将式（5.155）、式（5.156）、式（5.157）代入式（5.153）、式（5.152），得到协调机制下的供应链企业利润：

$$\pi_{1s}^*=\frac{e\wedge(z)\big[g-x+3\wedge(z)-2e\wedge(z)\big]}{2b(2-e)}$$

$$+\frac{\big[x(2e-1)-3g-\wedge(z)\big]\big[-g+(-3+2e)(x+\wedge(z))\big]}{4b(-2+e)}-\frac{1}{2}\lambda r^2$$

$$(5.158)$$

$$\pi_{2s}^*=-s\alpha+\frac{(-1+e)\big[-4x+2ex+4e\wedge(z)\big]\big[-g+(-3+2e)(x+\wedge(z))\big]}{4b(-2+e)}$$

$$-\wedge(z)\left(h+\frac{(-1+e)\big[-g+x+(-3+2e)\wedge(z)\big]}{2b(-2+e)}\right)$$

$$(5.159)$$

令 $\pi_{1s}^* + \pi_{2s}^* = \pi^*$，可得

$$e = \frac{b\left[d + t\beta(r_0 - r)\right] - (a + cr + z) + \wedge(z)}{b\left[d + t\beta(r_0 - r)\right] - (a + cr + z)} \tag{5.160}$$

将式（5.160）分别代入式（5.155）、式（5.157），得到

$$p_{1s}^* = \frac{a + bd + cr + z - brt\beta - \wedge(z) + br_0 t\beta}{2b} \tag{5.161}$$

$$q_{1s}^* = \frac{a - bd + cr + z + brt\beta + \wedge(z) - bt\beta r_0}{2} \tag{5.162}$$

有 $p_{1s}^* = p_2^*$、$q_{1s}^* = q_2^*$，即收益共享契约下的供应链利润、经销商订购量、销售价格与集中决策下一致。命题 5.24 得证。

另外，若要供应链企业同意进行收益共享契约，需要满足两个前提，即协调后制造商利润大于协调前，且协调后经销商利润也大于协调前利润时，供应链企业才会接受契约协调机制。即

$$\begin{cases} \pi_{1s}^* \geqslant \pi_1^* \\ \pi_{2s}^* \geqslant \pi_2^* \end{cases} \tag{5.163}$$

根据上述条件，可得到以下命题。

命题 5.25：在收益共享契约下，当制造商的研发水平 r 不断提高时，存在一个区间 $[\underline{e}, \overline{e}]$，使 $e \in [\underline{e}, \overline{e}]$，满足制造商和经销商在协调机制后的利润大于协调前的利润，并存在多个 e 值使协调机制下供应链企业利润达到集中决策的利润。

证明：对式（5.163）进行计算可得到 e 的存在区间 $[\underline{e}, \overline{e}]$，且满足 $0 < e \leqslant 1$，使协调后的供应链企业利润大于协调前的企业利润。

根据命题 5.25 的证明，已知协调机制下供应链企业的最优利润，考虑到 $0 < e \leqslant 1$，将式（5.152）、式（5.153）代入式（5.163）中，可求得共享销售份额 e 的区间 $[\underline{e}, \overline{e}]$ 为

$$\begin{aligned} &0 < \underline{e} < \overline{e} \\ &\overline{e} = \frac{-g^2 + 2gx - x^2 - 2g\eta + 2x\eta + 3\eta^2}{2\eta^2} \end{aligned} \tag{5.164}$$

命题 5.25 得证。由命题 5.24 可知 e 值随研发水平 r 的改变而改变，所以在区间 $[\underline{e}, \overline{e}]$ 内，存在多个 e 值使协调机制下供应链企业利润达到集中决策下的供应链利润。在协调情况下，系统总利润通过销售份额 e 的变动进行制造商和经销商之间的利润分配。

5.4.3 仿真分析

本部分对分散决策和集中决策下的新能源汽车供应链企业决策进行仿真实验。通过仿真实验模拟集中决策和分散决策下企业利润、价格、订购量、生产量在不同组合策略下的具体变化趋势，从而更加准确地判断出不同的组合策略对供应链企业最优决策影响。收益共享契约下的供应链最优决策与集中决策最优决策一致，这里不再进行仿真分析。

1. 组合策略的确定

在上述四个参数中考虑以补贴率 β 和研发水平敏感因子 c 为主要参数，分别与其他参数组合，可得到 5 种组合策略：β, ε；β, z；β, c；c, ε；c, z。分别在分散决策和集中决策两种情况下对比 5 种不同的组合策略对销售价格、订购量、生产量、供应链企业利润的具体影响趋势，分析如何达到企业最优的决策结果。

2. 参数取值及仿真实验

在补贴退坡机制下，考虑由一个制造商和一个经销商组成的新能源汽车两级供应链，运用仿真分析供应链企业的最优决策。基于一般随机需求的市场竞争环境，将参数取值为 $a = 100$、$b = 2$、$h = 2$、$s = 3$、$t = 0.5$、$r = 2$、$r_0 = 1$、$\lambda = 1$、$\beta \in (0,1)$、$c \in (0,10)$、$z \in (0,3)$[102]，且四个参数可在假设范围内取任意定值为 $\beta = 0.2$、$c = 5$、$z = 1.5$、$\varepsilon = 2$。

1）仿真实验 1：分散决策下销售价格在 5 种组合下的变化趋势及最优组合策略

结果显示：在 5 种组合策略中，研发水平敏感因子和库存因子（c, z）组合下的销售价格最高，而补贴率和随机需求扰动项（β, ε）组合下销售价格最低。价格除了与补贴率成反比以外，与其他三个变量均成正比，具体分析如下：

随机需求扰动项增加前期，销售价格大幅度上升，而后上升幅度变缓至稳定。在市场上只存在一个制造商和一个经销商时，当需求增加，经销商为获取高利润会提高价格。但是当价格提高到产品本身质量所能匹配的最高价格时便会趋于稳定。另外，库存因子增加导致价格提高，因为库存因子是经销商预先决定的库存量。当经销商预测市场需求量增加时，会做出囤货行为从而增加库存并相应提高价格。分散决策下各种组合策略对销售价格的影响如图 5.19 所示。

根据上述变化关系，并结合图 5.19 可知，5 种组合策略对价格的影响程度并不相同。将分别与补贴率和研发水平敏感因子进行组合的组合策略分为两个对

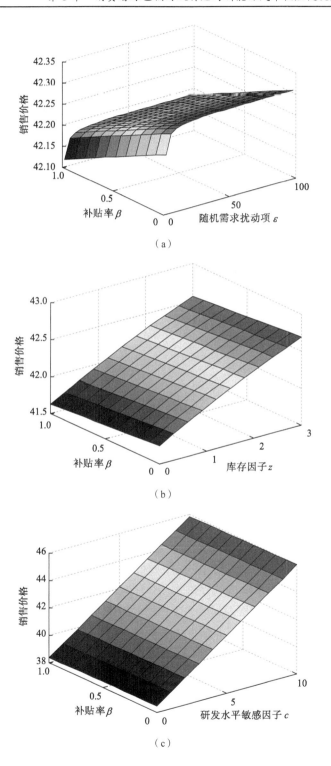

（a）

（b）

（c）

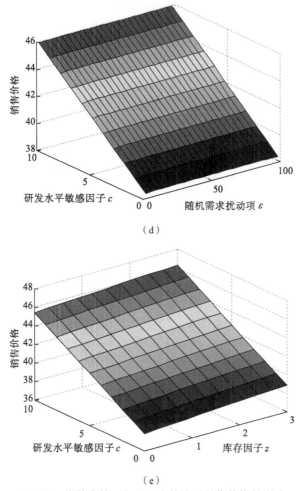

图 5.19 分散决策下各种组合策略对销售价格的影响

比组。第 1 组为 β,ε ； β,z ； β,c 。第 2 组为 β,c ； c,ε ； c,z 。对比 1：图 5.19（a）、图 5.19（b）、图 5.19（c）。对比发现：在补贴率相同情况下，研发水平敏感因子提高对销售价格的促进作用优于库存因子和随机需求扰动项增加对销售价格的促进作用。对比 2：图 5.19（c）、图 5.19（d）、图 5.19（e）。对比发现：在研发水平敏感因子相同的情况下，库存因子增加对价格的提升程度优于补贴率、随机需求扰动项增加对价格的提升程度。

通过对比 1 和对比 2 的比较可知，研发水平敏感因子的增加是导致价格提高的关键因素。另外，补贴率下降虽然导致价格有所增加，但是相较于另外三个参数对销售价格影响作用最小。由此表明在其他参数协调的情况下，补贴率下降并不会导致新能源汽车销售市场有较大的波动情况。

2）仿真实验 2：分散决策下订购量在 5 种组合策略下的变化趋势及最优组合策略

结果显示：在 5 种组合策略中，研发水平敏感因子和库存因子（c,z）组合下的经销商订购量最高，而补贴率和随机需求扰动项（β,ε）组合下订购量最低。订购量除了与随机需求扰动项成反比以外，与其他变量均成正比，具体分析如下：

库存因子增加造成订购量的增加，这与传统的逻辑关系一致。随机需求扰动项开始增加的初期，订购量大幅度下降，而后下降幅度变缓至稳定。在实际生活中，经销商预先决定库存因子不仅仅取决于商品的现价，也取决于商家对产品未来需求及批发价的预期，当库存因子增加，销售价格会增加。在市场需求提高初期，制造商降低批发价格，当经销商预计价格增加且批发价降低时，会在累计库存的同时减少订购量，从而赢得最大利润，分散决策下各种组合策略对订购量的影响具体可见图 5.20。

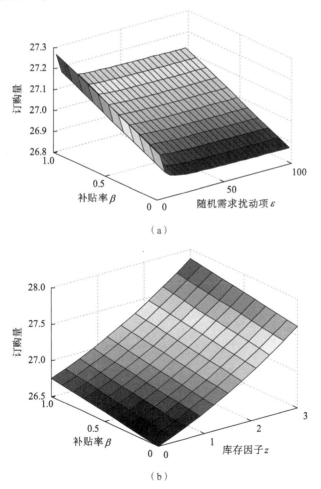

（a）

（b）

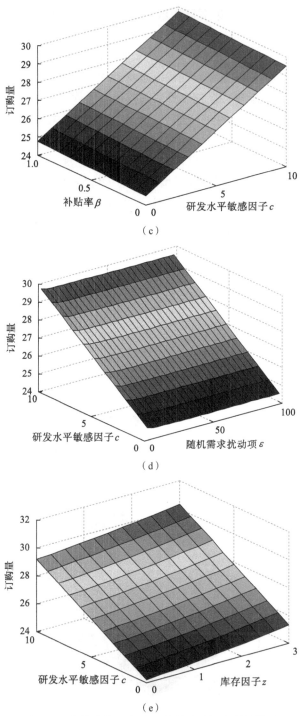

图 5.20 分散决策下各种组合策略对订购量的影响

　　根据上述变化关系，结合图 5.20 可知，5 种组合策略对订购量的影响程度并不相同。与仿真实验 1 相同，将分别与补贴率和研发水平敏感因子进行组合的组合策略分为两个对比组。第 1 组为 β,ε；β,z；β,c。第 2 组为 β,c；c,ε；c,z。对比 1：图 5.20（a）、图 5.20（b）、图 5.20（c）。对比发现：当具有相同补贴率时，研发水平敏感因子的增加可以弥补补贴率下降造成的订购量降低，对订购量的增幅优于库存因子和随机需求扰动项增加对订购量的增幅。对比 2：图 5.20（c）、图 5.20（d）、图 5.20（e）。对比发现：在研发水平敏感因子相同的情况下，库存因子的增加对订购量的促进程度优于补贴率、随机需求扰动项增加对订购量的促进程度。

　　通过对比 1 和对比 2 的比较可知，研发水平敏感因子的提高是促进订购量提高的关键因素。另外由图 5.20（c）、图 5.20（d）、图 5.20（e）的对比可知，补贴率下降对订购量的影响相较于其他参数影响最小。且在其他参数协调的情况下，补贴率下降造成的影响可以被弥补。由此可以说明补贴退坡是合理的，不会对新能源汽车市场消费者接受度产生较大影响，并使新能源汽车市场回归正常的以市场化为导向的市场。

　　3）仿真实验 3：分散决策下制造商利润在 5 种组合下的影响趋势及最优组合策略

　　结果显示：在 5 种组合策略中，研发水平敏感因子和库存因子（c,z）组合下的制造商利润最高，而补贴率和随机需求扰动项（β,ε）组合下制造商利润最低。制造商利润除了与随机需求扰动项成反比以外，与其他变量均成正比，具体分析如下：

　　通过仿真实验 1、2 的分析已知四种参数变化下销售价格和订购量的变化趋势，从而可以得出制造商利润与影响参数的变化关系。与仿真实验 1、2 相同，仍然分为两组进行对比。分散决策下各种组合策略对制造商利润的影响见图 5.21。

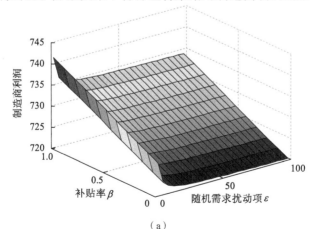

（a）

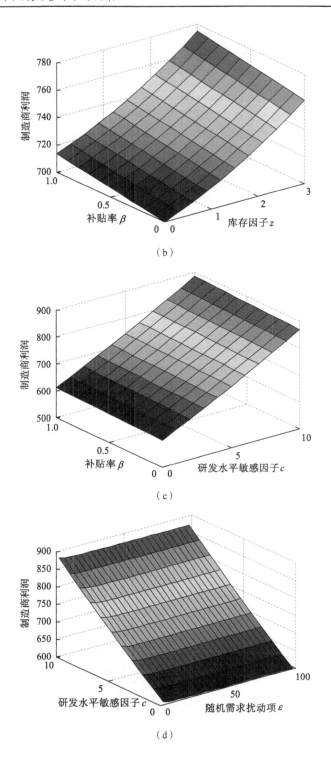

（b）

（c）

（d）

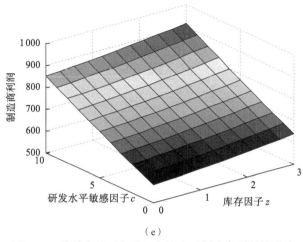

（e）

图 5.21　分散决策下各种组合策略对制造商利润的影响

　　对比 1：图 5.21（a）、图 5.21（b）、图 5.21（c）。对比发现：当具有相同补贴率时，研发水平敏感因子的增加可以弥补补贴率下降造成的制造商利润损失，并且研发水平敏感因子对制造商利润的作用程度优于库存因子和随机需求扰动项增加对制造商利润的作用程度。对比 2：图 5.21（c）、图 5.21（d）、图 5.21（e）。对比发现：在研发水平敏感因子相同的情况下，库存因子的增加对制造商利润的增幅优于补贴率、随机需求扰动项增加对制造商利润的促进程度。

　　通过对比 1 和对比 2 的比较可知，研发水平敏感因子的增加是促进制造商利润增加的关键因素，即新能源汽车本身的性能和质量是影响制造商利润的关键。同样由图 5.21（c）、图 5.21（d）、图 5.21（e）对比可知，补贴率下降相较于其他参数对制造商利润影响最小，表明在研发水平敏感因子和市场需求等因素提高的条件下，政府补贴下降并不会对制造商利润带来较大的影响。

　　4）仿真实验 4：分散决策下经销商利润在 5 种组合下的影响趋势及最优组合策略

　　构建仿真实验：结果显示，在 5 种组合策略中，研发水平敏感因子和随机需求扰动项（c, ε）组合下的经销商利润最高，而补贴率和库存因子（β, z）组合下的经销商利润最低。经销商利润除了与库存因子成反比以外，与其他变量均成正比，具体分析如下：

　　通过仿真实验 1、2 的分析已知四种参数变化下销售价格和订购量的变化趋势，从而可以得出经销商利润与影响参数的变化关系。与仿真实验 1、2 相同，仍然分为两组进行对比。分散决策下各种组合策略对经销商利润的影响如图 5.22 所示。

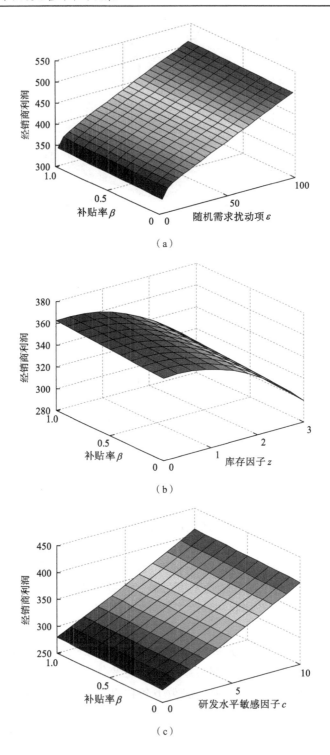

（a）

（b）

（c）

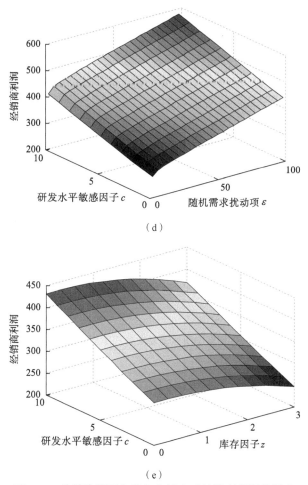

图 5.22　分散决策下各种组合策略对经销商利润的影响

对比 1：图 5.22（a）、图 5.22（b）、图 5.22（c）。对比发现：当具有相同补贴率时，研发水平敏感因子和随机需求扰动项分别与补贴率组合，经销商最高利润差距不明显，但是从经销商利润的增幅来看，研发水平敏感因子对经销商利润的促进幅度优于库存因子、随机需求扰动项增加对制造商利润的促进幅度，并且研发水平敏感因子增加可以更好地弥补补贴率下降造成的经销商利润损失。对比 2：图 5.22（c）、图 5.22（d）、图 5.22（e）。对比发现：在研发水平敏感因子相同的情况下，随机需求扰动项增加对经销商利润的促进作用优于补贴率和库存因子对经销商利润的促进作用。

通过对比 1 和对比 2 的比较可知，随机需求扰动项增加初期对销售利润有明显的促进作用，但是长期来看研发水平敏感因子的增加可以更快地促进经销商利润的增加。另外，由图 5.22（c）、图 5.22（d）、图 5.22（e）可知，补贴率对经销商利润的影响最小，表明在研发水平敏感因子和市场需求等因素提高的条件下，补贴下降不会对经销商利润产生较大影响。

5）仿真实验 5：集中决策下的最优决策以及与分散决策对比

集中决策下 5 种组合策略对销售价格、生产量、企业利润的影响趋势基本一致。但是与制造商利润成正比的库存因子却与供应链利润成反比，与制造商利润成反比的随机需求扰动项，与供应链利润成正比。另外，影响企业最优利润的组合策略有所差别，集中决策下供应链利润和分散决策下经销商利润的最优组合策略一致。分别将分散决策和集中决策下的价格、企业利润进行对比发现，分散决策下经销商销售价格高于集中决策下销售价格，对于新兴产品较高的销售价格并不利于新能源汽车的普及以及市场推广；集中决策下销售价格更低，市场需求量更大。有文献指出产品的销售价格是影响消费者购买行为的重要参数[103, 104]，由于集中决策下没有产品的批发差价而导致销售价格降低，与分散决策下的销售价格相比，更容易被消费者接受，有助于实现新能源汽车市场推广目标。具体可见表 5.6。

表 5.6　分散决策和集中决策下企业各决策变量的最优组合策略

项目	分散决策				集中决策		
决策变量	价格	订购量	制造商利润	经销商利润	价格	生产量	供应链企业利润
组合策略	(c, z)	(c, z)	(c, z)	(c, ε)	(c, ε)	(c, z)	(c, ε)

5.4.4　本节小结

本节在补贴退坡的政策背景下，建立新能源汽车市场两级供应链的报童博弈模型，利用 5 种组合策略的形式，分析补贴率、研发水平敏感因子、库存因子、随机需求扰动项在不同组合策略下对供应链上企业最优决策的影响，以及对分散决策和集中决策两种情况下的供应链企业最优决策进行对比讨论，得到结论如下。

（1）若仅有补贴下降，新能源汽车市场会产生一定的消极影响。但是若在研发水平或者市场需求增加的协调下，造成的影响则可以被弥补，并引导新能源汽车市场回归市场化导向，研发水平对销售价格、订购量、企业利润具有明显的驱动作用。在协调策略的情况下，政府补贴退坡政策不会对市场产生较大影响，新能源汽车企业掌握关键技术，提升技术创新能力，才是增强企业核心竞争力的关键。

（2）需求增长的初期会造成销售价格、订购量、企业利润的大幅度波动，之后趋于稳定，表明随着消费者对新能源汽车需求的不断增加，会不断有新的企业进入新能源汽车市场，相互竞争，制约价格等变量的增长。从另一方面来说，新能源汽车市场中企业的竞争关系，是市场活力的来源，促进新能源汽车行业的不断发展。

（3）集中决策下得到供应链最优利润的组合策略与分散决策下得到经销商最优利润的组合策略一致，表明供应链利润偏向销售端，即市场需求是促进供应链利润增长和新能源汽车市场发展的关键动力。若要促进新能源汽车市场的进一步发展，供应链企业应加强销售端服务链的建设，鼓励企业增加服务环节的投入，更好地刺激消费者需求。

（4）分散决策下的销售价格并不具有优势，集中决策下销售价格较低且生产量更高，由此可知消费者接受度会相对较高。由结论（3）可知，市场的发展需要消费者需求的推动。短期来看集中决策下制造商利润有所降低，但是随着新能源汽车市场消费者接受度的提高，市场需求会不断扩大，新能源汽车市场供应链利润会快速增长，集中决策更有利于实现新能源汽车的推广发展目标。但由于集中决策是一个较为理想的决策方式，当实际情况还难以实现时，采用分散决策下收益共享契约是企业决策的一条有效路径。

综上所述，政府补贴退坡，不仅不会对市场造成影响，还可以更好地激发企业的竞争意识，加强核心技术的攻关，鼓励企业在市场中竞争、夯实基础、提高核心竞争力。另外，研发技术和市场需求的组合策略是两个关键因素的相互作用，缺一不可。为此，在改进研发水平的基础上提高消费者接受度，并将现有技术水平所能支撑的产业发展起来，进一步扩大消费者需求和市场接受度，才能有足够的动力去进行更高的技术研发和创新。两者结合才是推动新能源汽车市场快速发展的关键动力。

然而，本节的研究没有考虑新能源汽车的异质性，未来研究中可以考虑对新能源汽车市场进行细致的划分。例如，对纯电动汽车、插电式混合动力汽车、混合动力汽车三大类型的新能源汽车进行较为深入的研究，并加入新能源汽车的低碳性能以及消费者的低碳偏好等影响因素。

5.5　本章小结

本章考虑两类消费者所占比例，根据消费者支付意愿的差异性，将消费者类型划分为普通消费者和绿色消费者，分别构建两类消费者效用函数及两类产品需求函数，并建立新能源汽车供应链集中决策和分散决策模型，得到传统汽车和新能源汽车最优定价、需求和供应链利润函数。通过数值分析展示消费者绿色偏好和绿色消费者比例对两种决策下价格和供应链利润的影响。此外，本章还考虑了政府补贴的新能源汽车供应链优化决策。在有政府补贴情况下，分别分析了集中和分散决策下新能源汽车的最优销售价格、订购量、制造商和经销商利润等命题，并对结果进行比较，设计协调机制，最后通过数值分析更加直观地展示绿色度标准和补贴系数调整因子对新能源汽车供应链决策的影响。综上，本章分别考虑消费者绿色偏好和补贴的变化对新能源汽车供应链决策的影响。随后，针对两者的共同变化对新能源汽车供应链决策的影响进行了分析。最后，考虑了补贴退坡下需求随机的新能源汽车供应链的决策问题，并给出协调机制。所得结论可为新能源汽车制造商相关策略的制定提供参考。

新能源汽车供应链中多方面的技术提升是提高其需求量的核心。然而，功能技术水平、共享平台等新技术的注入会提高新能源汽车的制造成本，同时购置税减免也促进厂商的生产活动，这给新能源汽车供应链成员的决策带来不确定性。第 6 章将针对这些问题进行进一步研究。

第6章 考虑技术水平和低碳偏好的新能源汽车接受度与定价决策

政府购置税减免（将购置税减免通过价格折扣体现。因为新车购置税额＝购车价格（含税价）/1.17（增值税率 17%）×10%（2017 年新规为 7.5%），免购置税相当于价格折扣）和提高技术水平两个关键措施影响着新能源汽车市场接受度问题。此外，共享经济平台是一个由第三方创建、以信息网络技术为基础的多边市场平台，以获得一定报酬为主要目的，基于陌生人之间且将商品使用权暂时转移的一种经济模式，其本质是通过线上整合线下的闲置商品冗余的使用权以提高使用率并为供需双方创造价值。伴随着共享经济的热潮，越来越多的新能源汽车企业选择与共享经济平台合作打造全新的供应链，但也保持着传统供应链渠道，使得企业存在多渠道供应链并存的状况。所以，本章首先针对技术水平提高和税收减免两种政策变化对新能源汽车市场接受度的影响趋势进行研究，随后将从共享经济平台和平台主导模式等角度研究新能源汽车供应链决策问题。

6.1 考虑技术水平和消费者低碳偏好的新能源汽车市场接受度

随着我国汽车保有量的不断增加，能源消耗日益提高，我国能源紧缺问题则更加显著。新能源汽车是由电能、生物能源等多种不同的能源用来替代石油能源的消耗和碳排放，降低了传统汽车对环境的污染。由此，加快促进新能源汽车的推广和应用成为当前汽车行业发展的重点问题。在此背景下，我国在 2012 年 6 月出台了《节能与新能源汽车产业发展规划（2012—2020 年）》，以此作为解决环境和能源问题的有效途径之一，并确定新能源汽车为新能源汽车的发展路线战略[105]。由于新能源汽车造价较高且核心技术不够完善，并不能够为消费者广泛认知并接受，而市场需求将是新能源汽车发展和普及的主要驱动力量[13]，必须通过国家政策去引导消费者对新能源汽车的消费积极性，培育成熟的消费市场。在2017 年 12 月，财政部、国家税务总局、工业和信息化部、科技部四部委联合发布《关于免征新能源汽车车辆购置税的公告》，该公告规定，自 2018 年 1 月 1 日至 2020 年 12 月 31 日，对购置的新能源汽车免征车辆购置税。该公告的发出表明了近几年内国家在需求侧补贴对新能源汽车推广力度的加大。

近几年，我国分别从供给侧和需求侧两个方面出台了促进新能源汽车发展的相关政策[106, 107]。同时，学术界对此也展开了相关研究，并取得一些有意义的研究成果。从需求侧来看，由于消费者对于价格比较敏感，在新能源汽车新兴初期，为了尽快推进新能源汽车产业的商业化，各国政府都提供了多种补贴措施，进而促进拉动消费者购买热情[102, 103]。例如，Li 等对促进我国新能源汽车发展和接受度的各项政策进行研究，其中包括补贴和税收优惠政策[51]，结果发现消费者对税收优惠有较高的满意度，但其重要性不高；相反地，补贴对消费者有较高的重要性，而对其满意度较低；Nie 等建立政府补贴政策优化模型，结果表明直接提供政府补贴给消费者比减免税收更加有效[37]；Wang 构建基于计划行为理论的扩展模型和结构方程模型分析补贴和优惠政策消费者对新能源汽车购买意图影响[108]；Zhang 和 Wang 研究政府补贴在新能源汽车供应链中的作用[109]；Sánchez-Braza 等分析税收政策对西班牙新能源汽车市场的购买影响[110]；Lorentziadis 和 Vournas 认为在特定的时间给予消费者补贴，可以促进新能源汽车的更新换代[111]；Zhang 等研究北京市新能源汽车的消费者接受度，认为补贴和税收优惠等需求侧的政府激励政策，可以在新能源汽车市场发展初期起到一个持续性的激励作用[65]；Liu 等研究了北京客运能源消耗和二氧化碳排放情景分析[112]；Helveston 等研究了政府补贴对中美两国消费者对新能源汽车的采用问题[23]；Sarparandeh 和 Ehsan 利用博弈交互模型讨论微电网运营商和新能源汽车所有者的利益分配，最后研究结果显示政府补贴在其中起到了关键作用[24]。

根据以上研究发现，在新能源汽车市场发展初期，需求侧财政补贴对新能源汽车市场的引导和推广起到了重要的促进作用[113]。但在经济学中，需求和供给是相互辅助的，需求的更新也会伴随着供给的更新。在新能源汽车市场中，需求侧改革是在短期内刺激需求的增长，而供给侧的改革，则是需求持续增长的关键驱动力。新能源汽车市场的供给侧政策包括推进基础设施建设，如加设充电桩数量、建立维修站、换充电站等；提高新能源汽车整体性能，如续航能力、行驶里程，生产性价比等方面。目前一些学者对供给侧政策促进新能源汽车发展进行研究，并取得了一些研究成果。例如，Jones 等研究了考虑电池续航能力等因素的越南家庭对不同性能水平新能源汽车的接受度[53]；Langbroek 等研究认为当补贴减少时，供给侧的相关政策仍然可以维持消费者对新能源汽车的接受度[35]；Zhao 等 利用收益分析法对中国新能源汽车市场的竞争力进行分析，认为单纯的政府补贴并不会持续很久，关键是要降低新能源汽车生产成本，提高研发技术[94]；She 等基于对 476 个城市居民进行问卷调查，研究发现大部分消费者具有一定的环保意识，影响消费者对新能源汽车偏好的关键因素是电池的花费成本和持续时间[114]。在新能源汽车发展初期，需求侧政府财政补贴是市场需求的引导力量，而供给侧中的推进基础设施建设、提高研发效率是需求持续增长的驱动力量。在供给侧结构性改革中重要的一项是降成本，以新产品和产品新功能开拓新市场，才能保证企业充满活力和动力。厉以宁认为技术创新是新兴产品开拓市场的基础保证，也是供给侧结构性改革目标体系中不可忽视的一个方面[106]。王瑞和陈清泰认为新能源汽车在政策驱动下高速增长并与传统汽车竞争市场的过程中，不可忽略的仍是技术的进步[115]。

根据上述文献梳理得出，政府补贴和技术水平的提高对促进新能源汽车接受度水平提高具有较为重要的作用。其中政府购置税减免和提高技术水平两个关键政策影响着新能源汽车市场接受度问题。另外，与传统汽车相比较而言，新能源汽车具有明显的低碳和环保性能。消费者对新能源汽车的低碳环保意识和性能要求等偏好是有差异的，存在消费者异质性。基于此，本节构建一个考虑消费者异质性的消费者效用函数模型，并分析技术水平提高和价格折扣等两种政策变化对新能源汽车与传统汽车竞争市场的影响。

6.1.1　问题描述

假设在汽车市场上有两家车企，分别生产同一种车型的新能源汽车和传统汽车，每个消费者最多购买一种类型的汽车。在购置税减免和技术水平提高政策下分析新能源汽车和传统汽车的竞争关系，以及两种政策对新能源汽车市场接受度的引导效果，其中传统汽车政策保持不变。在需求侧购置税减免政策下，政府通过对消费者购买新能源汽车给予免购置税以减少购买成本，其购置税减免通过价格折扣体现，进而刺激消费者需求。假设购置税减免政策下销售价格为 p_e^d， α 为价格折扣比例，则价格折扣为 αp_e^d。在技术水平提高政策下，消费者对新能源汽车技术水平有一定的要求。假设消费者对新能源汽车技术的敏感系数为 β，新能源汽车技术水平为 r。其中，新能源汽车具有低碳环保属性，这里考虑消费者对新能源汽车和传统汽车的消费异质性，即消费者具有一定的低碳环保意识，其低碳环保偏好程度为 δ，表示新能源汽车的绿色效益；假设每个消费者都对新能源汽车有购买意愿，并在传统汽车和新能源汽车之间进行选择，θ 表示消费者对新能源汽车的购买意愿程度，有 $0 \leqslant \theta \leqslant 1$，服从均匀分布。传统汽车的生产成本为 c，对于同一车型，生产新能源汽车成本高于传统汽车；新能源汽车的生产成本为 $kc(k>1)$ [90]。具体参数如表 6.1 所示。

表 6.1　参数描述

参数	参数含义
p_e	新能源汽车销售价格
p_g	传统汽车销售价格
q_e	新能源汽车市场需求
q_g	传统汽车市场需求
δ	消费者的低碳偏好意识，即新能源汽车的绿色效用
c	传统汽车生产成本为 c，新能源汽车生产成本 kc
k	新能源汽车对传统汽车的成本系数 $(k>1)$
α	政府对新能源汽车销售价格的补贴比例
r	新能源汽车技术水平
β	消费者对新能源汽车技术的敏感系数
π_e，π_g	新能源汽车和传统汽车的利润
U_e	购买新能源汽车的消费者的效用函数
U_g	购买传统汽车的消费者的效用函数
上标 d	需求侧购置税减免政策下决策变量
上标 s	供给侧提高技术水平政策下决策变量

6.1.2　模型建立

1. 需求侧购置税减免下模型建立与求解

借鉴文献[116]和[117]构建消费者效用函数。其中消费者效用函数表示所购买产品的综合价值和销售价格之差，消费者效用越大，表示消费者满意度越高。设消费者效用为 $U,U>0$，则消费者购买新能源汽车和传统汽车的效用函数与 θ 之间的函数关系分别为

$$U_e = (1+\delta)\theta - p_e^d + \alpha p_e^d \tag{6.1}$$

$$U_g = \theta - p_g^d \qquad (6.2)$$

设 θ_e^d 表示购买新能源汽车与传统汽车无差异时的偏好参数，θ_g^d 表示购买传统汽车与不购买汽车无差异时的偏好参数。无差异偏好表示消费者对两种方案的选择持有同样的购买意愿和偏好。当新能源汽车和传统汽车的无差异偏好越来越小时，表示消费者对新能源汽车的接受程度越接近传统汽车。根据式（6.1）和式（6.2），可求解得出 $\theta_e^d = \dfrac{(1-\alpha)p_e^d - p_g^d}{\delta}, \theta_g^d = p_g^d$，则消费者的效用函数 U 与消费者对新能源汽车的偏好程度 θ 的关系如图 6.1 所示。

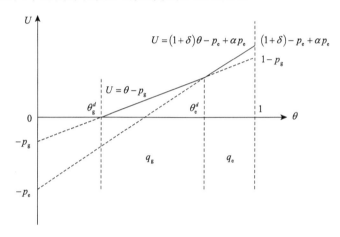

图 6.1 购置税减免政策下新能源汽车与传统汽车的消费者效用函数示意图

由图 6.1 知，消费者总人数为 1，消费者都具有新能源汽车的购买意愿，只是购买意愿的程度不同。由此，可得消费者对传统汽车和新能源汽车的需求函数分别为 $q_e^d = 1 - \theta_e^d, q_g^d = \theta_e^d - \theta_g^d$，求解得出

$$q_e^d = \frac{\delta - (1-\alpha)p_e^d - p_g^d}{\delta} \qquad (6.3)$$

$$q_g^d = \frac{(1-\alpha)p_e^d - (1+\delta)p_g^d}{\delta} \qquad (6.4)$$

已知市场需求 q_e^d, q_g^d，可得新能源汽车和传统汽车企业利润为

$$\pi_e^d = \left(p_e^d - kc\right)\left(\frac{\delta - (1-\alpha)p_e^d - p_g^d}{\delta}\right) - \frac{1}{2}\lambda r^2 \qquad (6.5)$$

$$\pi_g^d = \left(p_g^d - c\right)\left(\frac{(1-\alpha)p_e^d - (1+\delta)p_g^d}{\delta}\right) \qquad (6.6)$$

其中，$\frac{1}{2}\lambda r^2$ 为生产新能源汽车边际成本[71]。

根据式（6.5）和式（6.6），分别对价格 p_e^d、p_g^d 求一阶偏导，并令其为 0，可以得到新能源汽车和传统汽车的最优价格为

$$p_e^{*d} = -\frac{(1+\delta)(c+2ck-2ck\alpha+2\delta)}{(-1+\alpha)(3+4\delta)} \tag{6.7}$$

$$p_g^{*d} = -\frac{-2c-ck+ck\alpha-\delta-2c\delta}{3+4\delta} \tag{6.8}$$

将式（6.7）和式（6.8）分别代入式（6.3）和式（6.4）可分别得到最优的市场需求，如下：

$$q_e^{*d} = \frac{2\delta(1+\delta)+c\left[1+\delta+k(-1+\alpha)(1+2\delta)\right]}{\delta(3+4\delta)} \tag{6.9}$$

$$q_g^{*d} = -\frac{(1+\delta)\left\{-\delta+c\left[1+k(-1+\alpha)+2\delta\right]\right\}}{\delta(3+4\delta)} \tag{6.10}$$

其中，两种汽车的市场需求需要满足 $q_e^d \geqslant 0$，$q_g^d \geqslant 0$，有

$$\begin{aligned}
&\alpha_{\min} < \alpha < \alpha_{\max} \\
&\alpha_{\min} = \frac{-c+ck-2\delta-c\delta+2ck\delta-2\delta^2}{ck(1+2\delta)} \\
&\alpha_{\max} = \frac{c(-1+k-2\delta)+\delta}{ck}
\end{aligned} \tag{6.11}$$

令 $\dfrac{\partial q_e^{*d}}{\partial \delta} = 0$，可知得到最优需求的价格折扣为

$$\alpha_1 = \frac{-2\delta^2+c\left[-3-8\delta-4\delta^2+k\left(3+8\delta+8\delta^2\right)\right]}{ck\left(3+8\delta+8\delta^2\right)} \tag{6.12}$$

其中，令 α_1 对 c 求导可知，其一阶偏导的值大于 0，所以价格折扣与成本成正比。若 $\alpha_1 = \alpha_{\max}$，即 $\alpha_1 - \alpha_{\max} = 0$，可得 $c = \dfrac{1}{2}$。

命题 6.1：①当 $c > \dfrac{1}{2}$，有 $\alpha_1 - \alpha_{\max} > 0$，此时价格折扣最高为 $\alpha_{\max}$。新能源汽车的市场需求随消费者低碳环保意识的增强而增加；②当 $0 < c \leqslant \dfrac{1}{2}$，若 α 在区间 $[\alpha_{\min}, \alpha_1]$ 内，新能源汽车的市场需求随消费者低碳环保意识的增加而增加；若 α 在区间 $[\alpha_1, \alpha_{\max}]$ 内，新能源汽车的市场需求随消费者低碳环保意识的增加而减少。

证明：令新能源汽车市场需求对低碳环保意识求一阶偏导。当 $\dfrac{\partial q_{\mathrm{e}}^{d}}{\partial \delta} > 0$ 时，有 $\alpha < \alpha_1$；当 $\dfrac{\partial q_{\mathrm{e}}^{d}}{\partial \delta} < 0$ 时，有 $\alpha > \alpha_1$。则命题 6.1 得证。

由命题 6.1①可知，当新能源汽车和传统汽车生产同一车型时，如果新能源汽车生产成本较高，但是消费者具有一定的低碳环保意识时，也会对新能源汽车产生一定的购买行为。另外，根据命题 6.1②，当成本较低时，若当价格折扣超过一个范围时，并不是折扣越大越好。政府需要考虑消费者对不同生产成本的新能源汽车的偏好程度和购买价格承受能力。由命题 6.1①和命题 6.1②的对比可知，低碳环保意识对需求的引导效果与成本投入量有关，并且对成本较高的新能源汽车而言，低碳环保意识所产生的引导效果则更加明显。

命题 6.2：在需求侧购置税减免政策下，若要促进新能源汽车更快推广，消费者的低碳环保意识需要满足 $\delta > \dfrac{-2c + 2ck - 4c\alpha + ck\alpha - 2c\alpha^2 - 3ck\alpha^2}{1+\alpha}$，此时新能源汽车的市场需求会高于传统汽车。

证明：将式（6.7）和式（6.8）代入 θ_{e}^{d} 和 θ_{g}^{d} 得到

$$\theta_{\mathrm{e}}^{d} = \frac{\delta(1+2\delta) - c\big[1 + \delta + k(-1+\alpha)(1+2\delta)\big]}{\delta(3+4\delta)} \tag{6.13}$$

$$\theta_{\mathrm{g}}^{d} = \frac{2c + ck - ck\alpha + \delta + 2c\delta}{3+4\delta} \tag{6.14}$$

令 $q_{\mathrm{e}}^{d} - q_{\mathrm{g}}^{d} > 0$，即利用式（6.9）和式（6.10），可得 δ 值，即命题 6.2 得证。

由命题 6.2 可知，新能源汽车作为一个新兴产品，在市场成熟情况远不及传统汽车时，消费者对环境的低碳环保意识是促进新能源汽车市场发展的重要因素。需要政府和企业的配合，采取对环境保护等问题进行宣传等措施，提高消费者低碳环保意识，从而加强新能源汽车对传统汽车市场的竞争力。

推论 6.1：在需求侧购置税减免政策下，有 $k > 1$，所以政府给予新能源汽车的价格折扣与消费者的低碳环保意识有一个函数关系，即 $\alpha > \alpha_2 = \dfrac{\delta}{1+2\delta}$。

（1）当 $k > \dfrac{1+\delta}{(1-\alpha)(1+2\delta)}$ 时，消费者对新能源汽车和传统汽车的无差异偏好与新能源汽车的生产成本成反比；

（2）当 $1 < k < \dfrac{1+\delta}{(1-\alpha)(1+2\delta)}$ 时，消费者对新能源汽车和传统汽车的无差异偏好与新能源汽车的生产成本成正比。

证明：根据式（6.13），令 $\frac{\partial \theta_e^d}{\partial c} < 0$，可得推论 6.1（1）。推论 6.1（2）同理可证。因为 $k > 1$，所以可知当上述推论存在时，有 $\alpha > \alpha_2$。

通过推论 6.1 发现，在购置税减免政策下，当价格折扣高于一定比例时，即使新能源汽车和传统汽车的差距较大，消费者对新能源汽车和传统汽车的无差异偏好也会随成本的提高而降低。这表明购置税减免可以降低由于成本提高而可能导致的消极影响。由此可以得到的管理启示为，在购置税减免政策下，企业可以加大研发成本的投入，更快地提高技术水平，而不用担心成本提高带来的消费者需求的流失。在提高新能源汽车本身技术后，在与传统汽车竞争过程中会更加有优势。

推论 6.2：在需求补贴政策下，新能源汽车的价格会一直高于传统汽车，并且新能源汽车价格会随着价格折扣的增加而提高。

证明：根据式（6.7）和式（6.8），将新能源汽车和传统汽车价格高低进行对比，有

$$p_e^d - p_g^d = \frac{(1+\delta)(1-\alpha)\left[c(-1+k-k\alpha-2\delta)+\delta\right]^2 - \left\{2\delta(1+\delta)+c\left[1+\delta+k(-1+\alpha)(1+2\delta)\right]\right\}^2}{-\delta(1-\alpha)(3+4\delta)^2}$$

其中，$c\left[-1+k(1-\alpha)-2\delta\right] < c\left[1+\delta+k(-1+\alpha)(1+2\delta)\right]$，所以可得 $\delta < 2\delta(1+\delta)$

$p_e^d - p_g^d > 0$。再对新能源汽车价格求一阶偏导，可得 $\frac{\partial p_e^d}{\partial \alpha} = \frac{(1+\delta)(c+2\delta)}{(-1+\alpha)^2(3+4\delta)}$，

所以 $\frac{\partial p_e^d}{\partial \alpha} > 0$。推论 6.2 得证。

由推论 6.2 可知，在需求补贴政策下，新能源汽车的销售价格是高于传统汽车的，但是并不完善的新能源汽车续航里程等问题，使新能源汽车市场没有较强的竞争力，而较高的市场价格也与其本身的生产成本分不开。并且在政府购置税减免的支持下，新能源汽车的价格反而会相应提高。若想要促进新能源汽车推广，目前的主要目标应是在保持甚至提高技术水平的基础上降低新能源汽车生产成本，才更有助于新能源汽车市场的推广与成熟。

推论 6.3：在需求购置税减免政策下，消费者对新能源汽车与传统汽车的无差异偏好与新能源汽车成本的关系，有如下两种。

（1）当满足 $\frac{\delta}{1+2\delta} < \alpha \leqslant 1$ 且 $k > \frac{1+\delta}{(1-\alpha)(1+2\delta)}$，或者满足 $0 \leqslant \alpha < \frac{\delta}{1+2\delta}$ 时，消费者对新能源汽车与传统汽车的无差异偏好和新能源汽车生产成本成正比；

（2）当满足 $\frac{\delta}{1+2\delta} < \alpha \leqslant 1$ 且 $1 < k < \frac{1+\delta}{(1-\alpha)(1+2\delta)}$ 时，消费者对新能源汽车与传统汽车的无差异偏好和新能源汽车生产成本成反比。

证明：令式（6.13）对成本 c 求一阶偏导，得 $\frac{\partial\theta_e^s}{\partial c} = \frac{-1-\delta-k(-1+\alpha)(1+2\delta)}{\delta(3+4\delta)}$，若 $\frac{\partial\theta_e^s}{\partial c} > 0$，并满足 $k > 1$，则推论 6.3（1）得证；若 $\frac{\partial\theta_e^s}{\partial c} < 0$，并满足 $k > 1$，则推论 6.3（2）得证；再对 $\frac{\delta}{1+2\delta}$ 求 δ 的一阶偏导，其导数有 $\frac{1}{(1+2\delta)^2} > 0$。

通过推论 6.3 发现，当新能源汽车生产成本超过一定界限时，即使具有较高的价格折扣，消费者对新能源汽车的偏好仍然会与传统汽车存在较大的差异。目前降低新能源汽车的生产成本是拉近与传统汽车差距的关键问题。

2. 供给侧技术水平提高下的模型建立

本节模型在构建消费者效用函数、参数含义和基本假设方面与上一节需求侧模型都是相同的，差别为在不同政策改革下，供给侧下的技术水平有所提高。将消费者对新能源汽车技术水平的要求程度用新能源汽车技术水平的敏感系数来表示。因此，消费者购买新能源汽车和传统汽车的效用函数与 θ 之间的函数关系分别为

$$U_e = (1+\delta)\theta - p_e^s + \beta r \qquad (6.15)$$

$$U_g = \theta - p_g^s \qquad (6.16)$$

与需求侧构建消费者效用函数相同的假设，设 θ_e^s 表示购买新能源汽车与传统汽车无差异时的偏好参数，θ_g^s 表示购买传统汽车与不购买汽车无差异时的偏好参数。根据式（6.1）和式（6.2），可求解得出 $\theta_e^s = \frac{p_e^s - p_g^s - \beta r}{\delta}$，$\theta_g^s = p_g^s$。则消费者的效用函数 U 与消费者对新能源汽车的偏好程度 θ 的关系如图 6.2 所示。

由图 6.2 知，消费者总人数为 1，消费者都具有新能源汽车的购买意愿，只是购买意愿的程度不同。由此，可得消费者对传统汽车和新能源汽车的需求函数分别为 $q_e^s = 1 - \theta_e^s$，$q_g^s = \theta_e^s - \theta_g^s$，求解得出

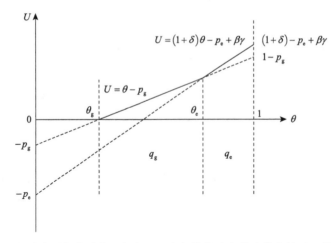

图 6.2　技术水平提高政策下新能源汽车与传统汽车的消费者效用函数示意图

$$q_e^s = \frac{\delta - p_e^s + p_g^s + \beta r}{\delta} \tag{6.17}$$

$$q_g^s = \frac{p_e^s - (1+\delta) p_g^s - \beta r}{\delta} \tag{6.18}$$

已知市场需求 q_e^s、q_g^s，可得新能源汽车和传统汽车企业利润为

$$\pi_e^s = \left(p_e^s - kc\right)\left(\frac{\delta - p_e^s + p_g^s + \beta r}{\delta}\right) - \frac{1}{2}\lambda r^2 \tag{6.19}$$

$$\pi_g^s = \left(p_g^s - c\right)\left(\frac{p_e^s - (1+\delta) p_g^s + \beta r}{\delta}\right) \tag{6.20}$$

根据式（6.19）和式（6.20），分别对价格 p_e^s、p_g^s 求一阶偏导并令其为 0，可以得到新能源汽车和传统汽车的最优价格为

$$p_e^{*s} = \frac{c + 2ck + r\beta + 2\delta + c\delta + 2ck\delta + 2r\beta\delta + 2\delta^2}{3 + 4\delta} \tag{6.21}$$

$$p_g^{*s} = -ck - r\beta - \delta + \frac{2\left(c + 2ck + r\beta + 2\delta + c\delta + 2ck\delta + 2r\beta\delta + 2\delta^2\right)}{3 + 4\delta} \tag{6.22}$$

将式（6.21）和式（6.22）分别代入式（6.17）和式（6.18）可分别得到最优的市场需求，如下：

$$q_e^{*s} = \frac{2\delta(1+\delta) + r(\beta + 2\beta\delta) + c\left[1 + \delta - k(1+2\delta)\right]}{\delta(3 + 4\delta)} \tag{6.23}$$

$$q_g^{*s} = \frac{(1+\delta)\left[-r\beta + c(-1 + k - 2\delta) + \delta\right]}{\delta(3 + 4\delta)} \tag{6.24}$$

其中，两种汽车的市场需求需要满足 $q_e^s \geq 0, q_g^s \geq 0$ ，有

$$\beta_{\min} < \beta < \beta_{\max}$$

$$\beta_{\min} = \frac{-2\delta(1+\delta) + c(-1+k-\delta+2k\delta)}{r(1+2\delta)} \qquad (6.25)$$

$$\beta_{\max} = \frac{c(-1+k) + \delta(1-2c)}{r}$$

令 $\dfrac{\partial q_e^s}{\partial \delta} = 0$ ，可知

$$\beta_1 = \frac{-2\delta^2 + c\left[-3 - 8\delta - 4\delta^2 + k(3 + 8\delta + 8\delta^2)\right]}{r(3 + 8\delta + 8\delta^2)} \qquad (6.26)$$

若 $\beta_1 = \beta_{\max}$ ，即 $\beta_1 - \beta_{\max} = 0$ ，可得 $c = \dfrac{1}{2}$ 。

命题 6.3：

（1）当 $c > \dfrac{1}{2}$ ，有 $\beta_1 - \beta_{\max} > 0$ ，新能源汽车的市场需求随消费者对研发技术敏感系数的增加而增加；

（2）当 $0 < c \leq \dfrac{1}{2}$ ，若 β 在区间 $[\beta_{\min}, \beta_1]$ 内，新能源汽车的市场需求随消费者对研发技术敏感系数的增加而增加；若 β 在区间 $[\beta_1, \beta_{\max}]$ 内，新能源汽车的市场需求随消费者对研发技术敏感系数的增加而减少。

证明：对新能源汽车的市场需求对低碳环保意识求一阶偏导，令 $\dfrac{\partial q_e^s}{\partial \delta} = 0$ ，当 $\dfrac{\partial q_e^s}{\partial \delta} > 0$ 时，有 $\beta < \beta_1$ ；当 $\dfrac{\partial q_e^s}{\partial \delta} < 0$ 时，有 $\beta > \beta_1$ 。则命题 6.3 得证。

由命题 6.3（1）可知，若新能源汽车和传统汽车为同一车型，当传统汽车的生产成本较高时，消费者会随着新能源汽车技术水平的提高，而更偏向购买新能源汽车，增加市场需求。另外，根据命题 6.3（2），当传统汽车成本在一个较低的区间范围时，当消费者对新能源汽车的技术敏感系数较高而超过一个界限，而此时新能源汽车技术水平不能满足该阶段消费者的技术要求，会使消费者降低购买新能源汽车的行为转而购买传统汽车。所以根据命题 6.3 可知，若集中资源增加成本投入新能源汽车的研发和性能提升上，会更加有效地吸引具有技术要求的消费者人群，从而满足更加多元化的消费者需求，扩大销售对象的类型和范围。

另外根据该命题，也可得到销售方面的管理启示。在以往的研究中，在对消费者接受度方面主要考虑消费者的收入、年龄、学历等特征，较少考虑消费者对

技术水平的要求程度[11]。由该命题可知，在确定不同生产成本的新能源汽车的销售对象时，消费者对新能源汽车技术的敏感程度也是一个关键要素，从而更加精准地针对合适的销售人群进行销售，提高销售率。进一步扩大新能源汽车的国民熟悉度，从而提高市场需求。

命题 6.4：在对新能源汽车技术水平不断提高的供给侧政策下，当新能源汽车和传统汽车的市场需求具有竞争关系时。若要促进新能源汽车的进一步推广，研发技术敏感系数需要满足 $\beta < \beta_2 = \dfrac{-2c + 2ck - \delta - 4c\delta + 3ck\delta - \delta^2 - 2c\delta^2}{r(2 + 3\delta)}$。此时新能源汽车的市场需求会高于传统汽车，新能源汽车会更加具有市场竞争力。

证明：将式（6.21）和式（6.22）代入 θ_e^s 和 θ_g^s 得到

$$\theta_e^s = \frac{-(r\beta - \delta)(1 + 2\delta) + c(-1 + k - \delta + 2k\delta)}{\delta(3 + 4\delta)} \quad (6.27)$$

$$\theta_g^s = -ck - r\beta - \delta - \frac{2(-c - 2ck - r\beta - 2\delta - c\delta - 2ck\delta - 2r\beta\delta - 2\delta^2)}{3 + 4\delta} \quad (6.28)$$

$q_e^s - q_g^s > 0$，通过式（6.23）和式（6.24），可得 β_2 值，即命题 6.4 得证。

由命题 6.4 可知，当消费者技术敏感系数超过一定范围时，新能源汽车的市场需求会低于传统汽车，消费者的购买意愿会偏向传统汽车，导致新能源汽车的销售人群辐射范围较小。若要提高新能源汽车对传统汽车的竞争力，仍要督促新能源汽车核心企业提高研发能力，才能保证新能源汽车与成熟的传统汽车市场竞争时保持持久的核心竞争力。

推论 6.4：在新能源汽车技术水平提高的供给侧政策下，消费者对新能源汽车与传统汽车的无差异偏好与新能源汽车的生产成本始终成正比。

证明：根据式（6.27），令 $\dfrac{\partial \theta_e^s}{\partial c} > 0$，有 $k > \dfrac{1 + \delta}{1 + 2\delta}$。且已知 $k > 1$，则总是满足 $\dfrac{\partial \theta_e^s}{\partial c} > 0$。推论 6.4 得证。

通过推论 6.4 发现，若政府对新能源汽车供给侧加大扶持力度时，企业生产同一车型的新能源汽车和传统汽车，其生产成本越高，消费者对新能源汽车的接受度与传统汽车相比则差距越大。可知，若要降低消费者对新能源汽车与传统汽车的偏好差异，需要不断地降低成本。并且消费者具有较高的低碳环保意识时，会增加消费者的购买行为。由推论 6.4 可知，若要提高新能源汽车市场的竞争力，扩大需求，需要增强消费者低碳环保意识，并提高核心技术以降低生产成本。

并且对比推论 6.3、推论 6.4 可以发现，在不同的政策下，消费者对新能源汽车成本的态度并不相同。由此可知，若部分推广新能源汽车的地区更加注重新能源汽车性能的提高而不是当前短期的销售量，则可以加大供给侧技术提高水平政策的力度，降低生产成本，为当地新能源汽车持续发展提供长久的持续性动力。

推论 6.5：在新能源汽车技术水平提高的供给侧政策下，新能源汽车的销售价格会随着技术敏感系数的提高而增加。

证明：根据式（6.21）和式（6.22），将新能源汽车和传统汽车价格高低进行对比，有 $p_e^s - p_g^s = \dfrac{2r\beta(1+\delta) + \delta(1+2\delta) + c(-1-k-\delta+2k\delta)}{3+4\delta}$，其中，$1<k$，$\delta < 2k\delta$，所以可得 $p_e - p_g > 0$。

将新能源汽车价格对技术敏感系数求一阶偏导，得到 $\dfrac{\partial p_e^s}{\partial \beta} = \dfrac{r(1+2\delta)}{3+4\delta}$，有 $\dfrac{\partial p_e^s}{\partial \beta} > 0$。推论 6.5 得证。

由推论 6.5 可知，在供给侧技术水平提高的政策下，新能源汽车的销售价格是高于传统汽车的，并且新能源汽车销售价格会随着技术敏感系数的增加而增加。由此表明，当消费者对新能源汽车技术水平要求较高时，对新能源汽车市场的发展会起到一定的驱动作用。但是如何支撑起较高的销售价格还必须从提高新能源汽车本身性能出发，新能源汽车能够满足多数消费者所要求的技术水平是新能源汽车市场真正成熟的重要问题。

6.1.3　需求侧购置税减免和供给侧技术水平提高两种政策对比

1. 两种政策对新能源汽车接受度的需求引导效果

根据 6.1.1 节和 6.1.2 节，进一步从两个方面的政府政策对新能源汽车需求引导效果进行对比。

命题 6.5：若需求侧价格折扣和供给侧技术水平提高的政策对市场需求的引导效果相等，有 $\alpha = \dfrac{r}{ck}\beta$。同理可证，当 $\alpha > \dfrac{r}{ck}\beta$ 时，需求侧购置税减免对需求的引导效果高于供给侧技术的提高；当 $\alpha < \dfrac{r}{ck}\beta$ 时，供给侧技术的提高对需求的引导效果高于需求侧价格折扣。

证明：令 $q_e^d - q_e^s = \dfrac{(ck\alpha - r\beta)(1+2\delta)}{\delta(3+4\delta)}$

令 $q_e^d - q_e^s = 0$ ，有 $\alpha = \dfrac{r}{ck}\beta$ 。则命题 6.5 得证。

推论 6.6：由命题 6.6 的均衡解可知，当达到均衡状态时，无论是降低成本还是提高技术水平，都会使供给侧的引导效果高于需求侧。相反地，如果生产成本和研发技术都得不到改善，那么两个政策对新能源汽车的接受度引导效果是相同的。

证明：由命题 6.6 可知，当 $\alpha = \dfrac{r}{ck}\beta$ 时，无论是提高 r 还是降低 ck 的值，都会使等式右侧的值更高。

根据命题 6.5 和推论 6.6 可知，在两个政策未达到均衡解时，可根据当地新能源汽车研发技术和成本的比例值来判断重点实施哪一项政策。但是当两侧政策都达到均衡状态时，当地政府应着重供给侧技术的改进。供给侧技术的改进则在于核心技术研发，但目前我国新能源汽车企业的大多数资源主要集中在产能和销量的扩张上。虽然其产量和规模是超过多数发达国家的，但实际上在核心技术方面仍然有很大的差距。只有具备足够的技术核心竞争力，将投入产能扩张的资金和资源，分出一部分到关键技术的研发上，才有可能促进新能源汽车市场的健康可持续发展。

2. 考虑消费者低碳环保意识时，两种政策对新能源汽车接受度的需求引导效果

命题 6.6：若消费者低碳环保意识在需求侧购置税减免和供给侧技术水平提高两个政府政策中，对新能源汽车产生的需求引导效果相同，则有 $\alpha = \dfrac{r}{ck}\beta$ 。若消费者低碳意识在需求侧价格折扣中对需求的引导效果较大，则有 $\alpha < \dfrac{r}{ck}\beta$ ；反之，若消费者低碳意识在供给侧提高技术水平的政策中对需求的引导效果较大，则有 $\alpha > \dfrac{r}{ck}\beta$ 。

证明：分别令两个政策下的需求对消费者低碳环保意识求一阶偏导，可分别得到新能源汽车需求在低碳环保意识影响下的增长效率：

$$\frac{\partial q_e^d}{\partial \delta_e^d} = \frac{-2\delta^2 - c\left[3 + 8\delta + 4\delta^2 + k(-1+\alpha)\left(3 + 8\delta + 8\delta^2\right)\right]}{\delta^2 \left(3 + 4\delta\right)^2} \tag{6.29}$$

$$\frac{\partial q_e^s}{\partial \delta_e^s} = \frac{-2\delta^2 - r\beta\left(3 + 8\delta + 8\delta^2\right) + c\left[-3 - 8\delta - 4\delta^2 + k\left(3 + 8\delta + 8\delta^2\right)\right]}{\delta^2 \left(3 + 4\delta\right)^2} \tag{6.30}$$

再令 $\dfrac{\partial q_e^d}{\partial \delta_e^d} - \dfrac{\partial q_e^s}{\partial \delta_e^s}$ ，相减后，其值为 $\dfrac{(-ck\alpha + r\beta)(3 + 8\delta + 8\delta^2)}{\delta^2(3 + 4\delta)^2}$ 。

令 $q_e^d - q_e^s = 0$ ，有 $\alpha = \dfrac{r}{ck}\beta$ 。

若 $\dfrac{\partial q_e^d}{\partial \delta_e^d} - \dfrac{\partial q_e^s}{\partial \delta_e^s} > 0$ ，有 $\alpha < \dfrac{r}{ck}\beta$ ；若 $\dfrac{\partial q_e^d}{\partial \delta_e^d} - \dfrac{\partial q_e^s}{\partial \delta_e^s} < 0$ ，有 $\alpha > \dfrac{r}{ck}\beta$ 。

则命题 6.6 得证。

对比命题 6.5 和命题 6.6，可以发现当加入消费者低碳环保意识进行分析时，两个命题的结论并不相同。由此表明当消费者具有一定的低碳环保意识时，并不需要政府提供较强的政府财政补贴，但是仍然具有较高的需求引导效果。同理可知，在技术水平提高的政府政策下，当消费者具有低碳环保意识时，对新能源汽车的技术水平会有一定的容忍度，并且对目前并不是很成熟的新能源汽车技术具有较高的支付意愿。因此，政府和企业应采取相应的措施提高消费者保护环境的意识。

3. 两种政策下传统汽车和新能源汽车的需求竞争强度

命题 6.7：结合命题 6.4，并当 $\alpha > \alpha_3 = \dfrac{-\delta(1+\delta) + c\left[-2(1+\delta)^2 + k(2+3\delta)\right]}{ck(2+3\delta)}$

时，消费者对新能源汽车的需求高于传统汽车。在此前提条件下，若低碳环保意识在需求侧价格折扣政策中使新能源汽车与传统汽车竞争时更加有效，有

$\alpha > \dfrac{r(-2c + 2ck - \delta - 4c\delta + 3ck\delta - \delta^2 - 2c\delta^2)}{rck(2+3\delta)}$ ；若低碳环保意识在供给侧技术提高

政策中使新能源汽车与传统汽车竞争时更加有效，有

$\beta > \dfrac{-\delta(1+\delta) + c\left[-2(1+\delta)^2 + k(2+3\delta)\right]}{r(2+3\delta)}$ 。

证明：在需求侧购置税减免政策下，假设新能源汽车销量高于传统汽车，即

$q_e^d - q_g^d > 0$ ，有 $\alpha > \alpha_3 = \dfrac{-\delta(1+\delta) + c\left[-2(1+\delta)^2 + k(2+3\delta)\right]}{ck(2+3\delta)}$ ；再分别将同一政

策下的两种汽车销量差（ $q_e^d - q_g^d$ ， $q_e^s - q_g^s$ ）对低碳环保意识 δ 求一阶偏导。可得

$\dfrac{\partial(q_e^d - q_g^d)}{\partial\delta} = -\dfrac{\delta^2 + 2c\left[3 + 8\delta + 5\delta^2 + k(-1+\alpha)(3 + 8\delta + 6\delta^2)\right]}{\delta^2(3+4\delta)^2}$ ，$\quad\dfrac{\partial(q_e^s - q_g^s)}{\partial\delta} =$

$$-\frac{\delta^2 + 2(r\beta - ck)(3 + 8\delta + 6\delta^2) - 2c(-3 - 8\delta - 5\delta^2)}{\delta^2(3 + 4\delta)^2},$$

再将以上两个公式相减，得 $\dfrac{\partial(q_e^d - q_g^d)}{\partial\delta} - \dfrac{\partial(q_e^s - q_g^s)}{\partial\delta} = \dfrac{(ck\alpha - r\beta)(2 + 3\delta)}{\delta(3 + 4\delta)}$，

若令该式为 0，有 $y = ck\alpha - r\beta = 0$。若令 $y > 0$，则低碳环保意识在需求侧购置税减免下新能源汽车与传统汽车竞争时的促进效率更高。反之，在供给侧技术提高方面的引导效果更高。根据 $\alpha > \alpha_4$ 和命题 6.4 中的取值范围可得：当 $y > 0$

时，有 $\alpha > \dfrac{r(-2c + 2ck - \delta - 4c\delta + 3ck\delta - \delta^2 - 2c\delta^2)}{rck(2 + 3\delta)}$；当 $y < 0$ 时，有

$\beta > \dfrac{-\delta(1 + \delta) + c[-2(1 + \delta)^2 + k(2 + 3\delta)]}{r(2 + 3\delta)}$，即命题 6.7 得证。

由命题 6.7 可知，在两种政策下，低碳环保意识对新能源汽车与传统汽车进行竞争时的作用存在差异，但是在两种政策下消费者的低碳环保意识均对新能源汽车的需求具有重要的引导作用。低碳环保意识对新能源汽车接受度促进作用的大小也与税收减免和新能源汽车技术水平提高的力度有关。并且与命题 6.6 的结论相似，即低碳环保意识是新能源汽车推广与发展的关键因素。

由此可以得到相应的启示，即根据不同地区的消费者环保意识程度，判断当地政府应该着重实施的政策是需求侧价格折扣还是供给侧技术水平提高，以便更有效地引导各个地区消费者对新能源汽车的接受度。政府和企业应该合理地利用并有效地提高消费者的低碳环保意识，使其成为新能源汽车发展过程中有力的推动力量。

6.1.4　数值分析

因为以上命题和推论的结果表达式较为复杂，难以直观看出具体的变化趋势以及重点，所以本节通过具体算例突出重点。根据以上假设、命题以及推论所得的参数范围，将各参数的定值分别设置为 $c = 0.37, k = 1.16, \delta = 0.055$[90]。本节分为三个部分进行数值分析，分别是价格折扣和技术水平提高政策下考虑消费者低碳环保意识对新能源汽车和传统汽车相关趋势，以及在不同政策下新能源汽车的价格、需求和消费者偏好的对比。其中在算例分析时价格折扣和技术敏感系数均为最优值［如式（6.12）、式（6.26）所示］。

1. 购置税减免政策下新能源汽车和传统汽车的相关对比

在购置税减免政策下，分别对比新能源汽车和传统汽车的价格、销量和市场需求。新能源汽车较高的生产成本是新能源汽车推广较大的阻碍，而新能源汽车本身所具有的环保性能是我国政府大力扶持和推广的主要动机之一，由此本节首先分析在购置税减免政策下，新能源汽车的市场需求与本身生产成本和消费者低碳环保意识之间的关系。购置税减免政策下新能源汽车和传统汽车的变量对比见图 6.3。

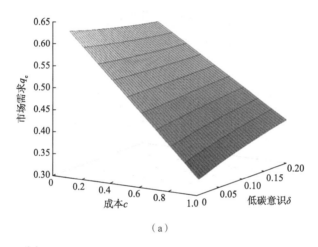

（a）

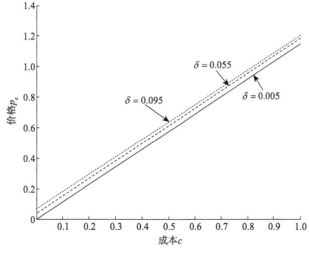

（b）

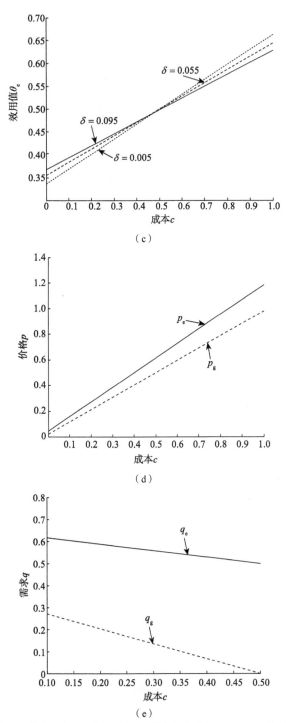

图 6.3 购置税减免政策下新能源汽车和传统汽车的变量对比

结合命题 6.1 和图 6.3（a）可知，当 $c = 0.5$ 时，市场需求随低碳环保意识的变化存在一个转折。即当 $c < 0.5$ 时，消费者需求随低碳环保意识的增加而降低。但由图 6.3 可以看出，虽然当 $c > 0.5$ 时，需求随低碳环保意识增长而增长的幅度较大，但是整体的需求仍然降到一个较低的水平。由此表明，新能源汽车在高昂的成本和不成熟的技术水平下，消费者的低碳环保意识在一定程度上促进需求的增长，但是并不能完全抵消新能源汽车高成本、低技术导致的需求流失；由图 6.3（b）可知，新能源汽车相较于传统汽车，市场价格一直较高。所以由图 6.3（c）可知，当成本增加并伴随着价格折扣补贴时，需求仍然会降低，从而消费者会重新选择购买较为成熟且性能完善的传统汽车。购置税减免虽然可以弥补部分消极影响，但并不能全部抵消。

综合来说，在需求侧购置税减免政策下，当加大投入研发成本而暂时提高生产成本时，可以有效地维持消费者需求。然而，虽然有政府税收优惠可以促进消费者需求的增加，但若是长期处于价格居高不下，且性能与价格不匹配的情况，即使消费者具有一定程度的低碳环保意识，也仍然会造成消费者数量的流失。由此表明，满足大多数消费者要求的技术水平，并在低碳意识的推动下引导新能源汽车发展，是目前政府和企业需要共同努力的。

2. 技术水平提高政策下新能源汽车和传统汽车的相关对比

在技术水平提高政策下，分别对新能源汽车和传统汽车的销量、价格、市场需求进行对比。技术水平提高政策下新能源汽车和传统汽车的变量对比如图 6.4 所示。

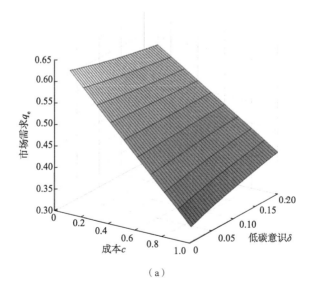

（a）

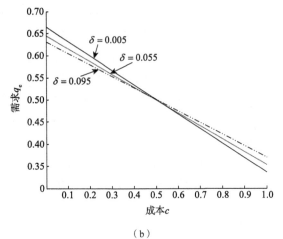

（b）

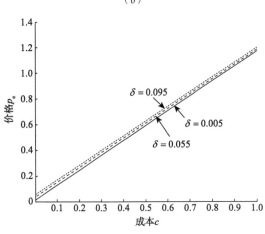

（c）

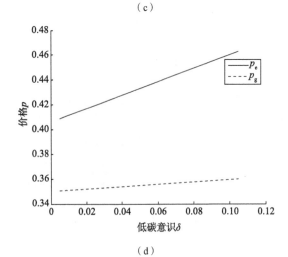

（d）

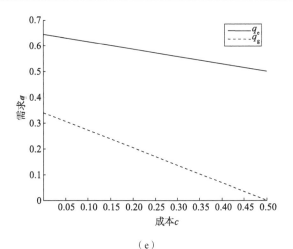

（e）

图 6.4　技术水平提高政策下新能源汽车和传统汽车的变量对比

由图 6.4（a）可知，同需求侧价格补贴的趋势变化相似，低碳环保意识对市场需求的促进作用并不总是随着成本的增加而提高。由命题 6.3 可知，当 $c > 0.5$ 时，消费者的技术敏感系数与成本成正比，而此时需求降低。可以表明，新能源汽车成本的增加会使消费者对技术的要求更高，但是需求的降低则表明此时的技术水平并未达到消费者的要求；由图 6.4（b）可知，随着成本的提高，消费者技术敏感系数会随之增大。技术敏感系数对具有较低低碳环保意识的消费者影响较大，需求下降幅度也更大。并且由图 6.4（c）可知，具有较高低碳环保意识的消费者更能接受较高的售价；由图 6.4（d）、图 6.4（e）的对比可知，低碳环保意识对新能源汽车价格产生的影响远远高于传统汽车。成本的增加虽然对两种车辆需求均有影响，但是新能源汽车的需求下降明显更加缓慢。由此可以表明，政府对新能源汽车技术提高的政策影响，在一定程度上可以维持消费者对新能源汽车的需求。

综合来说，供给侧政策技术水平的提高是扶持新能源汽车与传统汽车竞争时的重要力量，帮助新能源汽车成本增加时维持一定的消费者需求。并且具有更高低碳意识的消费者对新能源汽车的忠诚度会更高，受技术影响的程度小于较低低碳意识的消费者，市场需求降低幅度更小。所以得到的启示是，在新能源汽车技术水平与传统汽车不具有竞争力时，新能源汽车本身的环保性能是其关键优势，也是具有较高低碳环保意识的消费者愿意购买的动力。

3. 两个不同政策对新能源汽车市场影响的对比

在不同的政策下，分别对新能源汽车的销售价格、消费者偏好、市场需求进行对比，具体不同政策下新能源汽车市场的变量对比如图 6.5 所示。

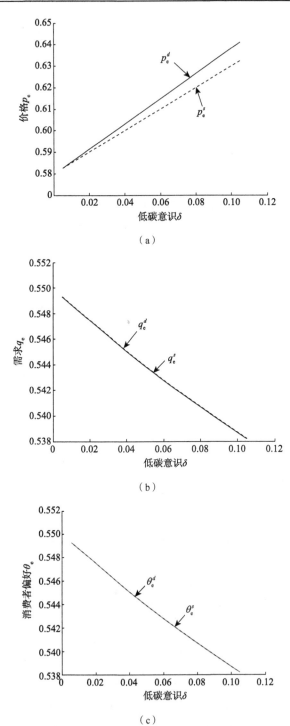

图 6.5 不同政策下新能源汽车市场的变量对比

由图 6.5 可知，需求侧价格补贴下的价格高于供给侧技术提高时的价格。由此表明，在国家财政支持的条件下，新能源汽车的价格高于其技术本身所匹配的价值。但是在价格折扣和技术敏感系数均是最优值时，新能源汽车的需求和消费者偏好都是相同的。由此表明当两侧的政策均达到最优时，消费者低碳环保意识对新能源汽车的需求促进作用是相同的。但是政府财政补贴会在新能源汽车市场进一步成熟后逐渐退出，而技术水平提高政策对新能源汽车的促进作用却是长久而持续性的。另外，新能源汽车市场的未来发展和潜力又与市场需求、本身性能以及消费者偏好密不可分。当市场需求达到一定的容量时，政府的各种政策会逐渐退出，合理价格定位以及性能完善性才是持续吸引消费者购买的关键因素。

6.1.5 本节小结

本节根据消费者效用函数模型，分别分析需求侧价格折扣和供给侧技术水平提高两个政策对新能源汽车与传统汽车竞争时产生的影响。分别研究两个政策对新能源汽车接受度的引导效果和与传统汽车竞争时的博弈关系。同时考虑消费者低碳环保意识在新能源汽车推广和与传统汽车竞争过程中的影响作用。结果表明：

（1）当两侧的政策均取最优值时，两政策间存在一个最优的均衡函数关系，并且此时低碳环保意识对新能源汽车需求的影响在两种措施下是相同的。当平衡关系被打破时，低碳环保意识在需求侧购置税减免政策下，可以在新能源汽车成本提高时，维持消费者对新能源汽车的偏好不会降低。

（2）当不存在最优平衡关系时，税收优惠和技术水平的提高并不总会促进消费者需求和偏好的增加。在不同的成本范围内，会出现需求随着税收优惠或者技术提高的增加而降低的情况。但是较强的消费者低碳意识对需求的降低可以起到缓解的作用，并且较高低碳意识的消费者对新能源汽车的忠诚度更高。

（3）降低生产成本会拉近新能源汽车与传统汽车之间的差距，降低消费者对新能源汽车和传统汽车之间的偏好差异性。但是在需求侧购置税减免政策下，成本的投入比例会影响消费者购买意愿。所以合理降低成本，是降低消费者对新能源汽车与传统汽车接受度差距的关键，并且消费者对新能源汽车技术敏感系数的增加会对新能源汽车市场起到鞭策的作用。

综合来说，消费者愿意选择技术和市场成熟度远不及传统汽车的新能源汽车，其低碳的环保意识是购买的动机之一；另外，目前政府在需求侧财政方面的支持仍然是当前不可或缺的政策。可以保证在提高研发成本提高核心技术时，保证消费者偏好不会降低。但是财政支持并不会长久持续，如何在短期时间内更有效地利用财政支持提高研发技术水平是一个关键问题。所以培育成熟的新能源汽车消费市场，关键是要重视供给侧技术方面的研发进步，增加成本资源的投入并提高消费者环保意识。

本节在取得相关研究成果的同时，在研究内容上仍然存在一定的局限性。在文中没有考虑市场随机需求的影响，其次在考虑政府补贴政策时，也仅考虑了免购置税，没有研究其他的补贴方式及补贴对象的区分。这在以后的研究中还有待进一步分析。

6.2　平台技术下考虑消费者偏好的新能源汽车定价决策

随着能源和污染问题日趋严峻，国家大力推动新能源汽车发展来缓解由此带来的资源和环境压力。近年来，在国家政策推动下，新能源汽车产业作为战略性新兴产业得到迅猛发展。但同时，产业高速发展必然会带来对应的供应链微观层面的技术及决策问题。

平台经济作为一种商业技术模式，正在迅速发展并融入人们生活。平台经济模式是以网络信息技术为基础，以平台为核心向各方参与者提供服务，整合多主体资源并维护多边关系来创造增值价值，使多主体利益最大化的一种新型经济[118]。平台用户通过移动终端设备可以不受时间、空间、地域的限制，实现自由购物和即时服务，享受平台通过应用大数据、云计算等技术带来的便利。国内有很多成功的平台型企业，如电子商务龙头阿里巴巴集团旗下购物平台淘宝和天猫等。近年来电子商务平台迅猛发展，愈来愈多新能源汽车企业与平台企业合作，构建新型平台供应链来促进企业发展。

但这种供应链平台本身不生产产品，实质上是一种虚拟或真实的交易场所，可以促成双方或多方供求之间的交易，收取恰当的费用或赚取差价作为收益[119]。因为平台积累了大量的信息数据，能够平衡供应与需求的关系，降低货物存储费用和缺货费用[120]，市场信息共享可以有效减小供应链中的"牛鞭效应"[121]，所以平台对市场需求信息就有一个策略性分享问题，共享与不共享市场需求信息，直接影响新能源汽车企业对新能源汽车市场规模掌握的准确度，也直接影响供应链企业决策。

因此，从市场需求信息共享与不共享的角度出发，在消费者市场需求不确定的情况下，将消费者低碳偏好成本参数引入新能源汽车供应链决策中，构建新能源汽车供应链定价决策模型，并比较分析两种情形下新能源汽车最优出厂定价和销售定价。通过数值分析消费者低碳偏好和新能源汽车生产成本对出厂价格、销售价格和利润的影响，以及补贴对利润的影响，为新能源汽车企业供应链决策提供参考。

随着互联网平台模式的兴起，平台经济模式及其对供应链决策影响等相关问题研究引起国内外学者关注，并取得了一些有价值的研究成果。具体如下。

（1）平台经济模式研究。贺宏朝指出平台经济的出现和其他任何经济形态一样是为了满足客观存在的市场需要，认为平台经济是参与方组成的一个新的竞争系统，平台参与方通过合作可以均衡地享有新系统的增值利益[122]。近年来，国内学者多从互联网经济视角出发，对平台经济进行研究和定义，强调信息技术以及大数据开发对平台型企业发展的重要性。例如，华中生研究了平台服务的特点和内涵，强调信息通信技术的重要性，提出平台服务的关键问题[123]。罗珉和李亮宇定义的平台强化了互联网时代的商业逻辑，即社群逻辑下的平台模式[124]。

（2）平台经济模式下供应链决策研究。将平台融入供应链的这种新型运营模式，引起了学术界的广泛关注并已取得了一些成果。例如，在发展初期，Chiang 等分析了传统渠道和电子渠道的运作模式，研究表明电子渠道有利于降低销售价格[125]；当网络平台作为第三方服务商出现时，肖剑等研究了单个制造商和多个同质买方的供应链系统，认为偏向制造商的 e-供应链能提高制造商和买方的收益[126]。Siddiqui 和 Raza 利用了五维框架结构来研究平台供应链，发现企业在发展前期注重创新、发展和障碍，后期的重点则转移到了集成和协作上面[127]。在平台供应链应用方面，Valverde 和 Saadé 则以北美电子制造行业为例，说明了平台模式供应链管理在提高效率、增加利润方面具有优势[128]；有关平台型供应链金融主体利益协调问题的研究，Xu 等构建了基于第三方交易平台的供应链金融收益分配的 Shapley 模型[129]；赵金实和段永瑞则构建三方博弈模型探讨了供应商、零售商和金融服务提供商利益协调机制[130]。这些研究进一步完善了平台供应链的理论基础。

综上所述，目前研究主要平台经济模式或平台供应链决策继续研究，很少将平台经济模式与新能源汽车供应链结合起来进行研究。因此，本节根据企业供应链决策理论以及平台与新能源汽车企业之间的关联性，依据最优化理论和Stackelberg 主从博弈理论，以平台主导模式下市场需求信息共享和不共享为切入点，考虑消费者低碳偏好建立新能源汽车供应链信息共享模型与信息无共享模型。

6.2.1　问题描述和基本假设

1. 问题描述

研究以平台为主导的新能源汽车供应链决策问题，该供应链由一家汽车制造商 M 和两类销售平台（即新能源汽车销售平台 R_1 和传统汽车销售平台 R_2）构成（图 6.6）。

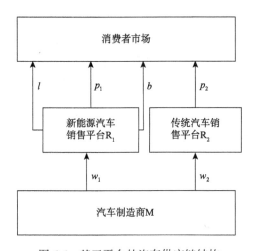

图 6.6　基于平台的汽车供应链结构

平台具有收集消费者信息和需求反馈功能，通过互联网大数据得到消费者对产品的需求信息，将其反馈给汽车制造商 M，汽车制造商 M 再考虑将产品合理供应给新能源汽车销售平台 R_1 和传统汽车销售平台 R_2，平台从中收取一定的费用。消费者选择产品不仅考虑价格，还受个人低碳偏好的影响。

假设汽车制造商 M 拥有整车制造能力，M 可以选择制造新能源汽车，也可以选择制造传统汽车。w_1、w_2 分别表示表示汽车制造商分别与新能源汽车销售平台合作和传统汽车销售平台合作时产品的出厂价格，p_1、p_2 表示平台 R_1 和 R_2 上汽车销售价格，b 表示政府对消费者购买新能源汽车的补贴，l 表示平台推广消费者针对新能源汽车产品低碳偏好的成本。

2. 基本假设

（1）假设新能源汽车与传统汽车之间存在一定的差异，引入消费者低碳偏好参数 θ 来表示这种差异，g_1、g_2 分别表示消费者心中传统汽车和新能源汽车使用费用估价。假设当前消费者低碳偏好下该供应链既有新能源汽车也有传统汽车的需求，基于此假设，两种类型汽车之间仍存在竞争，此竞争表现为当 R_i 的使用定价决策超出了消费者预期价格会使得需求向 R_j 一定程度转移，转移的强度设为 $\gamma\left(\gamma<\beta_i\right)$。

（2）借鉴文献[131]，两个平台对应的市场需求函数 q_1、q_2 可分别表示为

$$q_1 = \alpha_1 - \beta_1 p_1 + \gamma\left(p_2 \quad g_2\right)$$

$$q_2 = \alpha_2 - \beta_2 p_2 + \gamma\left(p_1 - g_1\right)$$

其中，β_1、β_2 分别为新能源汽车和传统汽车价格对市场需求的影响程度。α_1、α_2 分别表示新能源汽车市场规模和传统能源汽车市场规模。假设不确定的汽车市场总规模为 $\alpha=\alpha_1+\alpha_2$，引用消费者低碳偏好 θ 来联系两者，$\alpha_2=f(\theta)\alpha_1$。并假设新能源汽车市场规模满足 $\alpha_1=\theta\alpha_2\left(\theta\in(0,1)\right)$，$\alpha$ 服从均值为 $\bar{\alpha}$，方差为 $V(\alpha)$ 的正态分布，市场需求总规模用均值 $\bar{\alpha}$ 来预估，则有 $\bar{\alpha}_1=\dfrac{\theta}{1+\theta}\bar{\alpha}$，$\bar{\alpha}_2=\dfrac{1}{1+\theta}\bar{\alpha}$。平台 R_1 作为主导者通过互联网与大数据分析等手段获得了市场需求规模信号 $s_1=\alpha+\varepsilon$，误差项 ε 服从期望为 0，方差 δ 是正态分布，且 ε 与 α 是相互独立的。

（3）市场总规模和新能源汽车市场规模在需求信号 s_1 下的条件期望分别为[132]

$$E\left(\alpha\mid s_1\right)=(1-t)\bar{\alpha}+s_1 t$$

$$E\left(\alpha_1\mid s_1\right)=E\left(\frac{\theta}{1+\theta}\alpha\mid s_1\right)=\frac{\theta}{1+\theta}\left[(1-t)\bar{\alpha}+s_1 t\right]$$

其中，t 表示平台对市场需求的预测精确度，s_M、s_2 分别表示汽车制造商 M 和平台 R_2 所掌握的市场需求信号。

（4）假设汽车制造商 M 制造新能源汽车的单位制造成本 c_1，传统汽车产品的单位制造成本为 c_2，且在平台模式主导下 $c_2<c_1$[117]。消费者获得国家补贴，这里计算时可间接看作汽车制造商 M 获得补贴收入，假设每个单位给予补贴为 b。在当前新能源汽车尚未普及的前提下，为保证汽车制造商 M 仍然有意愿生产传统汽车保障汽车市场稳定供给，则需满足 $0<b<c_1-c_2$。

基于以上假设，本文供应链决策过程描述为，平台依据对消费者市场需求信息和低碳偏好的了解，新能源汽车销售平台 R_1 制定价格 p_1，汽车制造商 M 根据 R_1 上新能源汽车的定价、消费者需求和对消费者低碳偏好的了解，给出决策反应，制定出厂价 w_1、w_2 使得自己的利润最大化。以出厂价 w_1 向平台 R_1 提供新能源汽车，以出厂价 w_2 向平台 R_2 提供传统汽车。平台 R_2 根据出厂价 w_2、市场需求及消费者低碳偏好的了解制定价格 p_2，则平台所获得的单位车辆收益为 $p_i-w_i(i=1,2)$，汽车制造商所获得的单位车辆收益为 $w_i-c_i(i=1,2)$。

由以上我们得出：汽车制造商 M 的期望利润为 $\pi_M=\left(w_1-c_1\right)Eq_1+$

$(w_2 - c_2 - b)Eq_2$；平台 R_1 的期望利润函数 $\pi_{R_1} = (p_1 - w_1)E[\alpha_1 - \beta_1 p_1 + \gamma(p_2 - g_2)]$；平台推广使用新能源汽车获得的补贴收入为 $\pi_l = bEq_1 - l(Eq_1)^2$；即平台 R_1 的期望利润为 $\pi_{R_1} + \pi_l$；平台 R_2 的期望利润为 $\pi_{R_2} = (p_2 - w_2)E[\alpha_2 - \beta_2 p_2 + \gamma(p_1 - g_1)]$。文中参数具体见表6.2。

表6.2　参数描述

参数符号	描述	参数假设
R_1、R_2	新能源汽车销售平台、传统汽车销售平台	
M	新能源汽车制造商	
θ	低碳偏好	$0 < \theta < 1$
g_1、g_2	新能源汽车和传统汽车使用费用估价	
β_1、β_2	新能源汽车和传统汽车价格对市场需求的影响程度	$0 < \beta_i < 1$
γ	消费者需求转移强度	$0 < \gamma < 1$
α_1、α_2	新能源汽车和传统汽车市场规模	
ε	误差项	
s_M、s_1、s_2	新能源汽车制造商、新能源汽车销售平台、传统汽车销售平台的市场需求信号	
c_1、c_2	新能源汽车和传统汽车产品的单位制造成本	$c_2 < c_1$
$\bar{\alpha}$	市场需求总规模	
b	新能源汽车销售平台单位新能源汽车补贴收入	$0 < b < c_1 - c_2$
l	新能源汽车销售平台推广新能源汽车低碳偏好成本	$l \geqslant 0$
w_1、w_2	汽车制造商与新能源汽车销售平台、传统汽车销售平台合作时产品出厂价格	
π_M、π_{R_1}、π_{R_2}、π_l	新能源汽车制造商、新能源汽车销售平台、传统汽车销售平台期望利润以及总补贴收入	
p_1、p_2	新能源汽车销售平台、传统汽车销售平台上汽车销售价格	
t	平台对市场需求的预测精确度	
q_1、q_2	新能源汽车销售平台、传统汽车销售平台市场需求	

6.2.2 模型建立

平台由于积累了大量的市场信息数据，对产品的需求有着比制造商更为准确的认识，作为一个交易场所，促进双方或多方交易，平台会向企业收取一定的费用或把赚取的差价作为收益[2]。平台获取的收益用平台赚取的差价表示，即单位车辆收益为 $p_i - w_i (i=1,2)$，汽车制造商所获得的单位车辆收益为 $w_i - c_i (i=1,2)$。因为平台 R_1 掌握市场信息并占据主导地位，平台会有条件地选择共享或不共享其市场需求信息，所以本节建立平台主导模式下新能源汽车信息无共享模型和共享模型。

1. 平台主导模式下新能源汽车供应链信息无共享模型

基于最优化理论模型和主从博弈模型，分别建立平台主导模式下新能源汽车供应链信息共享模型和新能源汽车供应链信息无共享模型。

假设平台 R_1 长期与消费者沟通并为了解竞争对手现状和潜在竞争对手的市场需求进行多次市场调查。通过调查掌握有关市场需求总规模 α 的市场需求信号 s_1，则在此信号下平台 R_1 预测到自己的市场需求为 $E(q_1 \mid s_1) = E(\alpha_1 \mid s_1) - \beta_1 p_1 + \gamma(p_2 - g_2)$。平台选择不共享市场需求信息，新能源汽车制造商 M 和平台 R_2 未获得任何市场信号，则 $E(\alpha \mid s_M) = \bar{\alpha}$、$E(\alpha \mid s_2) = \bar{\alpha}$，市场总规模只能用均值 $\bar{\alpha}$ 估计，则 $E(\alpha_2 \mid s_2) = \bar{\alpha}_2 = \dfrac{1}{1+\theta}\bar{\alpha}$，二者预测需求表达式如下：

传统汽车销售平台 R_2 预测到自己的需求为

$$E(q_2 \mid s_2) = \bar{\alpha}_2 - \beta_2 p_2 + \gamma(p_1 - \alpha_1) \tag{6.31}$$

新能源汽车制造商预测到市场总需求为

$$\bar{\alpha} + \sum_i \left[-\beta_i p_i + \gamma(p_j + g_j) \right], i = 1,2, i \neq j \tag{6.32}$$

预测两种平台 R_i 的需求为

$$E(q_1 \mid s_M) = \bar{\alpha}_1 - \beta_1 p_1 + \gamma(p_2 - g_2)$$
$$E(q_2 \mid s_M) = \bar{\alpha}_2 - \beta_2 p_2 + \gamma(p_1 - g_1) \tag{6.33}$$

新能源汽车销售平台 R_1 在信号 s_1 下预测到自己的需求为

$$E(q_1 \mid s_1) = (1-t)\bar{\alpha}_1 + ts_1 - \beta_1 p_1 + \gamma(p_2 - g_2), t \in [0,1] \tag{6.34}$$

模型中各参与者期望利润的表达式为

$$E\left(\pi_M(w_1, w_2) \mid s_M\right) = (w_1 - c_1) \times E(q_1 \mid s_M) + (w_2 - c_2 - b) \times E(q_2 \mid s_M) \tag{6.35}$$

$$E\left(\pi_{R_2}(p_2) \mid s_2\right) = (p_2 - w_2)\left[\bar{\alpha}_2 - \beta_2 p_2 + \gamma(p_1 - g_1)\right] \tag{6.36}$$

$$E\left(\pi_{R_1}(p_1)\,|\,s_1\right) = E\left(\alpha_1 - \beta_1 p_1 + \gamma\left(p_2(p_1) - \theta g_1\right)\,|\,s_1\right)\left(p_1 - w_1(p_1)\right)$$

$$= \left[E(\alpha_1\,|\,s_1) - \beta_1 p_1 + \gamma\left(p_2(p_1) - \theta g_1\right)\right]\left(p_1 - w_1(p_1)\right) \quad (6.37)$$

$$E\pi_l = bEq_1 - l(Eq_1)^2$$

模型求解：模型决策可以表述为以下问题：

$$\max E\left(\pi_{R_1}(p_1)\,|\,s_1\right) = \left[E(\alpha_1\,|\,s_1) - \beta_1 p_1 + \gamma\left(p_2 - \theta g_1\right)\right]\left(p_1 - w_1\right)$$

$$\text{s.t.} \begin{cases} \max E\pi_M = (w_1 - c_1)\times E(q_1\,|\,s_M) + (w_1 - c_2 - b)\times E(q_2\,|\,s_M) \\ p_2^* \in \arg\max E\pi_{R_2} = (p_2 - w_2)\left[\bar{\alpha}_2 - \beta_2 p_2 + \gamma(p_1 - g_1)\right] \end{cases}$$

命题 6.8： 新能源汽车销售平台 R_1 的新能源汽车最优定价满足

$$p_1^* = \frac{6\beta_2 E(\alpha_1\,|\,s_1) - B\gamma^2 + 3B\beta_1\beta_2 + 2\gamma\left(\bar{\alpha}_2 - \gamma g_1 + A\beta_2 - 3\beta_2 g_2\right)}{12\beta_1\beta_2 - 4\gamma^2}$$

证明： 首先，第一阶段求解 p_2 的反应函数为

$$p_2 = \frac{\bar{\alpha}_2 + \gamma p_1 - g_1\gamma + w_2\beta_2}{2\beta_2} \quad (6.38)$$

第二阶段求解 $\max\limits_{w_1, w_2} E\pi_M = (w_1 - c_1 - b)\times q_1 + (w_2 - c_2)\times q_2$ 得到 w_1、w_2 的反应函数，代入式（6.33）关于 $E(q_1\,|\,s_M)$、$E(q_2\,|\,s_M)$ 的表达式，其中不管平台 R_1 首先制定销售价格 p_1，还是平台 R_2 最后制定销售价格 p_2，都可看作在出厂价基础上增加利润 u_i，故 $E(q_1\,|\,s_M)$ 中的 p_i 可以表示为 $p_i = w_i + u_i$，代入式（6.35）新能源汽车制造商期望利润函数。易求得使式（6.35）期望利润函数关于 w_1、w_2 的二阶海塞矩阵为非正定的，故其为关于 w_1、w_2 的可微凹函数，因此对式（6.35）求解关于 w_1、w_2 的偏导，得 w_1、w_2 的反应函数：

$$w_1 = \frac{\bar{\alpha} - \beta_1 p_1 + \gamma p_2 - \gamma g_2 + (c_1 + b)\beta_1 + \gamma w_2 - \gamma c_2}{\beta_1} \quad (6.39)$$

$$w_2 = \frac{\bar{\alpha}_1 - \beta_2 p_2 + \gamma p_1 - \gamma g_1 + c_2\beta_2 + \gamma w_1 - \gamma(c_1 + b)}{\beta_2} \quad (6.40)$$

联立式（6.39）和式（6.40）得

$$w_1(p_1) = \frac{\beta_2\bar{\alpha}_1 + \gamma\bar{\alpha}_2 - \gamma^2 c_1 - \gamma^2 b - \gamma^2 g_1 - \gamma\beta_2 g_2 + \beta_1\beta_2(c_1 + b) + \left(\gamma^2 - \beta_1\beta_2\right)p_1}{\beta_1\beta_2 - \gamma^2}$$

$$(6.41)$$

$$w_2(p_2) = \frac{\beta_1\bar{\alpha}_2 + \gamma\bar{\alpha}_1 - \gamma^2 c_2 - \gamma^2 g_2 - \gamma\beta_1 g_1 + \beta_1\beta_2 c_2 + \left(\gamma^2 - \beta_1\beta_2\right)p_2}{\beta_1\beta_2 - \gamma^2} \quad (6.42)$$

联立式（6.38）和式（6.42）得

$$p_2(p_1) = \frac{\bar{\alpha}_2 + \gamma p_1 - \gamma g_1 + A\beta_2}{3\beta_2} \qquad (6.43)$$

其中，$A = \dfrac{\beta_1\bar{\alpha}_2 + \gamma\bar{\alpha}_1 - \gamma^2 c_2 - \gamma^2 g_2 - \gamma\beta_1 g_1 + \beta_1\beta_2 c_2}{\beta_1\beta_2 - \gamma^2}$，把式（6.41）、式（6.43）代

入 $E\big(\pi_{R_1}(p_1)\,|\,s_1\big) = \big[E(\alpha_1\,|\,s_1) - \beta_1 p_1 + \gamma(p_2(p_1) - \theta g_1)\big](p_1 - w_1(p_1))$ 得

$$E\big(\pi(p_1)\,|\,s_1\big) = \left[E(\alpha_1\,|\,s_1) - \beta_1 p_1 + \gamma\left(\frac{\bar{\alpha}_2 + \gamma p_1 - \gamma g_1 + A\beta_2}{3\beta_2} - \theta g_1\right)\right](2p_1 - B) \quad (6.44)$$

其 中 ， $B = \dfrac{\beta_2\bar{\alpha}_1 + \gamma\bar{\alpha}_2 - \gamma^2 c_1 - \gamma^2 b - \gamma^2 g_1 - \gamma\beta_2 g_2 + \beta_1\beta_2(c_1 + b)}{\beta_1\beta_2 - \gamma^2}$ ， 求 得

$\dfrac{d^2 E\big(\pi_{R_2}(p_1)\,|\,s_1\big)}{dp_1^2} < 0$，故令 $\dfrac{dE\big(\pi_{R_2}(p_1)\,|\,s_1\big)}{dp_1} = 0$。可求得最优解 p_1^*：

$$p_1^* = \frac{6\beta_2 E(\alpha_1\,|\,s_1) - B\gamma^2 + 3B\beta_1\beta_2 + 2\gamma\big(\bar{\alpha}_2 - \gamma g_1 + A\beta_2 - 3\beta_2 g_2\big)}{12\beta_1\beta_2 - 4\gamma^2}$$

命题 6.9： 当市场需求信息不共享时，新能源汽车价格 p_1^* 随着市场规模 $\bar{\alpha}$ 的增大而上升。

证明： 对新能源汽车价格 p_1^* 求偏导，化简得

$$\frac{\partial p^*}{\partial \bar{\alpha}} = 9\beta_2 + \frac{5\beta_1\beta_2\gamma}{(12\beta_1\beta_2 - 4\gamma^2)(1 + \theta)}$$

由于 $\gamma < \beta_i$ 且 $\beta_i, \gamma > 0$；$0 < \beta_1, \beta_2 < 1$，$0 < \gamma < 1$，故 $12\beta_1\beta_2 > 4\gamma^2$，则 $\dfrac{\partial p^*}{\partial \bar{\alpha}} =$

$9\beta_2 + \dfrac{5\beta_1\beta_2\gamma}{(12\beta_1\beta_2 - 4\gamma^2)(1 + \theta)} > 0$，新能源汽车价格 p_1^* 随规模增大而上升，得证。

命题 6.10： 当市场需求信息不共享时，新能源汽车价格 p_1^* 随着补贴 b 的增加而上升。

证明： 同样对新能源汽车价格 p_1^* 求偏导，化简得

$$\frac{\partial p^*}{\partial b} = \frac{3\beta_1\beta_2 - \gamma^2}{12\beta_1\beta_2 - 4\gamma^2}$$

同理，由于 $\gamma < \beta_i$ 且 $\beta_i, \gamma > 0$；$0 < \beta_1, \beta_2 < 1$，$0 < \gamma < 1$，故 $3\beta_1\beta_2 - \gamma^2 > 0$，

$12\beta_1\beta_2 - 4\gamma^2 > 0$；则 $\dfrac{\partial p^*}{\partial b} = \dfrac{3\beta_1\beta_2 - \gamma^2}{12\beta_1\beta_2 - 4\gamma^2} > 0$。

将 p_1^* 反代入式（6.41）、式（6.42）、式（6.43）求得 w_1^*、w_2^*、p_2^*：

$$\begin{cases} w_1^* = \dfrac{\left(9\beta_1\beta_2 - 3\gamma^2\right)B - 6\beta_2 E(\alpha_1 \mid s_1) - 2\gamma\left(\bar{\alpha}_2 - \gamma g_1 + A\beta_2 - 3\beta_2 g_2\right)}{12\beta_1\beta_2 - 4\gamma^2} \\[4mm] w_2^* = \dfrac{\gamma g_1 + 2A\beta_2 - \bar{\alpha}_2}{3\beta_2} - r\dfrac{6\beta_2 E(\alpha_1 \mid s_1) - B\gamma^2 + 3B\beta_1\beta_2 + 2\gamma\left(\bar{\alpha}_2 - \gamma g_1 + A\beta_2 + 3\beta_2 g_2\right)}{3\beta_2\left(12\beta_1\beta_2 - 4\gamma^2\right)} \\[4mm] p_2^* = \dfrac{\bar{\alpha}_2 - \gamma g_1 + A\beta_2}{3\beta_2} - r\dfrac{6\beta_2 E(\alpha_1 \mid s_1) - B\gamma^2 + 3B\beta_1\beta_2 + 2\gamma\left(\bar{\alpha}_2 - \gamma g_1 + A\beta_2 + 3\beta_2 g_2\right)}{3\beta_2\left(12\beta_1\beta_2 - 4\gamma^2\right)} \end{cases}$$

$$(6.45)$$

命题 6.11: 当市场需求信息不共享时,新能源汽车出厂价格 w^* 随着市场规模 $\bar{\alpha}$ 的增大而上升,反之 w^* 随之下降。

证明: 对新能源汽车出厂价格 w^* 求偏导得

$$\frac{\partial w^*}{\partial \bar{\alpha}} = \frac{\gamma^2\left(\beta_2 - \gamma + \beta_2\theta\right) + \beta_1\beta_2\left[5\gamma + 3\beta_2(1+\theta)\right]}{4\left(\beta_1\beta_2 - \gamma^2\right)\left(3\beta_1\beta_2 - \gamma^2\right)(1+\theta)}$$

同理得 $\dfrac{\gamma^2\left(\beta_2 - \gamma + \beta_2\theta\right) + \beta_1\beta_2\left[5\gamma + 3\beta_2(1+\theta)\right]}{4\left(\beta_1\beta_2 - \gamma^2\right)\left(3\beta_1\beta_2 - \gamma^2\right)(1+\theta)}$ 中 $\beta_2 - \gamma > 0$,$\beta_1\beta_2 - \gamma^2 > 0$ 且

$3\beta_1\beta_2 - \gamma^2 > 0$。因此 $\dfrac{\partial w^*}{\partial \bar{\alpha}} > 0$,得证。

该模型市场实际期望需求为 $\begin{cases} Eq_1 = E(\alpha_1 \mid s_1) - \beta_1 p_1^* + \gamma\left(p_2^* - g_2\right) \\ Eq_2 = E(\alpha_2 \mid s_1) - \beta_2 p_2^* + \gamma\left(p_1^* - g_1\right) \end{cases}$,根据实际

期望需求,可求出平台模式下新能源汽车制造商 M、期望利润函数 π_M^*、平台 R_i 的期望利润函数 $\pi_{R_1}^*$ 和 $\pi_{R_2}^*$ 的表达式。

2. 平台主导模式下新能源汽车供应链信息共享模型

假设新能源汽车销售平台 R_1 通过长期与消费者沟通和市场调查,掌握了有关市场规模 α 的市场需求信号,市场信号用 s_1 表示,则新能源汽车销售平台预测的需求为 $E(q_1 \mid s_1) = E(\alpha_1 \mid s_1) - \beta_1 p_1 + \gamma\left(p_2 - g_2\right)$,汽车制造商使用平台共享的新能源汽车市场需求信息。所以新能源汽车制造商和传统汽车销售平台 R_2 的市场规模不再用均值 $\bar{\alpha}$ 估计,新能源汽车制造商 M 和传统汽车销售平台 R_2 预测的需求 $E(q \mid s_1)$、$E(q_2 \mid s_1)$ 表达式及利润分别为

$$E(q \mid s_1) = E(q_1 \mid s_1) + E(q_2 \mid s_1) \qquad (6.46)$$

$$E(q_2 \mid s_1) = E(\alpha_2 \mid s_1) - \beta_2 p_2 + \gamma\left(p_1 - g_1\right) \qquad (6.47)$$

$$E\left(\pi_{R_2}(p_2) \mid s_1\right) = (p_2 - w_2)\left[E(\alpha_2 \mid s_1) - \beta_2 p_2 + \gamma\left(p_1 - g_1\right)\right] \qquad (6.48)$$

$$E\left(\pi_{\mathrm{M}}\left(w_{1},w_{2}\right)|s_{1}\right)=\left(w_{1}-c_{1}-b\right)\times E\left(q_{1}|s_{1}\right)+\left(w_{2}-c_{2}\right)\times E\left(q_{2}|s_{1}\right) \quad（6.49）$$

对模型进行求解，求解思路采用逆向归纳法，决策模型可以表述为以下问题：

$$\max\left(E\pi_{\mathrm{R}_{1}}\left(p_{1}\right)|s_{1}\right)=\left[E\left(\alpha_{1}|s_{1}\right)-\beta_{1}p_{1}+\gamma\left(p_{2}-\theta g_{1}\right)\right]\left(p_{1}-w_{1}\right)$$

$$\mathrm{s.t.}\begin{cases}\max E\left(\pi_{\mathrm{M}}\left(w_{1},w_{2}\right)|s_{1}\right)=\left(w_{1}-c_{1}-b\right)\times E\left(q_{1}|s_{1}\right)+\left(w_{2}-c_{2}\right)\times E\left(q_{2}|s_{1}\right)\\ \mathrm{s.t.}p_{2}^{**}\in\arg\max E\left(\pi_{\mathrm{R}_{2}}\left(P_{2}\right)|s_{1}\right)=\left(p_{2}-w_{2}\right)\left[E\left(\alpha_{2}|s_{1}\right)-\beta_{2}p_{2}+\gamma\left(p_{1}-g_{1}\right)\right]\end{cases}$$

$$（6.50）$$

同理，求解 s.t.得到各自反应函数为

$$p_{2}=\frac{E\left(\alpha_{2}|s_{1}\right)+\gamma p_{1}-g_{1}\gamma+w_{2}\beta_{2}}{2\beta_{2}} \quad（6.51）$$

$$w_{1}=\frac{E\left(\alpha_{1}|s_{1}\right)-\beta_{1}p_{1}+\gamma p_{2}-\gamma g_{2}+\left(c_{1}+b\right)\beta_{1}+\gamma w_{2}-\gamma c_{2}}{\beta_{1}} \quad（6.52）$$

$$w_{2}=\frac{E\left(\alpha_{2}|s_{1}\right)-\beta_{2}p_{1}+\gamma p_{1}-\gamma g_{1}+c_{2}\beta_{2}+\gamma w_{1}-\gamma c_{1}}{\beta_{1}} \quad（6.53）$$

求得此时 w_{1}、w_{2}、p_{2} 关于 p_{1} 的表达式：

$$w_{1}\left(p_{1}\right)=\frac{\beta_{2}E\left(\alpha_{1}|s_{1}\right)+\gamma E\left(\alpha_{2}|s_{1}\right)-\gamma^{2}c_{1}-\gamma^{2}b-\gamma^{2}g_{1}-\gamma\beta_{2}g_{2}+\beta_{1}\beta_{2}\left(c_{1}+b\right)+\left(\gamma^{2}-\beta_{1}\beta_{2}\right)p_{1}}{\beta_{1}\beta_{2}-\gamma^{2}}$$

$$（6.54）$$

$$w_{2}\left(p_{2}\right)=\frac{\beta_{1}E\left(\alpha_{2}|s_{1}\right)+\gamma E\left(\alpha_{1}|s_{1}\right)-\gamma^{2}c_{2}-\gamma\beta_{1}g_{1}+\beta_{1}\beta_{2}c_{2}+\left(\gamma^{2}-\beta_{1}\beta_{2}\right)p_{2}}{\beta_{1}\beta_{2}-\gamma^{2}} \quad（6.55）$$

$$p_{2}\left(p_{1}\right)=\frac{E\left(\alpha_{2}|s_{1}\right)+\gamma p_{1}-\gamma g_{1}+A'\beta_{2}}{3\beta_{2}} \quad（6.56）$$

将式（6.54）、式（6.55）、式（6.56）代入平台 R_{1} 函数，求得 p_{1}^{**}：

$$p_{1}^{**}=\frac{6\beta_{2}E\left(\alpha_{1}|s_{1}\right)+\left(3\beta_{1}\beta_{2}-\gamma^{2}\right)B'+2\gamma\left(E\left(\alpha_{2}|s_{1}\right)-\gamma g_{1}+A'\beta_{2}-3\beta_{2}g_{2}\right)}{12\beta_{1}\beta_{2}-4\gamma^{2}}$$

$$A'=\frac{\beta_{1}E\left(\alpha_{2}|s_{1}\right)+\gamma E\left(\alpha_{1}|s_{1}\right)-\gamma^{2}c_{2}-\gamma^{2}\beta_{1}g_{1}+\beta_{1}\beta_{2}c_{2}}{\beta_{1}\beta_{2}-\gamma^{2}}$$

$$B'=\frac{\beta_{2}E\left(\alpha_{1}|s_{1}\right)+\gamma E\left(\alpha_{2}|s_{1}\right)-\gamma^{2}c_{1}-\gamma^{2}b-\gamma^{2}g_{1}-\gamma\beta_{2}g_{2}+\beta_{1}\beta_{2}\left(c_{1}+b\right)}{\beta_{1}\beta_{2}-\gamma^{2}}$$

命题 6.12：当市场需求信息共享时，当 $\beta_{2}\theta-3\gamma^{2}-7\beta_{2}\gamma\theta>0$ 时，新能源汽车价格 p^{**} 随着规模增大而上升；当 $\beta_{2}\theta-3\gamma^{2}-7\beta_{2}\gamma\theta<0$ 时，新能源汽车价格 p^{**} 随着规模减小而下降。

证明：市场需求信息不共享时，

$$\frac{\partial p^{**}}{\partial \bar{\alpha}} = \frac{\beta_1 \beta_2 (1 + 5\gamma + 9\beta_2 \theta) + \gamma (\beta_2 \theta - 3\gamma^2 - 7\beta_2 \gamma \theta)}{4(\beta_1 \beta_2 - \gamma^2)(3\beta_1 \beta_2 - \gamma^2)(1 + \theta)}$$

由于 $\gamma < \beta_i$ 且 β_i，$\gamma > 0$，$0 < \beta_1$，$\beta_2 < 1$，$0 < \gamma < 1$，则 $\beta_1 \beta_2 > \gamma^2$，$1 + 5\gamma + 9\beta_2 \theta > 0$。当 $\beta_2 \theta - 3\gamma^2 - 7\beta_2 \gamma \theta > 0$ 时，$\frac{\partial p^{**}}{\partial \bar{\alpha}} > 0$，$p^{**}$ 随着规模增大而上升；当 $\beta_2 \theta - 3\gamma^2 - 7\beta_2 \gamma \theta < 0$ 时，新能源汽车价格 p^{**} 随着规模减小而下降。证毕。

命题 6.13：当市场需求信息共享时，新能源汽车价格 p^{**} 随补贴增加而上升。

证明：对补贴 b 求偏导得

$$\frac{\partial p^{**}}{\partial b} = \frac{(3\beta_1 \beta_2 - \gamma^2)[\beta_1 \beta_2 (b + c_1) - \gamma^2]}{(\beta_1 \beta_2 - \gamma^2)(12\beta_1 \beta_2 - \gamma^2)}$$

同理可得 $\beta_1 \beta_2 > \gamma^2$，则 $\beta_1 \beta_2 (b + c_1) - \gamma^2 > 0$。因此，$\frac{\partial p^{**}}{\partial b} = \frac{(3\beta_1 \beta_2 - \gamma^2)[\beta_1 \beta_2 (b + c_1) - \gamma^2]}{(\beta_1 \beta_2 - \gamma^2)(12\beta_1 \beta_2 - \gamma^2)} > 0$，证毕。

将 p_1^{**} 代入 $w_1(p_1)$、$w_2(p_2)$、$p_2(p_1)$ 求得 w_1^{**}、w_2^{**}、p_2^{**}。

该模型市场实际期望需求为 $\begin{cases} Eq_1 = E(\alpha_1 \mid s_1) - \beta_1 p_1^{**} + \gamma(p_2^{**} - g_2) \\ Eq_2 = E(\alpha_2 \mid s_1) - \beta_2 p_2^{**} + \gamma(p_1^{**} - g_1) \end{cases}$，根据实际期望需求，可求出平台模式下新能源汽车制造商 M、期望利润函数 π_M^{**}、平台 R_i 的期望利润函数 $\pi_{R_1}^{**}$ 和 $\pi_{R_2}^{**}$ 的表达式。

3. 平台主导模式下新能源汽车供应链模型对比分析

将两个模型进行对比，分析新能源汽车供应链信息共享与不共享时新能源汽车最优定价和出厂价的差异。

（1）两种模型下 R_1 上新能源汽车的最优定价比较：

$$p_1^{**} - p_1^* = \frac{(\beta_2 + 3\gamma^2)(\beta_1 \beta_2 - \gamma^2) + 2\beta_1 \beta_2 (\gamma \theta + \beta_2) + 2\beta_2 \gamma (\beta_1 \theta + \gamma)}{(\beta_1 \beta_2 - \gamma^2)(12\beta_1 \beta_2 - 4\gamma^2)(1 + \theta)}[E(\alpha \mid s_1) - \bar{\alpha}]$$

命题 6.14：当 $E(\alpha \mid s_1) > \bar{\alpha}$ 时，市场需求信息共享时 R_1 上新能源汽车定价增加。

证明：当 $\gamma < \beta_i$，则有 $\beta_1 \beta_2 - \gamma^2 > 0$，$12\beta_1 \beta_2 - 4\gamma^2 > 0$。又 $E(\alpha \mid s_1) > \bar{\alpha}$，所以 $p_1^{**} - p_1^* > 0$，R_1 定价增加。

设 $p_1^{**} - p_1^* = C$，同理可得 $p_2^{**} - p_2^* = \dfrac{\left(2\beta_1\beta_2 - \gamma^2\right)\theta + \gamma\beta_2}{3\beta_2\left(\beta_1\beta_2 - \gamma^2\right)(1+\theta)}\left[E(\alpha \mid s_1) - \bar{\alpha}\right] + \dfrac{\gamma C}{3\beta_2}$。

命题 6.15：当 $E(\alpha \mid s_1) > \bar{\alpha}$ 时，市场需求信息共享也会使得传统汽车销售平台上 R_2 的汽车价格增长。

（2）两种模型下汽车制造商 M 新能源汽车的最优出厂定价比较。

命题 6.16：当 $E(\alpha \mid s_1) > \alpha$，$w_1^{**} - w_1^* > 0$ 时，信息共享使得新能源汽车出厂定价上涨。

证明：即当 $E(\alpha \mid s_1) > \alpha$ 时，设 $p_1^{**} - p_1^* = C$，则

$$w_1^{**} - w_1^* = \frac{(3\beta_2 + \gamma\theta)\left(\beta_1\beta_2 - \gamma^2\right) + 6\beta_1\beta_2(\beta_2 + \gamma\theta) - 2\beta_2\gamma(\gamma + \beta_1\theta)}{\left(\beta_1\beta_2 - \gamma^2\right)\left(12\beta_1\beta_2 - 4\gamma^2\right)(1+\theta)}\left[E(\alpha \mid s_1) - \bar{\alpha}\right]$$

同理有 $w_2^{**} - w_2^* = \dfrac{\left(\beta_1\beta_2 + \gamma^2\right)\theta + 2\beta_2\gamma}{3\beta_2\left(\beta_1\beta_2 - \gamma^2\right)(1+\theta)}\left[E(\alpha \mid s_1) - \bar{\alpha}\right] - \dfrac{\gamma C}{3\beta_2}$，基于对上述问题的求证，本文猜想平台模式下市场需求信息共享会使得汽车制造商对传统汽车销售平台的出厂定价上涨。要求证此猜想，只需求证 $w_2^{**} - w_2^* > 0$。当 $E(\alpha \mid s_1) > \bar{\alpha}$ 时，$E(\alpha \mid s_1) - \bar{\alpha} > 0$，经化简后只需证明

$$\left(12\beta_1\beta_2 - 4\gamma^2\right)\left[\left(\beta_1\beta_2 + \gamma^2\right)\theta + 2\beta_2\gamma\right]$$

$$-\gamma\left[(\beta_2 + \gamma\theta)\left(3\beta_1\beta_2 - \gamma^2\right) + 2\gamma\theta\left(\beta_1\beta_2 - \gamma^2\right) + 2\beta_2\gamma(\beta_1\theta + \gamma)\right] > 0$$

化简得 $2\beta_1\beta_2\left(4\beta_1\beta_2 + 6\beta_2\gamma + 2\beta_1\beta_2\theta\right) + \left(9\beta_2\gamma + \gamma^2\theta\right)\left(\beta_1\beta_2 - \gamma^2\right) > 0$ 成立。即猜想成立，表明平台模式下市场需求信息共享会使汽车制造商提高平台 R_2 上汽车的出厂定价。

推论 6.7：根据以上当 $E(\alpha \mid s_1) > \bar{\alpha}$ 时得到的结论，同理可推出当 $E(\alpha \mid s_1) < \bar{\alpha}$ 时，市场需求信息共享使两种平台上汽车最优定价降低，汽车制造商的出厂定价也降低。

以上定价比较说明了新能源汽车销售平台 R_1 在掌握新能源汽车市场需求后，市场需求强劲时会主动提高新能源汽车销售价格，当汽车制造商和传统汽车销售平台共享该市场需求信息后也会提高出厂价格和销售价格。相反，当新能源汽车销售平台 R_1 的市场需求在降低时，则其首先降低销售价格，汽车制造商也会跟从其降价决策从而降低出厂价，由于汽车市场需求在竞争中发生转移，汽车制造商为稳定自己的市场份额会对新能源汽车销售平台做出降低出厂价格的决策。

在不共享市场需求信息的情况下，汽车制造商降低出厂价格时，传统汽车销售平台 R_2 会跟随其变化选择降低汽车销售价格。

6.2.3 数值分析

因为上述解析式过于复杂，复杂的算式不利于直观分析，根据以上假设、命题及推论所得的参数范围，本节利用 Matlab 等数学工具分析模型中低碳偏好对新能源汽车销售价格和出厂价格的影响、新能源汽车单位制造成本对销售价格和出厂价格的影响以及总体利润分析。将各参数的定值分别设置如表 6.3 所示。

表 6.3　参数设定

参数	β_1	β_2	γ	g_1	g_2	b	θ
设定值	1	2.2	0.5	150	90	7	0.6

1. 价格分析

1）消费者低碳偏好对价格的影响

我们分别研究消费者低碳偏好对新能源汽车销售价格的影响以及消费者低碳偏好对新能源汽车出厂价格的影响，其中 p_a、p_b、p_c、p_d 分别表示信息共享时新能源汽车销售价格、信息无共享时新能源汽车销售价格、信息无共享时新能源汽车出厂价格和信息共享时新能源汽车出厂价格，具体分别如图 6.7 和图 6.8 所示。

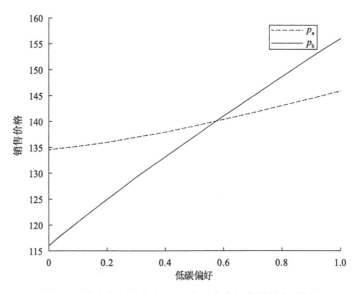

图 6.7　消费者低碳偏好对新能源汽车销售价格的影响

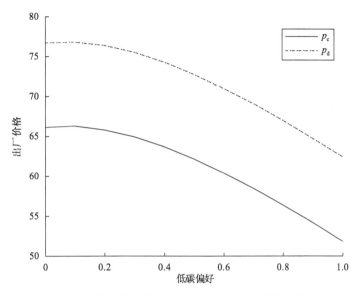

图 6.8　消费者低碳偏好对新能源汽车出厂价格的影响

在图 6.7 中，无论新能源汽车供应链各主体之间是否共享市场信息，新能源汽车的销售价格都会随着消费者低碳偏好的增长而增加，两种情况下，消费者低碳偏好对新能源汽车销售价格都起到促进作用。当消费者的低碳偏好偏低时，信息共享时的销售价格高于信息无共享时的销售价格；当消费者低碳偏好较高时，信息共享时的销售价格低于信息无共享时的销售价格。说明在其他条件不变的情况下，信息共享对平台有利，但对消费者不利。

由图 6.8 可知，无论新能源汽车供应链各主体是否共享市场信息，新能源汽车的出厂价格都会随着消费者低碳偏好的增长而降低，此时新能源汽车的销售价格会随之降低，对消费者购买行为有利。同时，消费者不断增长的低碳偏好对新能源汽车出厂价格有抑制作用，信息共享时的出厂价格总是高于无共享信息时的出厂价格。

管理启示：当新能源汽车企业处于起步阶段，消费者低碳偏好偏低情况下，新能源汽车销售定价不宜过高，平台和企业可以借助信息共享的手段制定合适的销售价格和出厂价格决策。随着消费者环保理念加强、低碳偏好提高，平台可逐步提高销售价格，新能源汽车企业可逐步降低出厂价格。

2）成本对价格的影响

我们接下来分别研究成本对新能源汽车销售价格的影响以及成本对新能源汽车出厂价格的影响，图中 p_e、p_f、p_g、p_h 分别表示信息无共享和共享时新能源汽车销售价格，信息无共享和共享时新能源汽车出厂价格，具体价格的影响如图6.9和图 6.10 所示。

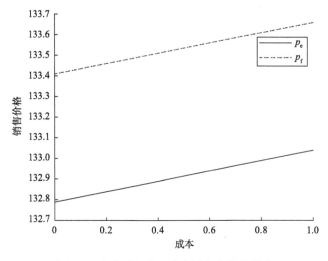

图 6.9　成本对新能源汽车销售价格的影响

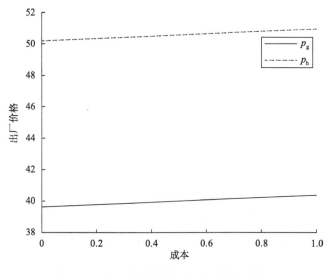

图 6.10　成本对新能源汽车出厂价格的影响

　　在图 6.9 中，无论信息共享与否，新能源汽车的销售价格都会随生产成本的增加而上升；同时可看出信息共享能够提高新能源汽车销售价格。

　　由图 6.10 可看出，无论信息共享与否，新能源汽车生产成本的增加都会提高出厂价格；但信息共享时的出厂价格高于信息无共享时的出厂价格。

　　因此，可以得到以下结论：成本的增加不利于消费者，它会直接使得出厂价格上涨，同时使新能源汽车的销售价格上涨；对于平台来说，选择信息共享在任何成本下都是有利的，信息共享使得销售价格上涨，出厂价格降低，能够提高平台利润。

2. 利润分析

在利润分析中，我们分别研究了低碳偏好的变化对新能源汽车制造商利润的影响，新能源汽车制造成本对制造商利润的影响以及补贴对新能源汽车制造商的影响，其中 m_a、m_c 表示市场信息不共享时制造商利润；m_b、m_d 表示市场信息共享时制造商利润；m_f 和 m_g 分别是市场信息不共享和共享时新能源汽车制造商利润，各利润影响分别如图 6.11、图 6.12 和图 6.13 所示。

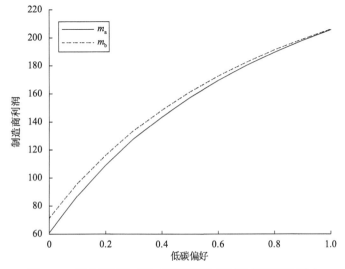

图 6.11　低碳偏好的变化对新能源汽车制造商利润的影响

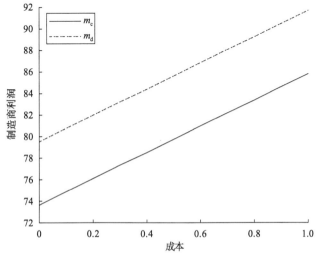

图 6.12　新能源汽车制造成本对制造商利润的影响

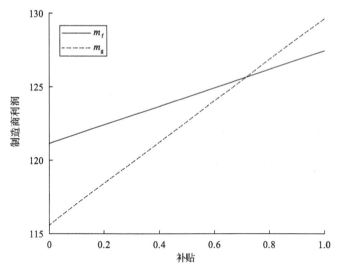

图 6.13　补贴对新能源汽车制造商的影响

无论市场信息共享与否，随着低碳偏好的增大，制造商利润都会随之增加；同时可看出市场信息共享时的制造商利润大于信息不共享时的利润。

在图 6.13 中，随着成本的增加，制造商的利润随之增加，并且市场信息共享时的利润大于信息不共享时的利润。图 6.13 是补贴对新能源汽车制造商的影响。可以看出，补贴与新能源汽车制造商利润成正比，随着补贴的增大，信息共享时制造商利润增加速度高于信息不共享时的利润增加速度。

6.2.4　本节小结

根据企业供应链决策理论以及平台与新能源汽车企业之间的关联性，建立新能源汽车供应链信息共享模型和新能源汽车供应链信息无共享模型。根据新能源汽车供应链的特点，创新性引入消费者低碳偏好成本参数，在消费者市场需求不确定情况下，对比分析两种模型下新能源汽车企业出厂定价和新能源汽车销售定价。通过数值分析展示消费者低碳偏好和新能源汽车生产成本对出厂价格、销售价格和制造商利润的影响，为新能源汽车企业供应链决策提供参考。因此，得到以下结论。

（1）当平台共享市场需求信息时，平台期望规模 $E(\alpha|s_1)$ 偏离平均估计值 $\bar{\alpha}$。当 $E(\alpha|s_1) < \bar{\alpha}$ 时，新能源汽车销售价格和出厂价格降低，信息共享对新能源汽车的需求量有促进作用，通过信息共享可以提高新能源汽车系统总利润，对整个供应链有利；当 $E(\alpha|s_1) > \bar{\alpha}$ 时，因销售价格和出厂价格提高，市场需求减

小，信息共享使整个供应链系统利润降低。

（2）当消费者低碳偏好偏低时，信息共享促进新能源汽车出厂价格和平台的销售价格的提高，不利于消费者的购买行为。随着消费者低碳偏好的不断提高，新能源汽车出厂价格显著降低，此时新能源汽车销售价格也会随之降低，对消费者有利。同时，消费者低碳偏好的增加促进新能源汽车制造商利润的增长。因此，信息共享对于供应链不同主体并不总是有利。

（3）无论信息共享与否，新能源汽车生产成本的增加都会导致新能源汽车销售价格和出厂价格提高。成本的增加对消费者不利；对于平台来说，信息共享使得销售价格上涨，出厂价格降低，平台的单位利润能够提高，可促进平台发展。同时成本和补贴的增加可促进新能源汽车制造商利润增加。

本节研究消费者低碳偏好以及生产成本对新能源汽车出厂价格和销售价格的影响，为新能源汽车企业供应链决策提供参考，未来可将新能源汽车性能、科技发展水平等其他因素考虑在内，研究其他参数变化对新能源汽车供应链的影响。

6.3　本　章　小　结

本章构建了一个考虑消费者异质性的消费者效用函数模型，并分析了技术水平提高和税收减免两种政策变化对新能源汽车市场接受度的影响趋势以及与传统汽车的竞争程度。此外，本章研究了新能源汽车企业供应链该如何利用共享经济平台进行合理决策问题。可见，技术进步和平台经济等因素大大增加了新能源汽车供应链的绿色特征。

然而，技术进步和平台经济等因素只是在技术层面进一步推进了新能源汽车的市场需求。最终来看，新能源汽车产品的生命周期内的实际绿色度效果，才是影响新能源汽车供应链成员决策的根本因素，若再考虑新能源汽车补贴效果因素，也是非常值得研究的问题。这将在第 7 章具体论述。

第7章　产品绿色度对新能源汽车产品市场竞争决策的影响

第 6 章对技术和平台经济对新能源汽车供应链决策的影响进行了研究。为保护生态环境和促进汽车产业发展，中国政府规定了汽车产品能进入市场的最低绿色度标准，即碳排放量越低和越环保。本章刻画了传统汽车的绿色度和新能源汽车的绿色度，并且考虑了政府对企业生产新能源汽车进行财政补贴（如 2009 年开始推行的"节能产品惠民工程"对能效等级 1 级或 2 级以上的节能产品给予补贴）。此外，还刻画了两种类型汽车分别对于环境的改善程度。所以，本章将在考虑碳排放量和政府补贴的基础上，考虑汽车产品的绿色度决策及其对供应链其他决策问题的影响。

7.1　考虑产品绿色度的新能源汽车和传统汽车运营决策问题

7.1.1　问题描述与参数设定

为保护生态环境和促进汽车产业发展，中国政府规定了汽车产品能进入市场的最低绿色度标准，这里假设市场准入绿色度标准为 g_0，即 g_0 越大代表汽车产品绿色度越高，也就是碳排放量越低和越环保。令传统汽车的绿色度为 g_1，新能源汽车的绿色度为 g_2，显然有 $g_0 \leqslant g_1 \leqslant g_2$（后续出现的相关变量的下标 1、2 分别表示传统汽车或新能源汽车）。考虑政府对企业生产新能源汽车进行财政补贴（如 2009 年开始推行的"节能产品惠民工程"对能效等级 1 级或 2 级以上的节能产品给予补贴），并规定只有当绿色度高于 $\underline{g}$ 时才能获得补贴。通常，新能源汽车的绿色度会达到标准且获得补贴，而传统汽车则无法达到此标准，即 $g_0 \leqslant g_1 < \underline{g} \leqslant g_2$。

假定市场中的消费人为理性人，其每人只会购买一辆传统汽车或新能源汽车，且其对汽车的估算效用不同。假定传统汽车和新能源汽车在外形、颜色、舒适度和行驶需求等方面为消费者带来的效用相同。令 θ 为消费者对两种汽车所能提供的基本估算价值，θ_j（$j=1,2$）为不同消费者对产品产生的不同估值，服从 $[0,1]$ 上的均匀分布，其中消费者类型为 j。

假定绿色消费者针对新能源汽车的绿色偏好系数为 k，即汽车绿色度每提高一个单位，消费者支付溢价为 k，k 越高说明消费者越倾向于购买新能源汽车。所以，绿色消费者的效用函数为 $U_2 = \theta \left[1 + k \left(g_2 - \underline{g} \right) \right] - p_2$。

假设某一家汽车生产企业同时生产传统汽车和新能源汽车两种类型汽车，购买新能源汽车的消费者受到一定的政府补贴，补贴数额与新能源汽车价格、时间和绿色度有关。这里讨论退坡背景和补贴因子策略，具体是指政府规定单位补贴因子为 s，退坡系数为 t，实际补贴额度为 $r = (1-t) s p_2 \left(g_2 - \underline{g} \right)$。$t$ 服从 $[0,1]$ 的均匀分布，当 $t=1$ 时代表补贴完全退出。消费者每购买一辆新能源汽车须支付的实际价格为销售价格扣除政府补贴数额之差。这里，令 ξ 为补贴给消费者的分配比例，即 $r\xi$ 补贴给消费者，而 $r(1-\xi)$ 补贴给企业。所以消费者购买新能源汽车的价格等于 $p_2 - r\xi$，此时，绿色消费者获得的效用为 $U_2 = \theta \left[1 + k \left(g_2 - \underline{g} \right) \right] + r\xi - p_2$。

假定 F_i（$i=1,2$）为两种类型汽车分别对于环境的改善程度，假定 f_i（$i=1,2$）为两种类型汽车对环境的改善因子，表示绿色度越高越能对环境有所改善，其改善程度为改善因子、绿色度与需求量之积，即分别为 $F_1 = f_1 q_1 \left(g_1 - g_0 \right)$ 和 $F_2 = f_2 q_2 \left(g_2 - g_0 \right)$。所以政府从两种汽车绿色度收获的收益即两种汽车对环境的总改善程度，$F = F_1 + F_2$。

本节在考虑政府补贴退坡环境与补贴比例分配的情况下，构建由政府、企业和消费者组成的三方博弈模型，研究汽车企业生产决策问题。主要参数符号及其含义见表 7.1。

表 7.1　主要符号及其含义

符号	含义
g_0	市场准入下限，即绿色度低于 g_0 的汽车不允许投放市场
$\underline{g}$	政府补贴下限，即绿色度高于 $\underline{g}$ 的汽车企业，政府给予补贴
g_1、g_2	分别是传统汽车和新能源汽车的绿色度

续表

符号	含义
θ	消费者对产品需求的估值
θ_j	代表消费者类型，$\theta_j \in (0,1]$
U	（单一）消费者得到的效用值
CS_1、CS_2	分别是消费者购买传统汽车和购买新能源汽车得到的总收益
p	汽车市场销售价格
p_1、p_2	分别是传统汽车和新能源汽车的市场价格
c_1、c_2	分别是传统汽车与新能源汽车的制造成本，$c_1 < c_2$
q	汽车市场的总需求量
q_1、q_2	分别是传统汽车和新能源汽车的需求量
k	消费者愿意根据绿色度而额外支付的费用系数，称为绿色支付系数或绿色偏好
s	政府决定的补贴因子
r	政府实际给予新能源汽车的补贴额度，$r = (1-t)sp_2(g_2 - \underline{g})$
t	政府补贴退坡系数，服从[0，1]的均匀分布
ξ	政府补贴比例系数，$r\xi$ 给予消费者，$r(1-\xi)$ 给予企业
π_1、π_2	分别是传统汽车企业和新能源汽车企业生产获得的收益
F_1、F_2	分别是传统汽车和新能源汽车对环境的改善程度
F	两类汽车对环境总的改善程度
α_1、α_2	分别是传统汽车和新能源汽车的研发成本系数

7.1.2 基本假设

这里做出如下假设。

（1）社会总福利为消费者剩余、企业收益与政府收益之和减去政府支出。其中，政府支出为政府给予新能源汽车的补贴，且政府收益为汽车绿色度提升带来的环境改善度。

（2）市场为垄断市场，汽车企业同时生产传统汽车与新能源汽车，总市场需求量为1。

（3）若要提高汽车的绿色度水平，汽车企业需付出研发成本 τ_i，借鉴经典

AJ 模型，研发成本为 $\tau_i = \alpha_i \left(g_i - g_0 \right)^2$，其中 $\alpha_i \left(i = 1, 2 \right)$ 为研发成本系数。

（4）考虑厂商异质性，假定另一家企业 2 与企业 1 资源相似，企业 2 的生产成本为 c_{1x}、c_{2x}，研发成本系数为 α_{1x}、α_{2x}。

7.2 考虑产品绿色度的新能源汽车产品市场竞争模型

7.2.1 模型构建

1. 考虑消费者效用值

假设消费者面对不同类型的汽车时只能选择购买一辆汽车。第 I 类型消费者更偏好传统汽车，第 II 类型消费者更偏好新能源汽车，如图 7.1 所示。

图 7.1 不同类型消费者的购买行为

消费者购买新能源汽车所获得的净效用为

$$U_2 = \theta \left[1 + k \left(g_2 - g \right) \right] + r\xi - p_2 \tag{7.1}$$

消费者购买传统汽车所获得的净效用为

$$U_1 = \theta - p_1 \tag{7.2}$$

根据式（7.1）和式（7.2），得出购买传统汽车和购买新能源汽车的无差异界限，即

$$\theta' = \frac{p_2 - p_1 - r\xi}{k \left(g_2 - \underline{g} \right)} \tag{7.3}$$

因此，得到传统汽车市场需求为

$$q_1 = 1 \times \int_0^{\theta'} \mathrm{d}\theta = \frac{p_2 - p_1 - r\xi}{k \left(g_2 - \underline{g} \right)} \tag{7.4}$$

新能源汽车的市场需求为

$$q_2 = 1 \times \int_{\theta'}^1 \mathrm{d}\theta = 1 - \theta' = \frac{k \left(g_2 - \underline{g} \right) - p_2 + p_1 + r\xi}{k \left(g_2 - \underline{g} \right)} \tag{7.5}$$

2. 企业收益

假定企业产量与消费者需求量相同，企业的收益为其单位利润（价格与成本之差）与需求量之积减去研发成本，则企业生产新能源汽车和生产传统汽车的收益分别为

$$\pi_1 = (p_1 - c_1)q_1 - \alpha_1(g_1 - g_0)^2 \tag{7.6}$$

$$\pi_2 = [p_2 - c_2 + r(1-\xi)]q_2 - \alpha_2(g_2 - g_0)^2 \tag{7.7}$$

企业总收益为

$$\pi = \pi_1 + \pi_2 = (p_1 - c_1)q_1 - \alpha_1(g_1 - g_0)^2 + [p_2 - c_2 + r(1-\xi)]q_2 - \alpha_2(g_2 - g_0)^2 \tag{7.8}$$

3. 政府收益

政府社会总收益为

$$\pi_G = \pi + F + CS_1 + CS_2 - r \tag{7.9}$$

7.2.2 模型求解与分析

各方的决策顺序如下：首先政府确定补贴因子 s、补贴比例 ξ、补贴下限 $\underline{g}$ 和市场准入下限 g_0，企业决定传统汽车和新能源汽车产品的价格 p_1、p_2 和各自的绿色度 g_1、g_2 以最大化各自收益。具体如下。

1. 厂商的价格、绿色度决策

将 $r = (1-t)sp_2(g_2 - \underline{g})$ 代入式（7.8），分别对 π_1、π_2 求 p_1、p_2 的一阶偏导，有

$$\frac{\partial \pi_1}{\partial p_1} = \frac{p_2 - 2p_1 - (1-t)sp_2(g_2 - \underline{g})\xi + c_1}{k(g_2 - \underline{g})} \tag{7.10}$$

$$\frac{\partial \pi_2}{\partial p_2} = \frac{p_1 - 2p_2 + k(g_2 - \underline{g}) + (1-t)sp_2(g_2 - \underline{g})(2\xi - 1) + c_2}{k(g_2 - \underline{g})} \tag{7.11}$$

令 $\dfrac{\partial \pi_1}{\partial p_1} = 0$，$\dfrac{\partial \pi_2}{\partial p_2} = 0$，联立求解可得

$$p_1^* = \frac{s(1-t)(g_2 - \underline{g})\{(1-2\xi)c_1 - \xi[k(g_2 - \underline{g}) + c_2]\} + 2c_1 + k(g_2 - \underline{g}) + c_2}{3 + s(1-t)(2-3\xi)(g_2 - \underline{g})} \tag{7.12}$$

$$p_2^* = \frac{2k(g_2 - \underline{g}) + c_1 + 2c_2}{3 + s(1-t)(2-3\xi)(g_2 - \underline{g})} \tag{7.13}$$

根据式（7.12）和式（7.13），得出如下结论。

结论 7.1：k 与两类产品的价格正相关。式（7.12）和式（7.13）表明，随着消费者绿色偏好越强，消费者愿意为绿色产品支付意愿越强，所以能直接导致新能源汽车价格的上升。

结论 7.2：在其他因素不变时，政府给予消费者补贴变大时，新能源汽车的售价会变高，而传统汽车的价格会下降。

由式（7.12）和式（7.13）看出，ξ 的增加会造成 p_2^*（p_1^*）的增加（降低）。当政府补贴给予消费者时，消费者能够承受的产品价格会变高，但没有缓解企业成本压力，所以新能源汽车售价会上升。此时由于补贴的存在，消费者对新能源汽车的接受度会变高。

推论 7.1：如果政府存在补贴（$s \neq 0$，$t \neq 1$），且给予消费者比例较高（$\frac{2}{3} < \xi \leqslant 1$），则企业的新能源汽车绿色度 g_2 有上限，上限为

$$\frac{-3}{s(1-t)(2-3\xi)} + \underline{g}。$$

当 $\xi > \dfrac{2}{3}$ 时，式（7.12）和式（7.13）的分母可能会为负数，所以对其进行分析。令分母 $3 + s(1-t)(2-3\xi)(g_2 - \underline{g}) \geqslant 0$，得 $g_2 \leqslant -\dfrac{3}{s(1-t)(2-3\xi)} + \underline{g}$，$s \neq 0$，$t \neq 1$，$\dfrac{2}{3} < \xi \leqslant 1$。

推论 7.1 表明，当政府实施补贴政策且给予消费者比例较高时，若企业过多投入研发成本，大幅度提高新能源汽车绿色度 g_2 会造成企业无法获得盈利。即当其他条件不变时，政府实施补贴政策且给予消费者的比例较高时，企业提升新能源汽车绿色度 g_2 并不是一个好的选择。

若政府推出补贴退坡政策，即当 $s = 0$ 或 $t = 1$ 时，均衡价格只与 k、g_2、$\underline{g}$、c_1、c_2 有关，具体分析见后文。

推论 7.2：若政府给予消费者补贴额度增加且政府补贴总额降低，新能源汽车价格会下降；而传统汽车的价格会上升，这种影响会带来边际效应递减。

由式（7.12）和式（7.13）可得，当 $r = (1-t)sp_2(g_2 - \underline{g})$ 减小时，会造成 p_2^* 变小，p_1^* 变大。这说明当政府给予的补贴总额减少时，消费者获得的高额补贴并不能弥补产品的高额售价带来的效用损失。此时，新能源汽车会略微降价，同时传统汽车的价格会略微上升，而这种变化带来的影响并不大。

证明：取极限状况分析，当 $\xi = 1$ 时给予消费者最大的补贴额度。此时

$$p_1^* = \frac{s(1-t)(g_2-\underline{g})\left[-c_1-k(g_2-\underline{g})-c_2\right]+2c_1+k(g_2-\underline{g})+c_2}{3-s(1-t)(g_2-\underline{g})} \quad (7.14)$$

$$p_2^* = \frac{2k(g_2-\underline{g})+c_1+2c_2}{3-s(1-t)(g_2-\underline{g})} \quad (7.15)$$

令 $r_{t_1}=t_1(g_2-g)>r_{t_2}=t_2(g_2-g)$ ，则 $t_1>t_2>t_3$ ， $p_{t_2}^1>p_{t_1}^1$ 且 $\frac{p_{t_2}^1-p_{t_1}^1}{p_{t_1}^1}=$

$\frac{-c_2(g_2-g)(t_1-t_2)}{k+2c_1+c_2\left[1-t_1(g_2-g)\right]}$ ，同理有 $r_{t_2}=t_1(g_2-g)>r_{t_3}=t_2(g_2-g)$ 时，则 $p_{t_3}^1>p_{t_2}^1$

且 $\frac{p_{t_3}^1-p_{t_2}^1}{p_{t_2}^1}=\frac{-c_2(g_2-g)(t_2-t_3)}{k+2c_1+c_2\left[1-t_2(g_2-g)\right]}$ 。可知，时间 t 的增加与政府补贴额度 r

成反比，传统汽车的价格 p_1^* 是会不断上升的，假设随时间递减的额度是相同的，即 $r_{t_3}-r_{t_2}=r_{t_2}-r_{t_1}$ ，函数值呈递减趋势，也就是说传统汽车价格上升的额度与原价格的比重会越来越低，即出现边际递减效应。同理，新能源汽车的价格会不断下降，但是下降后与下降前相比比重会越来越低，也符合边际效应递减。

结论 7.3：

（1）当 $c_2 \geqslant \xi(2k+c_1)$ 时，提高政府补贴下限会导致传统汽车和新能源汽车价格的同时增加，且敏感程度与新能源汽车的成本成正比；若新能源汽车生产成本较低，或提高成本的同时能大幅度提高新能源汽车绿色度，则政府补贴对新能源汽车价格影响较小。政府补贴对新能源汽车价格的影响是边际递减的。

（2）当 $c_2 < \xi(2k+c_1)$ 时，政府提高补贴资金的补贴下限会使新能源汽车的价格有所下降。

证明： 由式（7.14）、式（7.15）得

$$\frac{\partial p_1^*}{\partial \underline{g}} = \frac{tc_2}{1+t(1-\xi)(g_2-\underline{g})} > 0$$

$$\frac{\partial p_2^*}{\partial \underline{g}} = \left(\frac{2(1-\xi)c_2}{\left[1+t(g_2-\underline{g})(1-\xi)\right]^2} - \frac{(2k+c_1)\xi}{\left[t\xi(g_2-\underline{g})-1\right]^2}\right)\frac{t}{3}$$

$$< \left(\frac{\left[t\xi(g_2-\underline{g})+1\right]^2 \times 2(1-\xi)c_2 - \left[1+t(g_2-\underline{g})(1-\xi)\right]^2 \times (2k+c_1)\xi}{\left[1+t(g_2-\underline{g})(1-\xi)\right]^2 \times \left[t\xi(g_2-\underline{g})+1\right]^2}\right)\frac{t}{3}$$

即 $\left[t\xi(g_2-\underline{g})+1\right]^2 \times 2(1-\xi)c_2 - \left[1+t(g_2-\underline{g})(1-\xi)\right]^2 \times (2k+c_1)\xi < 0$ 时上式

小于 0。化简得到 $c_2 < \xi(2k + c_1)$ 时，$\dfrac{\partial p_2^*}{\partial \underline{g}} < 0$。

$$\frac{\partial p_1^*}{\partial c_2} = \frac{1 - t\xi(g_2 - \underline{g})}{3\left[1 + t(1 - \xi)(g_2 - \underline{g})\right]} > 0 , \quad \frac{\partial p_2^*}{\partial c_2} = \frac{2}{3\left[1 + t(1 - \xi)(g_2 - \underline{g})\right]} > 0 。$$

证毕。

结论 7.3 表明，政府提高对新能源汽车补贴下限会导致传统汽车的价格上升，这将有利于增加新能源汽车的需求。当政府提高对新能源汽车的补贴下限时，虽然车企在新能源汽车上获得补贴的难度会增大，但若企业能降低新能源汽车的生产成本，也可以保证新能源汽车的竞争力，从而降低政府补贴的作用。

此外，当上式 $c_2 < \xi(2k + c_1)$ 时，$\dfrac{\partial p_2^*}{\partial \underline{g}} < 0$，此时，如果 ξ 增大，为了保持 $\dfrac{\partial p_2^*}{\partial \underline{g}} < 0$ 的趋势，企业生产新能源汽车的生产成本 c_2 的上限会变大。如果 c_2 不变，显然 ξ 越大越有利于达到 $c_2 < \xi(2k + c_1)$，从而使新能源汽车的价格下降。这说明政府给予消费者补贴并不意味新能源汽车价格会上升。

将式（7.14）、式（7.15）代入式（7.4）、式（7.5）得到

$$q_1^* = \frac{\left[1 + (g_2 - \underline{g})(1 - t)s(1 - \xi)\right]c_1 + \left[-1 + (g_2 - \underline{g})(1 - t)s\xi\right]\left[k(g_2 - \underline{g}) + c_2\right]}{k(g_2 - \underline{g})\left[s(1 - t)(3\xi - 2)(g_2 - \underline{g}) - 3\right]} \quad (7.16)$$

$$q_2^* = \frac{\left[-1 - (g_2 - \underline{g})(1 - t)s(1 - \xi)\right]\left[2k(g_2 - \underline{g}) + c_1\right] + \left[1 - (g_2 - \underline{g})(1 - t)s\xi\right]c_2}{k(g_2 - \underline{g})\left[s(1 - t)(3\xi - 2)(g_2 - \underline{g}) - 3\right]}$$

$$(7.17)$$

由式（7.16）、式（7.17）均大于 0 可以得到

$$\frac{c_2 - \left[2k(g_2 - \underline{g}) + c_1\right]}{\xi c_2 + (1 - \xi)\left[2k(g_2 - \underline{g}) + c_1\right]} = r_{\min} \leqslant r \leqslant r_{\max} = \frac{k(g_2 - \underline{g}) + c_2 - c_1}{\xi\left[k(g_2 - \underline{g}) + c_2\right] + (1 - \xi)c_1}$$

显然，政府给予的补贴的高低与新能源汽车的市场需求成正比，同时与传统汽车的市场需求成反比。新能源汽车的价格 p_2 会随着消费者绿色偏好程度 k 和成本 c 的增大而增大；传统汽车的变化趋势则相反。

结论 7.4：政府减少每单位产品的补贴系数调整因子（降低补贴额度）会降低新能源汽车市场的需求量，但是政府补贴对此影响作用是边际递减的；政府提高对新能源汽车产品的补贴下限会降低新能源汽车市场的需求量；若消费者得到较高的新能源汽车补贴会促进新能源汽车的需求量。

证明：用式（7.16）、式（7.17）对补贴比例系数 ξ 求导，则有

$$\frac{\partial q_1^*}{\partial \xi} = -\frac{(1-t)^2 s^2 (g_2-\underline{g})\{c_1 + 2[(k(g_2-\underline{g})+c_2]\}}{3k[1+t(1-\xi)(g_2-\underline{g})]^2} < 0 \qquad (7.18)$$

$$\frac{\partial q_2^*}{\partial \xi} = \frac{(1-t)^2 s^2 (g_2-\underline{g})\{c_1 + 2k[(g_2-\underline{g})+c_2]\}}{3k[1+t(1-\xi)(g_2-\underline{g})]^2} > 0 \qquad (7.19)$$

2. 企业收益

企业生产传统汽车和新能源汽车的收益，计算出

$$\pi_1^* = \frac{\{[1-s(g_2-\underline{g})(1-t)(\xi-1)]\}c_1 + [-1+s(g_2-\underline{g})(1-t)\xi][k(g_2-\underline{g})+c_2]^2}{k(g_2-\underline{g})[3+s(1-t)(2-3\xi)(g_2-\underline{g})]^2}$$
$$- \alpha_1(g_1-g_0)^2$$
$$(7.20)$$

$$\pi_2^* = \frac{\{[-1+s(g_2-\underline{g})(1-t)(\xi-1)][2k(g_2-\underline{g})+c_1]+[1-s(g_2-\underline{g})(1-t)\xi]c_2\}^2}{k(g_2-\underline{g})[3+s(1-t)(2-3\xi)(g_2-\underline{g})]^2}$$
$$- \alpha_2(g_2-g_0)^2$$
$$(7.21)$$

结论 7.5：当政府增加对消费者的补贴比例时，若 $\dfrac{t(g_2-g)}{[1+t(1-\xi)(g_2-g)]^2} <$

$p_2\left(1-\dfrac{2k+c_1}{c_2}\right)$，则新能源汽车的收益不会下降。

证明：

$$\frac{\partial \pi_2^*}{\partial \xi} = \frac{t(g_2-g)}{3k}\left(c_2 p_2 - \frac{tc_2^2(g_2-g)}{1+t(1-\xi)(g_2-g)^2} - (2k+c_1)p_2\right) \qquad (7.22)$$

当 $\dfrac{t(g_2-g)}{1+t(1-\xi)(g_2-g)^2} < p_2\left(1-\dfrac{2k+c_1}{c_2}\right)$ 时，式（7.22）的结果恒为非负数。

显然，当政府的补贴额度或补贴比例满足式（7.22）时，新能源汽车的收益会上升，这表明控制对消费者的补贴比例可作为政府的调控手段。

另外，由式（7.22）易得到，当 $p_2 > \dfrac{c_2^2 r}{[1+(1-\xi)r]^2(c_2-2k-c_1)}$ 时，

式（7.22）结果为正恒成立，可以看出，新能源汽车的成本 c_2 上升、消费者偏好

k 下降，都会使新能源汽车价格 p_2 上升，如果新能源汽车价格 p_2 不高，那么企业收益与政府补贴比例负相关。

显然，在新能源汽车生产成本较高的情况下，虽然政府将补贴给予消费者在一定程度上可以稳定新能源汽车的需求量，但并不能保证车企在新能源汽车产品上的收益。所以，加快技术研发或降低新能源汽车生产成本是根本途径。

这里考察车企的总收益：

$$
\begin{aligned}
\pi &= \pi_1 + \pi_2 \\
&= (p_1 - c_1)q_1 - \alpha_1(g_1 - g_0)^2 + \left[p_2 - c_2 + r(1-\xi)\right]q_2 - \alpha_2(g_2 - g_0)^2
\end{aligned}
\tag{7.23}
$$

由于收益较为复杂，在此对公式作简化分析：

$$
\frac{\partial \pi}{\partial \xi} = \frac{c_2\left[1+(g_2-\underline{g})(1-t)s(1-\xi)\right]^2 - \left[1-(g_2-\underline{g})(1-t)s\xi\right]^2 c_2\left[2k(g_2-\underline{g})+c_1\right]}{k^2(g_2-\underline{g})\left[s(1-t)(3\xi-2)(g_2-\underline{g})-3\right]^2}
\tag{7.24}
$$

可知，政策补贴比例的上升会使汽车企业利润上升，但取决于消费者绿色偏好 k 和新能源汽车成本 c_2 的高低。另外，易得到

$$
\frac{\partial \pi}{\partial t} = \frac{\left[1+(g_2-\underline{g})(1-t)s(1-\xi)\right]^2 + \left[1-(g_2-\underline{g})(1-t)s\xi\right]^2 c_2 - c_2(g_2-\underline{g})\left[2k(g_2-\underline{g})+c_1\right]}{k^2(g_2-\underline{g})\left[s(1-t)(3\xi-2)(g_2-\underline{g})-3\right]^2}
\tag{7.25}
$$

可知，退坡系数增加（补贴额度逐渐减少）将导致车企总收益下降，但下降幅度与新能源汽车成本 c_2、消费者绿色偏好 k 和新能源汽车绿色度 g_2 有关。如果消费者绿色偏好 k 上升，企业能够提升新能源汽车绿色度 g_2，则企业收益受补贴影响不明显。

$$
\begin{aligned}
\frac{\partial \pi}{\partial g_2} &= \frac{\left[1-(g_2-\underline{g})(1-t)s\xi\right]^2(2c_2+1) + \left[k(g_2-\underline{g})+3\right]^2 + \left[2+c_1+(g_2-\underline{g})(1-t)s(1-\xi)\right]^2}{k^2(g_2-\underline{g})\left[s(1-t)(3\xi-2)(g_2-\underline{g})-3\right]^2} \\
&\quad + \frac{-c_2(g_2-\underline{g})\left[2k(g_2-\underline{g})+c_1\right]}{k^2(g_2-\underline{g})\left[s(1-t)(3\xi-2)(g_2-\underline{g})-3\right]^2}
\end{aligned}
\tag{7.26}
$$

显然，企业的整体收益受补贴和新能源汽车绿色度影响明显，当补贴完全退出时，企业提高绿色度能提高利润的条件为 $\left[k(g_2-\underline{g})+3\right]^2 > c_2(g_2-\underline{g})$

$\left[2k\left(g_2-\underline{g}\right)+c_1\right]$，即消费者绿色偏好提升、新能源汽车成本下降时，企业为了提高收益应该选择进行技术革新，提高新能源汽车的绿色度。

考虑企业异质性的不同企业决策。把企业 2 的生产成本 c_{1x}、c_{2x}，研发成本系数 α_{1x}、α_{2x} 代入式（7.20）、式（7.21）和式（7.23）可得

$$\pi_{1x}^* = \frac{\left\{1-s\left(g_2-g\right)\left(1-t\right)\left(\xi-1\right)\right\}c_{1x}+\left[-1+s\left(g_2-g\right)\left(1-t\right)\xi\right]\left[k\left(g_2-g\right)+c_{2x}\right]^2}{k\left(g_2-g\right)\left[3+s\left(1-t\right)\left(2-3\xi\right)\left(g_2-g\right)\right]^2}$$
$$-\alpha_{1x}\left(g_1-g_0\right)^2$$

（7.27）

$$\pi_{2x}^* = \frac{\left\{\left[1-s\left(g_2-g\right)\left(1-t\right)\left(\xi-1\right)\right]\left[2k\left(g_2-g\right)c_{1x}\right]+\left[1-s\left(g_2-g\right)\left(1-t\right)\xi\right]c_{2x}\right\}^2}{k\left(g_2-g\right)\left[3+s\left(1-t\right)\left(2-3\xi\right)\left(g_2-g\right)\right]^2}$$
$$-\alpha_{2x}\left(g_2-g_0\right)^2$$

（7.28）

$$\pi = \pi_1+\pi_2$$
$$= \left(p_1-c_{1x}\right)q_1-\alpha_{1x}\left(g_1-g_0\right)^2+\left[p_2-c_{2x}+r\left(1-\xi\right)\right]q_2-\alpha_{2x}\left(g_2-g_0\right)^2$$

（7.29）

若同时 $c_{2x}>c_2$，$\alpha_{2x}>\alpha_2$，一定会出现 $\pi_{2x}^*>\pi_2^*$（反之亦然），所以仅考虑当 $c_{2x}<c_2$，而 $\alpha_{2x}>\alpha_2$ 时，企业对新能源汽车的生产决策。

结论 7.6： 当新能源汽车成本较小而研发成本较大时，企业会忽略对新能源汽车研发的投入而只关注于生产。

证明： 比较式（7.21）和式（7.28）得知，当 $\pi_x^*>\pi^*$ 时，有

$$c_{2x} < \frac{\left\{\left[s\left(1-t\right)-3\right]\left[s\left(g_2-g\right)\left(1-t\right)\left(2-3\xi\right)\right]\left[2k\left(g_2-g\right)c_{1x}\right]+\left[s\left(g_2-g\right)\xi\right]c_{2x}\right\}^2}{k\left(g_2-g\right)\left[3+s\left(1-t\right)\left(2-3\xi\right)\left(g_2-g\right)\right]^2}$$
$$+ \frac{1-\left(1-t\right)\xi c_{1x}+\left(\xi-1\right)\left[s\left(g_2-g\right)\left(1-t\right)\right]c_{2x}}{k\left(\xi-1\right)\left[2k\left(g_2-g\right)c_{1x}\right]^2}$$
$$+ \alpha_{2x}\left(g_2-g_0\right)^2$$
$$- \alpha_2\left(g_1-g_0\right)^2$$

（7.30）

可知，当新能源汽车成本与研发成本具备上述函数关系时，企业的利润会升高，也就意味着企业不会关注于增加新能源汽车绿色度 g_2 而只专注于生产新能源汽车，提高新能源汽车的需求量 q_2。

7.3　产品绿色度下的新能源汽车市场竞争分析

这里取 $c_1 = 2$，$c_2 = 3$，$\alpha_1 = \alpha_2 = 1$，$g_0 = 1$，$g = 2$，另外，取 $f_1 = 0.5$，$f_2 = 2$。这里需说明的是，为使传统汽车绿色度符合市场准入标准，且与新能源汽车的绿色度有较明显差异，取 $g_1 = 1.1$，$g_2 = 3$。

7.3.1　补贴比例与绿色偏好对新能源汽车价格、市场需求和企业收益的影响

政府补贴差异下，补贴比例与绿色偏好对新能源汽车价格和需求的影响如图 7.2 所示，其敏感性分析如表 7.2 所示。

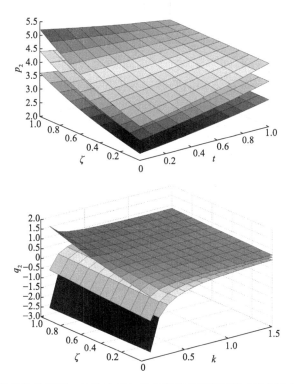

图 7.2　政府补贴差异下，补贴比例与绿色偏好对新能源汽车价格和需求的影响

表 7.2 消费者绿色偏好、补贴比例对新能源汽车需求的影响

k	ξ							
	0.200 0	0.400 0	0.600 0	0.800 0	1.000 0	1.200 0	1.400 0	1.600 0
0.000 0	0.473 7	0.605 3	0.649 1	0.671 1	0.684 2	0.693 0	0.699 2	0.703 9
0.200 0	0.573 0	0.657 3	0.685 4	0.699 4	0.707 9	0.713 5	0.717 5	0.720 5
0.400 0	0.686 7	0.716 9	0.726 9	0.731 9	0.734 9	0.736 9	0.738 4	0.739 5
0.600 0	0.818 2	0.785 7	0.774 9	0.769 5	0.766 2	0.764 1	0.762 5	0.761 4
0.800 0	0.971 8	0.866 2	0.831 0	0.813 4	0.802 8	0.795 8	0.790 7	0.787 0
1.000 0	1.153 8	0.961 5	0.897 4	0.865 4	0.846 2	0.833 3	0.824 2	0.817 3

由图 7.2 和表 7.2 可以看出，新能源汽车的价格受消费者绿色偏好影响明显，呈正相关趋势（本次模拟取 $g_2 = 3$，自上而下分别代表 $k = 2.5$，$k = 1.5$，$k = 0.5$）。当绿色偏好不变时，政府补贴消费者的比例与新能源汽车的价格成正比，而新能源汽车需求量受补贴比例和绿色偏好的影响依旧明显。当补贴额度较高时（$s > 0.5$），提高补贴比例会使新能源汽车需求量大幅度上升；当补贴逐渐退出时（$s < 0.5$），补贴比例对需求的影响力不明显。所以，在补贴退坡环境下将补贴给予消费者是提高新能源汽车需求量的手段之一。当消费者绿色偏好上升，新能源汽车需求量高度依赖消费者绿色偏好而不再依赖补贴，这符合普遍的经济规律。

补贴比例与绿色偏好对车企新能源汽车产品的收益影响如图 7.3 所示。

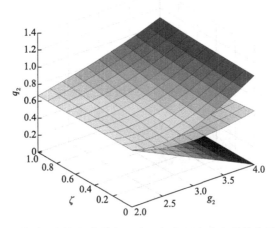

图 7.3 补贴比例与绿色偏好对车企新能源汽车产品的收益影响

由图 7.3 可知，企业生产新能源的收益受消费者绿色偏好 k 的影响明显，呈正相关趋势；但是当政府补贴比例变化较小（如 $\xi < 0.5$ ）时，补贴分配比例对新能源汽车收益的影响不明显。反之，即政府补贴比例变化较大（如 $0.5 < \xi < 1$ ）时，补贴分配比例的上升能够给新能源汽车的收益带来明显提升，这可能是比例的变化使消费者需求量增加所导致的。

7.3.2　消费者绿色偏好、新能源汽车绿色度对市场需求和企业收益的影响

消费者绿色偏好、新能源汽车绿色度对企业需求量和收益的影响如图7.4 所示，其敏感度分析如表 7.3 所示。

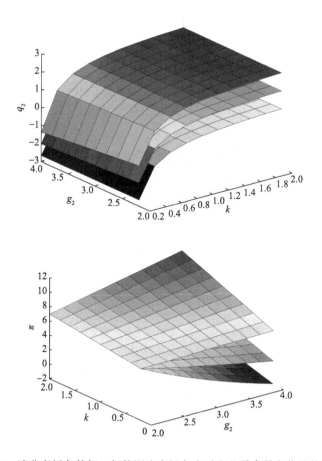

图 7.4　消费者绿色偏好、新能源汽车绿色度对企业需求量和收益的影响

表 7.3 消费者绿色偏好、新能源汽车绿色度对企业收益的影响

k	g_2									
	0.300	0.600	0.900	1.200	1.500	1.800	2.100	2.400	2.700	3.000
2.000	5.300	5.600	5.900	6.200	6.500	6.800	7.100	7.400	7.700	8.000
2.200	4.900	5.258	5.617	5.975	6.334	6.693	7.051	7.410	7.768	8.127
2.400	4.507	4.921	5.335	5.750	6.164	6.578	6.992	7.407	7.821	8.235
2.600	4.122	4.589	5.056	5.523	5.990	6.457	6.924	7.391	7.858	8.325
2.800	3.744	4.261	4.778	5.295	5.812	6.329	6.846	7.363	7.880	8.397
3.000	3.374	3.938	4.502	5.066	5.630	6.194	6.758	7.322	7.886	8.450
3.200	3.011	3.619	4.227	4.835	5.443	6.052	6.660	7.268	7.876	8.484
3.400	2.655	3.305	3.954	4.604	5.253	5.903	6.552	7.202	7.851	8.500
3.600	2.308	2.995	3.683	4.371	5.059	5.747	6.435	7.122	7.810	8.498
3.800	1.967	2.691	3.414	4.137	4.861	5.584	6.307	7.031	7.754	8.478
4.000	1.634	2.390	3.146	3.902	4.658	5.414	6.170	6.926	7.682	8.438

由图 7.4 和表 7.3 可以看出,新能源汽车需求量和收益受新能源汽车绿色度和消费者绿色偏好影响明显。当消费者绿色偏好较低时,新能源汽车需要提高较多的绿色度才能使需求量增长明显,相对的表现不够敏感;而消费者绿色偏好较高时,新能源汽车需求量受其绿色度影响敏感很多。

而企业生产新能源汽车的收益则与新能源汽车绿色度 g_2 负相关。即在政府补贴可观时下降较小,在政府退出补贴时下降明显;但是生产新能源汽车的收益与消费者绿色偏好 k 正相关,且增速明显。

7.4 本 章 小 结

在考虑了补贴因素的基础上,本章研究了两类汽车产品绿色度的变化对新能源汽车供应链的影响。研究显示,当消费者绿色偏好较低时,新能源汽车需提高较多的绿色度才能使需求量增长明显;而消费者绿色偏好较高时,新能源汽车需求量受其绿色度影响敏感很多。消费者绿色偏好 k 上升可提升新能源汽车绿色度,但制造商的收益受补贴影响不明显。显然,新能源汽车产品的绿色度也会影响着用户情感偏好,这最终决定新能源汽车产品的市场接受度。所以,下一章通过挖掘消费者的在线评论,分析消费者情感的偏好。在此基础上,建立新能源汽车市场接受度评估模型,进一步评估新能源汽车产品的市场接受度。

第8章 考虑消费者情感偏好的 新能源汽车市场接受度评价

随着新能源汽车市场竞争的加剧，快速占领市场和提高消费者购买意愿成为决策者的重要主题。当前，许多决策者试图通过评估新能源汽车市场接受度，来准确把握消费者的偏好和购买新能源汽车的个人需求，进而优化产品以实现销售增长。本章将通过深度挖掘消费者的在线评论数据，分析消费者对新能源汽车产品的情感偏好，提出改进的 SMAA-ER 方法评估新能源汽车的市场接受度，构建基于改进 SMAA-ER 方法的新能源汽车市场接受度模型，以及建立基于 SMAA-IT2FS 方法的新能源汽车市场接受度评估模型，为新能源汽车的可持续发展提供可行思路。具体地，本章主要利用 Python 技术爬取汽车之家网站新能源汽车评论数据，将爬取下的数据进行数据分析和数据清洗，即数据预处理，如数据拆分、数据清洗、分词和去停用词等。利用空间向量模型将非结构化数据转化为结构化数据，通过 TF-IDF 模型提取关键词。

8.1 基于改进 SMAA-ER 的新能源汽车市场 接受度评价

随着新能源汽车市场竞争的加剧，快速占领市场，提高消费者对产品的购买意愿是决策者的重要课题。目前，很多决策者试图通过对市场接受度的评估，准确把握消费者购买新能源汽车的偏好和个人需求，进而优化产品，实现销量增长。

决策者通常通过市场调查从客户那里获取新能源汽车市场接受度的衡量标准，而市场调查通常基于一段时间内有限的样本。随着信息通信技术的发展，越来越多消费者在专门的汽车论坛上分享他们对产品的意见。由此产生成千上万的评论,这些评论通过网络技术汇聚成动态的、离散的群体评价信息。这些由用户产生的、易于获取的、低成本的信息,对于确定客户偏好、产品口碑和潜在的消费者购买意向具有重要作用。因此,这些关于新能源汽车的在线评论,为决策者提供了丰富的数据来源,以确定新能源汽车在市场上的优势是什么,新能源汽车应该在哪些方面进行改进。

本书提出一种基于 SMAA-ER 方法,同时考虑属性和属性权重的不确定性,有效评估新能源汽车市场接受度的改进方法。该方法首先对从综合性汽车网站上收集的消费者在线评论进行预处理,利用 LDA 主题模型识别消费者的潜在购买偏好[132, 133]。根据 LDA 主题模型生成的潜在主题和高频主题词,决策者构建市场接受度指标体系,确定属性权重的约束范围,收集属性信息。本章采用改进的 SMAA-ER 方法计算新能源汽车市场接受度的所有可能排名,并根据概率对可能的结果进行测算。

8.1.1　评价指标体系的构建

消费者往往通过在线评论表达对新能源汽车某些方面的期望。从某种意义上说,决策者在构建新能源汽车市场接受度指标体系时,可以参考消费者在线评论。对在线评论文本进行数据挖掘,可以识别消费者的主要关注点。但是由于评论文本数据规模较大,难以理解海量数据中包含的主题和关键因素。本节利用 LDA 主题模型实现在线评论数据的主题分割,并将主题分割的结果作为决策者识别评估属性的依据[134, 135]。在进行主题分割之前,应采用以下步骤对在线评论数据进行预处理[132]。

(1)中文分词。根据用户的评论数据,确定要保留的词语列表类别。只保留动词、名词、成语。然后,利用 Jieba 分割工具对句子进行精准分词,得到适合文本分析的词条对象。

(2)停用词。将评论文本中经常使用但没有具体含义的词语删除。停用词通常表示为冠词、介词或感叹词,如“那”“这”“的”“啊”“哎”等。此外,中文评论集还包含一些表情符号和非词性特殊字符,需要对其进行清理。这里,使用停用词来删除文本数据中的无意义词。

(3)Gensim 主题模型预处理。将评论分为中文词和停止词后,形成有效的评论数据列表。在使用 Gensim 中的 LDA 制作主题模型之前,需要进行预处理。这涉及词条分割到词典、语料生成、TF-IDF 转换。LDA 主题模型的流程见图8.1。

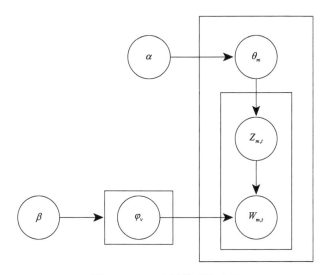

图 8.1　LDA 主题模型的流程

以上过程完成了建立 LDA 主题模型的准备工作。将预处理后的数据输入 LDA 主题模型中，输出的是一个概率分布形式的主题[136]。每个文本有自己的主题分布，每个主题有自己的词分布。(α, θ_m) 代表每条评论中主题分布的参数集。(β, φ_v) 代表每个主题上词分布的参数集。更具体地说，主题分布和词分布都是多项分布。Dirichlet 分布可以估计多项式分布的参数。(α, β) 是 Dirichlet 分布的参数集，并且 (θ_m, φ_v) 是多项式分布的参数集。$Z_{m,t}$ 表示评论 m 的第 t 个单词的主题编号，$W_{m,t}$ 表示评论 m 的主题 v 的单词分布中的第 t 个单词。对于 R 条评论中的任意一条评论 m，第一步是从评论的主题分布 θ_m 中抽取主题 $Z_{m,t}$，第二步是在对应主题的词分布 φ_v 中抽取一个单词 $W_{m,t}$。重复上述两个随机生成过程，直到评论完成以上步骤。设置超参数 $\alpha = 50/V$ 和 $\beta = 0.01$，V 是主题的数量[137]。LDA 主题模型以概率分布的形式表示每篇评论的主题，决策者为每个主题分配一个通用主题词[138]。决策者计算不同主题的困惑度得分，获得适当数量的主题，并对处理后的文本进行分析，得到相应的主题。参考主题词和概率，决策者建立相应的指标体系。

8.1.2　模型的建立与求解

SMAA-ER 方法是证据推理法和随机多标准可接受性分析法的集成[139]。它可以提供有效处理不确定多属性决策问题的能力。具体来说，在这种集成方法中，ER 方法使用置信结构来描述属性值，并提供非线性融合过程来汇总属性值，SMAA 方法使用分布函数来描述可行权重，并为决策者提供丰富的信息来协助决策。由于这些优点，改进后的 SMAA-ER 方法被用于评价新能源汽车的市场接受度。

1. 问题描述

假设多属性决策问题涉及 M 个品牌的新能源汽车，记为 $\{I_1, I_2, \cdots, I_j, \cdots, I_M\}$，$L$ 个属性，记为 $\{C_1, C_2, \cdots, C_i, \cdots, C_L\}$。$H_n(n=1,2,\cdots,N)$ 表示属性的评价等级。通常，我们假设 H_{n+1} 优于 H_n。如果一个新能源汽车 I_j 在属性 C_i 上的评价等级为 H_n，其置信程度为 $\beta_n(I_j^i)$，则我们使用置信结构 $\{H_n, \beta_n(I_j^i)\}$ 来描述属性信息，其中 $0 \leqslant \beta_n(I_j^i) \leqslant 1$；$\sum_{n=1}^{N} \beta_n(I_j^i) \leqslant 1$。如果 $\sum_{n=1}^{N} \beta_n(I_j^i) = 0$，则表示新能源汽车 I_j 的第 i 个指标信息丢失，完全未知。如果 $\sum_{n=1}^{N} \beta_n(I_j^i) = 1$，则新能源汽车 I_j 在属性 C_i 上的评估被认为是完整的。

在实际案例中，可以从两个方面获得指标的置信结构。第一，可以直接从消费者的评价中获得。例如，有 300 个消费者对新能源汽车的外观进行评价，评价等级范围为 1~5。假设有 150 个消费者认为外观应该评为 4 级，而 100 个消费者认为是 5 级，另有 50 人无法决定。在这种情况下，外观的置信结构可以表示为 $\{H_4, 0.50; H_5, 0.33\}$。第二，通过隶属度函数从其他类型（如区间数）转换而来。关于转换方法的讨论，可参见 Zhang 等提出的方法[139]。

$\{w_1, w_2, \cdots, w_i, \cdots, w_L\}$ 为 L 个属性的权重，并满足 $0 \leqslant w_i \leqslant 1$ 和 $\sum_{i=1}^{L} w_i = 1$。由于新能源汽车市场接受度评价过程的复杂性，权重信息不一定能被决策者准确提供。按照 Guo 等的想法，消费者关注的属性应该被赋予相对较大的权重[134]。通过统计消费者评论中至少包含一个主题词的数量来定义属性权重约束范围，即某一属性中包含主题词的频率越高，该属性的权重越大。

2. 新能源汽车市场接受度评价模型与步骤

考虑到权重和属性值的不确定性，采用改进的 SMAA-ER 方法来评价新能源汽车的市场接受度。通过蒙特卡洛模拟方法给出了计算过程，包括以下 7 个步骤。模拟过程总结如图 8.2 所示。

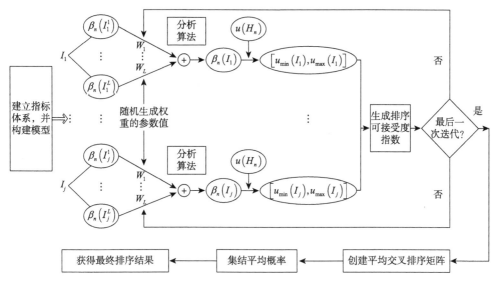

图 8.2　改进 SMAA-ER 方法的仿真过程

1）收集新能源汽车市场接受度评价信息

根据市场接受度的评价指标体系，决策者提供各属性的评价信息。

2）收集属性权重信息

决策者识别权值的形式，确定可行权值空间，并从可行权值空间为每次迭代生成样本。

3）计算新能源汽车市场接受度的置信结构

对于给定的 I_j，第 i 个指标的基本信任分配函数由下面公式计算得出：

$$m_{n,i} = m_i(H_n) = w_i \beta_n(I_j^i); n = 1, 2, \cdots, N; i = 1, 2, \cdots, L; j = 1, 2, \cdots, M$$

$$m_{H,i} = m_i(H) = 1 - \sum_{n=1}^{N} m_{n,i} = 1 - w_i \sum_{n=1}^{N} \beta_n(I_j^i)$$

$$\bar{m}_{H,i} = \bar{m}_i(H) = 1 - w_i; \tilde{m}_{H,i} = \tilde{m}_i(H) = w_i \left(1 - \sum_{n=1}^{N} \beta_n(I_j^i)\right) \tag{8.1}$$

$$m_{H,i} = \bar{m}_{H,i} + \tilde{m}_{H,i}; \sum_{i=1}^{L} w_i = 1$$

在此，$m_{n,i}$ 是 I_j 的属性 C_i 评价到等级 H_n 上的基本分配 Mass 函数。无法评估的置信程度由 $m_{H,i}$ 表示，由 $\bar{m}_{H,i}$ 和 $\tilde{m}_{H,i}$ 组成，其中 $\bar{m}_{H,i}$ 是由属性权重引起的，而 $\tilde{m}_{H,i}$ 是由对 I_j 的属性 C_i 的测量不确定性引起的。对于新能源汽车 I_j，如果第 i 个属性信息缺失，则 $m_{n,i} = 0$，$m_{H,i} = 1$。

然后，利用证据理论分析算法得到新能源汽车市场接受度的置信结构：

$$\{H_n\}: m_n = \bar{k}\left[\prod_{i=1}^{L}\left(m_{n,i} + \bar{m}_{H,i} + \tilde{m}_{H,i}\right) - \prod_{i=1}^{L}\left(\bar{m}_{H,i} + \tilde{m}_{H,i}\right)\right]$$

$$\{H\}: \tilde{m}_H = \bar{k}\left[\prod_{i=1}^{L}\left(\bar{m}_{H,i} + \tilde{m}_{H,i}\right) - \prod_{i=1}^{L}\left(\bar{m}_{H,i}\right)\right]$$

$$\{H\}: \bar{m}_H = \bar{k}\left[\prod_{i=1}^{L}\left(\bar{m}_{H,i}\right)\right] \tag{8.2}$$

$$\bar{k} = \left[\sum_{n=1}^{N}\prod_{i=1}^{L}\left(m_{n,i} + \bar{m}_{H,i} + \tilde{m}_{H,i}\right) - (N-1)\prod_{i=1}^{L}\left(\bar{m}_{H,i} + \tilde{m}_{H,i}\right)\right]^{-1}$$

$$\{H_n\}: \beta_n = m_n / \left(1 - \bar{m}_H\right); n = 1, 2, \cdots, N$$

$$\{H\}: \beta_H = \tilde{m}_H / \left(1 - \bar{m}_H\right)$$

其中，β_n 和 β_H 分别表示新能源汽车市场接受度被评价到评估等级 H_n 和评估框架 H 上的置信程度。很容易证明 $\sum_{n=1}^{N}\beta_n(I_j) + \beta_H(I_j) = 1$。这里，$\beta_n(I_j) + \beta_H(I_j)$ 和 $\beta_n(I_j)$ 是新能源汽车 I_j 市场接受度被评价到等级 H_n 的上限和下限。

4）计算新能源汽车市场接受度的预期效用

假设评估等级的效用为 $u(H_1), u(H_2), \cdots, u(H_N)$，每辆新能源汽车的最大和最小效用由式（8.3）计算：

$$u_{\max}(I_j) = \left(\beta_N(I_j) + \beta_H(I_j)\right)u(H_N) + \sum_{n=1}^{N-1}\beta_n(I_j)u(H_n)$$

$$u_{\min}(I_j) = \sum_{n=2}^{N}\beta_n(I_j)u(H_n) + \left(\beta_1(I_j) + \beta_H(I_j)\right)u(H_1) \tag{8.3}$$

对于特定的新能源汽车 I_j，如果决策者提供完整的评估信息，那么 $u_{\min}(I_j) = u_{\max}(I_j)$；否则，新能源汽车市场接受度的效用值在 $u_{\min}(I_j)$ 和 $u_{\max}(I_j)$ 范围内[140]。

5）建立交叉排序矩阵，生成排序可接受度指数

$X = \{x_1, x_2, \cdots, x_j, \cdots, x_M\}$ 代表了新能源汽车市场接受度的一组评估效用。可以将新能源汽车 I_j 的期望效用 ξ_j 视为密度函数 $f_j(\xi_j)$ 的独立随机变量，并假设 ξ_j 均匀分布在区间数 $\left[u_{\min}(I_j), u_{\max}(I_j)\right]$ 上。因此，X 的联合概率密度函数由 $f(\xi) = \prod_{j=1}^{M}f_j(\xi_j)$ 表示。在每次迭代中，新能源汽车 I_j 的排序次序可以通过式（8.4）确定：

$$\text{rank}(\xi_j) = \sum_k \rho(\xi_k > \xi_j) \tag{8.4}$$

在式（8.4）中，$\rho(\text{true}) = 1$ 和 $\rho(\text{false}) = 0$。$\text{rank}(\xi_j) = 1$ 表示新能源汽车 I_j 在所有新能源汽车中，拥有最好的市场接受度。相反，$\text{rank}(\xi_j) = M$ 表示新能源

汽车 I_j 的市场接受度在所有新能源汽车中最低。当新能源汽车 I_j 排名为 $r(r \in [1, M])$ 时，排序可接受度指数 $b_{I_j}^r$ 可以通过式（8.5）获得[141]：

$$b_{I_j}^r = \int_{X : \mathrm{rank}(\xi_j) = r} f(\xi) \, \mathrm{d}(\xi) \qquad (8.5)$$

在这里，$b_{I_j}^r$ 的值表示排序可接受度指数，满足 $\sum_{j=1}^{M} b_{I_j}^r = 1$；$\sum_{r=1}^{M} b_{I_j}^r = 1$。通过计算 $b_{I_j}^r$ 的 T 次迭代，建立了交叉排序矩阵，如表 8.1 所示。

表 8.1　交叉排序矩阵

迭代	方案	排序			
		1	2	⋯	M
1st	I_1	b_{11}^1	b_{11}^2	⋯	b_{11}^M
	I_2	b_{12}^1	b_{12}^2	⋯	b_{12}^M
	⋮	⋮	⋮	⋮	⋮
	I_M	b_{1M}^1	b_{1M}^2	⋯	b_{1M}^M
2nd	I_1	b_{21}^1	b_{21}^2	⋯	b_{21}^M
	I_2	b_{22}^1	b_{22}^2	⋯	b_{22}^M
	⋮	⋮	⋮	⋮	⋮
	I_M	b_{2M}^1	b_{2M}^2	⋯	b_{2M}^M
Tth	I_1	b_{T1}^1	b_{T1}^2	⋯	b_{T1}^M
	I_2	b_{T2}^1	b_{T2}^2	⋯	b_{T2}^M
	⋮	⋮	⋮	⋮	⋮
	I_M	b_{TM}^1	b_{TM}^2	⋯	b_{TM}^M

6）创建平均交叉排序矩阵

平均交叉排序矩阵 $B_{\mathrm{avg}} = \left(b_{\mathrm{avg}}^{jr} \right)_{M \times M}$ 是根据表 8.1 构建的。这里，b_{avg}^{jr} 表示新能源汽车 I_j 在第 r 位的平均排序可接受度指数，对于特定的新能源汽车 I_j，可以表示为

$$b_{\mathrm{avg}}^{jr} = \sum_T b_{I_j}^r / T \qquad (8.6)$$

7）集结平均交叉排序矩阵[142]

集结新能源汽车 I_j 的平均可接受度指数，构建线性优化模型如下：

$$\text{Max} \qquad a_j = \sum_{r=1}^{M} u_r b_{\text{avg}}^{jr}$$

$$\sum_{r=1}^{M} u_r b_{\text{avg}}^{jr} \leqslant 1, j = 1, 2, \cdots, M \qquad (3a)$$

$$\text{s.t.} \qquad u_1 \geqslant 2u_2 \geqslant \cdots \geqslant Mu_M \qquad (3b)$$

$$u_M \geqslant \frac{1}{M^2 (M+1)} \qquad (3c)$$

(8.7)

其中，可以将式（8.7）中的变量 u_r 视为排序权值。约束条件（3a）确保目标函数不大于 1，即 $0 \leqslant a_j \leqslant 1$。从约束条件（3b）可以看出，排名位置越高，对应的权值越大，排序权值之间的差值随着排名位置的增大而增大。约束（3c）保证排名最后位置对 a_j 有贡献。在式（8.7）的基础上，根据 a_j 的值生成新能源汽车 I_j 的市场接受度排序。

8.1.3   案例分析

通过一个实际案例来说明该方法在评估新能源汽车市场接受度方面的潜在应用。这里，以纯电动汽车为例，在 2019 年销量前 20 位电动汽车中，剔除了 SUV 车型电动汽车，选择了 7 辆 A 级电动汽车，分别为 I_1、I_2、I_3、I_4、I_5、I_6 和 I_7，以价格在 10 000~160 000 元的电动汽车为评价对象。通过爬虫技术，收集了汽车之家网站上 16 984 条消费者对新能源汽车的评论，并使用 Python 3.8.0 软件实现代码并分析大量文本。

1. 确定主题数量，构建评价指标体系

为了使模型收敛，吉布斯采样迭代次数为 1 000 次[143]。困惑度得分可以衡量 LDA 主题模型的主题概率分布质量。困惑度得分越低，聚类效果越好。选取排名前 30 位的主题，测试其困惑度得分。当主题数量从 1 个增加到 10 个时，困惑度得分迅速下降。当题目数量增加到 10 个以上时，困惑度得分略有上升，并呈现出波动的趋势。因此，可将主题数设置为 10，不同主题的困惑度得分如图 8.3 所示。

LDA 主题模型生成了 10 个主题以及每个主题下概率最高的 20 个主题词，见附录 2。虽然这些主题和主题词可以为决策者提供参考，但并不是所有的主题和主题词都是构建指标体系所需要的。决策者根据以往的经验选择合适的主题，并添加他们认为对指标体系有用的主题。决策者在设计指标的过程中，通过合并相似的主题来减少指标，并将这些属性整合到更高层次的指标中。例如，主题 2

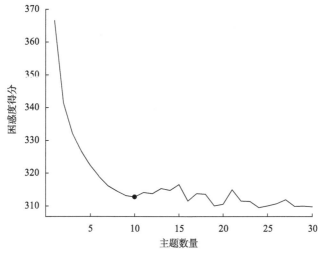

图 8.3　不同主题的困惑度得分

和主题 7 描述了新能源汽车的耗电量和能耗，可以通过充电里程来概括。主题 1、9 和 10 描述了新能源汽车的外观、空间和内饰，这些属性可以看作设计属性的子属性。主题 2、4、7 和 8 描述了新能源汽车的动力、操控和充电里程，这些都是性能的次要指标。

　　虽然 LDA 主题模型中描述品牌因素的主题词并不多，但这里仍然在指标体系中考虑了品牌属性。这是因为品牌因素在消费者购买汽车之前更受重视，而在线评论只有在消费者购买确定品牌的新能源汽车之后才会产生，并且主要用于描述与汽车本身相关的性能。表 8.2 为新能源汽车市场接受度指标体系，一级指标的主题词见附录 3。

表 8.2　新能源汽车市场接受度评价指标体系

一级指标	二级指标
C_1：设计	$C_{1,1}$：外观
	$C_{1,2}$：内饰
	$C_{1,3}$：空间
C_2：性能	$C_{2,1}$：动力
	$C_{2,2}$：操控
	$C_{2,3}$：行驶里程
C_3：价格	$C_{3,1}$：价格
C_4：品牌	$C_{4,1}$：品牌

2. 收集 7 辆新能源汽车的属性信息

根据上述指标体系，我们收集了 7 辆新能源汽车的属性值。假设将评估等级分为 5 个等级，表示为 $H_n = (H_1, H_2, H_3, H_4, H_5)$，其各等级相应的效用值为 $\left(u(H_1), u(H_2), u(H_3), u(H_4), u(H_5)\right) = (0.05, 0.25, 0.5, 0.75, 1)$。$C_{1,1}$、$C_{1,2}$、$C_{1,3}$、$C_{2,1}$ 和 $C_{2,2}$ 的属性值直接从收集的文本数据中获得。例如，对于新能源汽车 I_1 的属性 $C_{1,1}$，收集了共 115 条评论，3、4、5 等级上被评估的人数分别为 1、9 和 65人，其中 40 个消费者没有对该指标进行评论。$C_{1,1}$ 的置信结构为 $\{(H_3, 0.01; H_4, 0.08; H_5, 0.57)\}$，通过第三方网站收集到 $C_{2,3}$、$C_{3,1}$ 和 $C_{4,1}$ 的属性值，利用隶属度函数转化为置信结构。表 8.3 显示了对这 7 辆新能源汽车的评估情况。步骤 1 完成。

表 8.3　7 辆新能源汽车的评估信息

指标	设计(C_1)			性能(C_2)			价格(C_3)	品牌(C_4)
	$C_{1,1}$	$C_{1,2}$	$C_{1,3}$	$C_{2,1}$	$C_{2,2}$	$C_{2,3}$	$C_{3,1}$	$C_{4,1}$
I_1	$\{H_3, 0.01;$ $H_4, 0.08;$ $H_5, 0.57\}$	$\{H_3, 0.02;$ $H_4, 0.14;$ $H_5, 0.84\}$	$\{H_3, 0.02;$ $H_4, 0.21;$ $H_5, 0.61\}$	$\{H_3, 0.03;$ $H_4, 0.23;$ $H_5, 0.74\}$	$\{H_3, 0.03;$ $H_4, 0.2;$ $H_5, 0.77\}$	$\{H_5, 1\}$	$\{H_1, 0.63;$ $H_2, 0.37\}$	$\{H_2, 0.84;$ $H_3, 0.16\}$
I_2	$\{H_3, 0.03;$ $H_4, 0.24;$ $H_5, 0.73\}$	$\{H_4, 0.19;$ $H_5, 0.81\}$	$\{H_3, 0.14;$ $H_4, 0.33;$ $H_5, 0.45\}$	$\{H_3, 0.02;$ $H_4, 0.15;$ $H_5, 0.82\}$	$\{H_3, 0.08;$ $H_4, 0.38;$ $H_5, 0.51\}$	$\{H_4, 0.02;$ $H_5, 0.98\}$	$\{H_3, 0.4;$ $H_4, 0.6\}$	$\{H_5, 1\}$
I_3	$\{H_3, 0.12;$ $H_4, 0.47;$ $H_5, 0.38\}$	$\{H_3, 0.11;$ $H_4, 0.26;$ $H_5, 0.42\}$	$\{H_3, 0.15;$ $H_4, 0.51;$ $H_5, 0.29\}$	$\{H_3, 0.04;$ $H_4, 0.22;$ $H_5, 0.72\}$	$\{H_3, 0.14;$ $H_4, 0.39;$ $H_5, 0.43\}$	$\{H_4, 0.65;$ $H_5, 0.35\}$	$\{H_3, 0.4;$ $H_4, 0.6\}$	$\{H_2, 0.94;$ $H_3, 0.06\}$
I_4	$\{H_4, 0.53;$ $H_5, 0.47\}$	$\{H_4, 0.18;$ $H_5, 0.82\}$	$\{H_4, 0.29;$ $H_5, 0.71\}$	$\{H_4, 0.06;$ $H_5, 0.94\}$	$\{H_4, 0.18;$ $H_5, 0.82\}$	$\{H_4, 0.11;$ $H_5, 0.89\}$	$\{H_1, 1\}$	$\{H_1, 0.54;$ $H_2, 0.46\}$
I_5	$\{H_3, 0.05;$ $H_4, 0.35;$ $H_5, 0.6\}$	$\{H_3, 0.05;$ $H_4, 0.22;$ $H_5, 0.53\}$	$\{H_3, 0.04;$ $H_4, 0.37;$ $H_5, 0.39\}$	$\{H_4, 0.15;$ $H_5, 0.85\}$	$\{H_3, 0.04;$ $H_4, 0.33;$ $H_5, 0.63\}$	$\{H_4, 0.85;$ $H_5, 0.15\}$	$\{H_1, 0.63;$ $H_2, 0.37\}$	$\{H_1, 0.43;$ $H_2, 0.57\}$
I_6	$\{H_3, 0.01;$ $H_4, 0.21;$ $H_5, 0.6\}$	$\{H_3, 0.01;$ $H_4, 0.09;$ $H_5, 0.61\}$	$\{H_3, 0.03;$ $H_4, 0.2;$ $H_5, 0.77\}$	$\{H_4, 0.16;$ $H_5, 0.84\}$	$\{H_3, 0.02;$ $H_4, 0.25;$ $H_5, 0.73\}$	$\{H_4, 0.87;$ $H_5, 0.13\}$	$\{H_2, 0.4;$ $H_3, 0.6\}$	$\{H_2, 0.9;$ $H_3, 0.1\}$
I_7	$\{H_3, 0.03;$ $H_4, 0.22;$ $H_5, 0.75\}$	$\{H_4, 0.28;$ $H_5, 0.72\}$	$\{H_3, 0.06;$ $H_4, 0.28;$ $H_5, 0.66\}$	$\{H_3, 0.06;$ $H_4, 0.22;$ $H_5, 0.72\}$	$\{H_3, 0.13;$ $H_4, 0.22;$ $H_5, 0.65\}$	$\{H_3, 0.2;$ $H_4, 0.8\}$	$\{H_4, 0.82;$ $H_5, 0.18\}$	$\{H_1, 0.17;$ $H_2, 0.83\}$

3. 确定属性权重的约束范围

为了确定一级指标 $C_i(i=1,2,3,4)$ 权重的约束范围，计算在评论文本中至少包含一个属性 C_i 的主题词的评论数量，用 tf_i 表示。在某种意义上，tf_i 反映了消费者的关注程度。tf_i 值越大，表示属性的相对重要性越高。根据 tf_i，一级指标的权重约束范围可以表示为 $w_1 \geqslant w_2 \geqslant w_3 \geqslant w_4$。此外，根据 Guo 等[134]和 Liu 等[144]的建议，在实际评价过程中不需要获得精确的二级指标权重。因此，我们假设 $\sum_{p=1}^{3} w_{1,p}=1,(p=1,2,3)$ 和 $\sum_{q=1}^{3} w_{2,q}=1,(q=1,2,3)$。步骤 2 完成。各指标的 tf_i 值如表8.4所示。

表 8.4　评论中至少有一个主题词的评论数量

指标	$tf_i (i=1,2,3,4)$
C_1：设计	15 365
C_2：性能	13 460
C_3：价格	6 558
C_4：品牌	2 426

4. 构造交叉排序矩阵

所有计算结果采用 Matlab 2018b 软件实现，迭代次数为 10 000 次。在步骤 3 中，使用蒙特卡洛技术在每次迭代中随机生成权重约束范围内的权重方案，通过式（8.2）计算 7 辆新能源汽车市场接受度的整体置信结构。基于排序的效用值，在步骤 4 中通过式（8.3）计算出各辆新能源汽车的区间效用值。步骤 5 通过区间效用值进行排序，建立交叉排序矩阵。重复步骤 3、4 和 5，直至迭代结束。由于篇幅限制，表 8.5 只显示了部分排序结果。

表 8.5 中包含 4 个子表，每个子表分别对应第一次迭代、第 1 000 次迭代、第 5 000 次迭代和第 10 000 次迭代的交叉排序结果。每个子表还显示了每辆新能源汽车在不同位置的概率。

例如，第 2 个子表包括表 8.5 中的第 11 行至第 17 行，对应的是第 1 000 次迭代中的交叉排序矩阵。在这次迭代中，新能源汽车 I_2、I_3、I_4、I_5 和 I_7 的排名是固定的，其中新能源汽车 I_2 为最佳，I_7 为次优，I_5 为最差新能源汽车。新能源汽车 I_1、I_6 都达到了 69.33% 的概率，I_1 排名第 4，I_6 排名第 5。

但在第 4 个子表中，除新能源汽车 I_2 和 I_7 外，其他新能源汽车的排序概率都发生了变化。与第 2 个子表不同，I_6 排在第 3 位，概率为 67.69%，I_4 排在第 4 位，概率为 56.65%。I_5 的排名不是固定的，它可能以 44.26% 的概率排在第 6 位，也可能以 55.74% 的概率排在第 7 位。

表 8.5 交叉排序矩阵

迭代	方案	排序						
		1	2	3	4	5	6	7
1st	I_1	0.301 2	0.065 2	0.130 8	0.113 2	0.389 5	0.000 1	0
	I_2	0.189 9	0.435 4	0.311 1	0.063 6	0	0	0
	I_3	0	0	0	0	0	0.004 1	0.995 9
	I_4	0.507 2	0.408 3	0.084 5	0	0	0	0
	I_5	0	0	0	0	0.000 1	0.995 8	0.004 1
	I_6	0.001 7	0.091 1	0.282 6	0.328 0	0.296 6	0	0
	I_7	0	0	0.191 0	0.495 2	0.313 8	0	0
⋮	⋮	⋮	⋮	⋮	⋮	⋮	⋮	⋮
1 000th	I_1	0	0	0	0.693 3	0.306 7	0	0
	I_2	1	0	0	0	0	0	0
	I_3	0	0	1	0	0	0	0
	I_4	0	0	0	0	0	1	0
	I_5	0	0	0	0	0	0	1
	I_6	0	0	0	0.306 7	0.693 3	0	0
	I_7	0	1	0	0	0	0	0
⋮	⋮	⋮	⋮	⋮	⋮	⋮	⋮	⋮
5 000th	I_1	0	0	0.071 7	0.186 8	0.660 5	0.080 4	0.000 6
	I_2	0	0.997 7	0.002 3	0	0	0	0
	I_3	0	0	0	0	0.079 9	0.775 8	0.144 3
	I_4	0	0	0.088 5	0.693 7	0.217 8	0	0
	I_5	0	0	0	0	0.001 1	0.143 8	0.855 1
	I_6	0	0.002 3	0.837 5	0.119 5	0.040 7	0	0
	I_7	1	0	0	0	0	0	0
⋮	⋮	⋮	⋮	⋮	⋮	⋮	⋮	⋮

续表

迭代	方案	排序						
		1	2	3	4	5	6	7
10 000th	I_1	0	0	0.152 2	0.260 4	0.587 4	0	0
	I_2	1	0	0	0	0	0	0
	I_3	0	0	0	0	0	0.557 4	0.442 6
	I_4	0	0	0.170 9	0.566 5	0.262 6	0	0
	I_5	0	0	0	0	0	0.442 6	0.557 4
	I_6	0	0	0.676 9	0.173 1	0.150 0	0	0
	I_7	0	1	0	0	0	0	0

5. 获得最终的排序结果

利用每次迭代得到的交叉排序矩阵,生成平均交叉排序矩阵,结果如表 8.6 所示。

表 8.6　平均交叉排序矩阵和排序次序

方案	排序							a_j	排序
	1	2	3	4	5	6	7		
I_1	0.006 8	0.063 1	0.175 2	0.203 3	0.397 5	0.125 6	0.028 4	0.270 1	4
I_2	0.881 2	0.085 1	0.016 4	0.010 2	0.006 9	0.000 3	0	1.000 0	1
I_3	0	0	0.249 0	0.209 1	0.111 7	0.287 4	0.142 8	0.242 1	6
I_4	0.018 7	0.053 6	0.128 8	0.216 0	0.216 1	0.361 4	0.005 3	0.264 3	5
I_5	0	0	0.000 4	0.002 3	0.026 3	0.152 2	0.818 3	0.159 0	7
I_6	0.006 0	0.017 1	0.386 8	0.294 5	0.217 4	0.072 9	0.005 2	0.293 0	3
I_7	0.087 2	0.781 1	0.043 4	0.064 0	0.024 2	0.000 2	0	0.549 8	2

表 8.6 表示新能源汽车在不同位置的平均概率。例如,从表 8.6 的第 2 列可以看出,新能源汽车 I_2 排名第 1 位置时平均概率为 88.12%,排名第 2 位置时平均概率为 8.51%。此外,可以观察到表 8.6 中的部分值为 0,这意味着在可行权值约束下,新能源汽车永远不能放置在这个位置。因此新能源汽车 I_3 和 I_5 不能排在第 1 和第 2 位置,步骤 6 完成。

通过对式（8.7）中的模型进行求解，得到新能源汽车的总体偏好为 $(0.270\,1, 1, 0.242\,1, 0.264\,3, 0.159\,0, 0.293\,0, 0.549\,8)$。根据 a_j 的值，可以得到 7 辆新能源汽车的排序次序 $I_2 \succ I_7 \succ I_6 \succ I_1 \succ I_4 \succ I_3 \succ I_5$（$\succ$ 表示"优于"）。新能源汽车 I_2 具有最好的市场接受度。步骤 7 完成。

8.1.4　讨论与比较分析

当权重受到约束时，通常使用客观赋权法确定属性权重。在本节中，将提出的方法与典型的客观赋权法，如熵权法和标准差法进行比较，以说明此方法在评价新能源汽车市场接受度过程中的优势[145]。相关结果及排名见表 8.7。

表 8.7　用不同方法获得的市场接受度排序结果

方法	$w_{1,p}$ ($p=1,2,3$)	$w_{2,q}$ ($q=1,2,3$)	w_i ($i=1,2,3,4$)	$\left[u_{\min}(I_J), u_{\max}(I_J)\right]$ or a_j ($j=1,2,\cdots,7$)	排序等级
熵权法	(0.248 4, 0.503 1, 0.248 5)	(0.052 2, 0.174 5, 0.773 3)	(0.250 0, 0.250 0, 0.250 0, 0.250 0)	[0.590 6, 0.606 4]; [0.908 1, 0.910 7]; [0.633 6, 0.658 7]; [0.531 8, 0.531 8]; [0.462 1, 0.489 8]; [0.564 3, 0.598 4]; [0.676 4, 0.676 4]	$I_2 \succ I_7 \succ I_1 \succ I_6 \succ I_3 \succ I_4 \succ I_5$
标准差法	(0.287 2, 0.414 0, 0.298 8)	(0.160 5, 0.284 0, 0.555 5)	(0.250 0, 0.250 0, 0.250 0, 0.250 0)	[0.580 3, 0.601 2]; [0.899 3, 0.903 6]; [0.636 7, 0.659 1]; [0.530 1, 0.530 1]; [0.474 4, 0.499 6]; [0.582 3, 0.611 2]; [0.690 0, 0.690 0]	$I_2 \succ I_7 \succ I_3 \succ I_6 \succ I_1 \succ I_4 \succ I_5$
SMAA-ER 方法				[0.270 1, 1, 0.242 1, 0.264 3, 0.159 0, 0.293 0, 0.549 8]	$I_2 \succ I_7 \succ I_6 \succ I_1 \succ I_4 \succ I_3 \succ I_5$

如表 8.7 所示，三种方法都能准确地识别出最佳和最差的新能源汽车市场接受度，但由于权重的不同，排名结果也不同。对于新能源汽车 I_6 和 I_1，本节的排序结果与熵权法相反。对于新能源汽车 I_1 和 I_3，本节提出的方法和熵权法对前者的支持都优于后者。

为证明方法的合理性，本节在权值约束条件下，利用仿真技术分别比较了新能源汽车 I_1、I_3 和 I_6 的市场接受度。迭代次数为 10 000 次。占优概率计算结果即 I_1 和 I_6 的占优概率以及 I_1 和 I_3 的占优概率如图 8.4 所示。

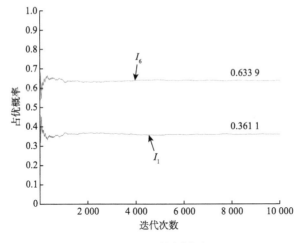

（a）：I_1 和 I_6 的占优概率

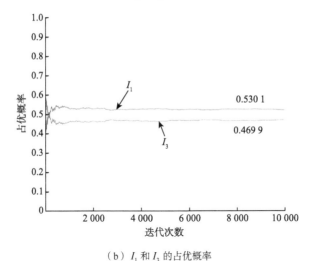

（b）I_1 和 I_3 的占优概率

图 8.4　占优概率计算结果

图 8.4（a）和图 8.4（b）分别描述 I_1 和 I_6、I_1 和 I_3 的比较结果。在 10 000 次的迭代中，新能源汽车 I_6 的市场接受度高于新能源汽车 I_1 的 6 314 次。同理，新能源汽车 I_1 以平均概率 51.79% 优于新能源汽车 I_3。两两比较的结果进一步支持了所得结论。虽然此方法没有解决确切的权重，但仍可衡量新能源汽车的市场接受度。这证明本方法在不确定环境下的可靠性。

本节的研究发现为管理者提供了有益的启示，具体如下。

（1）本节研究与其他研究有所不同的是，基于高频主题词推断出当前消费者更注重新能源汽车的空间、外观、动力因素。这就意味着零售商在利用广告进行宣传时，要注重这三个方面的优势，这样才容易引起消费者的注意。获得的主题词还可以为设计师提供新的产品设计思路，并对以往的产品改进路径提供见解，尤其是在电动车更新换代时，因为消费者的评价可能会在某种程度上揭示他们对产品的期望。

（2）从市场接受度的评价结果中，管理者可以很容易地发现哪些新能源汽车在竞争中具有优势，哪些新能源汽车与其他车辆相比有明显劣势。这就意味着管理者可以采取不同的销售模式。例如，对于市场接受度较低、指标不占优势的新能源汽车，管理者可以通过直播或发表自媒体文章进行内容营销，减少与同类新能源汽车的对比，用内容或故事情节打动消费者。

8.1.5　本节小结

虽然新能源汽车的前景很好，但市场上新能源汽车数量仍然不足，个人购买意愿也不够强烈。在市场需求有限的情况下，促进购买的有效途径之一是优化新能源汽车的产品结构，提供消费者能够接受的产品。因此，对新能源汽车的市场接受度进行测量势在必行。本节在构建新能源汽车市场接受度评价指标的基础上，采用改进的 SMAA-ER 方法建立了系统的市场接受度评估框架。考虑权值约束下所有可能权重方案，以避免只处理单一的权重，从而提高了所开发模型的可靠性。最后通过实例验证了该方法的合理性和实用性。不可避免地，此方法也存在局限性。在本书中，在对消费者评论进行预处理时没有考虑形容词短语，因为形容词短语反映了消费者积极或消极的情绪，这意味着情感分析还可以帮助管理者进行决策分析。因此，本章 8.2 节基于新能源汽车在线评论情感分析的结果，构建了新的市场接受度评估框架。

8.2　基于消费者情感分析的新能源汽车市场接受度评价模型

新能源汽车产品或服务的质量是决定消费者是否购买的关键因素，它为新能源汽车企业在激烈的竞争环境中提供了重要的竞争力。众多研究表明，消费者的需求和偏好是管理者创新产品、提高服务质量的信息来源之一。随着网络媒体和社交网络的发展，消费者在网络平台或社交媒体上分享自己的购买体验，发表个人意见具有明显增长趋势。这些广泛的评论文本作为消费者的售后反馈，包含了许多消费群体的正面或负面情绪，强烈影响着消费者的购买行为。管理者可以通过挖掘消费者在在线评论中的情感态度，获得和分析顾客的喜好，洞察现有产品的成败原因，并确定新能源汽车市场接受度。因此，一个重要的前提是如何从大量的新能源汽车在线评论中明确情感分析的结果。

情感分析是一项复杂的系统工程，涉及情感挖掘、情感极性识别、情感内容表示、不同属性的情感分析结果聚合等方法。在文本的情感分析过程中，通常会存在各种需要处理的歧义。歧义文字信息会导致情感分类结果不准确，从而影响汇总结果的合理性。因此，在对新能源汽车进行情感分析时，有必要将模型的准确性考虑到情感分析结果中。

消费者在专门的平台上对新能源汽车的不同产品特性（如性能和能耗）撰写评论，表达自己的观点。管理者或研究人员经常使用多属性决策方法汇总情感值，总结消费者的观点。当新能源汽车情感分析涉及大量消费者评论时，多属性决策方法遇到了挑战。不同的消费者对新能源汽车产品特性的评价侧重点并不相同，管理者或研究人员很难确定不同属性的权重。因此，需要一种方法处理权重的不确定性。

综上所述，本书提出了一个基于 SMAA-2（stochastic multicriteria acceptability analysis-2）方法的分析框架，用于分析消费者对不同品牌新能源汽车的情感态度，评估新能源汽车的市场接受度。该分析框架首先对从专业汽车平台收集的在线评论进行预处理，并利用逻辑回归模型对情感极性进行分类，得到模型的准确性。在此基础上，利用区间二型模糊集对情感分析结果进行表征，并应用 SMAA-2 方法对不同属性的情感分析结果进行集结，从而对新能源汽车市场接受度进行排序。

8.2.1　问题描述

假设一个决策问题有 n 个品牌新能源汽车 $\{I_1, I_2, \cdots, I_j, \cdots, I_n\}$ $(j=1,2,\cdots,n)$ 和 L 个属性 $\{C_1, C_2, \cdots, C_q, \cdots, C_L\}$ $(q=1,2,\cdots,L)$，L 个属性的权重用 w_q 表示 $(q=1,2,\cdots,L)$。并且新能源汽车 I_j 在属性 C_q 上有 d_{qj} 篇评论，$(j=1,2,\cdots,n; \ q=1,2,\cdots,L; \ i=1,2,\cdots,d_{qj})$。令 $D_{ji}^q = (\alpha_{ji}^q, \beta_{ji}^q, \sigma_{ji}^q)$，$(j=1,2,\cdots, n; \ q=1,2,\cdots,L; \ i=1,2,\cdots,d_{qj})$ 表示新能源汽车 I_j 在属性 C_q 上的情感极性指标向量。$D_{ji}^q = (\alpha_{ji}^q, \beta_{ji}^q, \sigma_{ji}^q)$ 可以有三种情况，$D_{ji}^q = (1,0,0)$、$D_{ji}^q = (0,1,0)$、$D_{ji}^q = (0,0,1)$ 分别表示新能源汽车 I_j 在属性 C_q 上的情感极性为消极、中性、积极的指标向量。经典的 SMAA-2 模型同时考虑了权重和属性值的不确定性。本质上，它

分别考虑 W 和 X 上的两个概率分布 $f_w(w)$ 和 $f_X(\xi)$，其中 $W=\left\{w\in R^n\left|\begin{array}{c}w_q\geqslant 0\\\sum\limits_{q=1}^{L}w_q=1\end{array}\right.\right\}$

为可行权值空间，$X\subseteq R^{n\times L}$ 为评价空间。当对权值约束进行变换时，权值空间 W 也随之变化。对于每个 $w\in W$ 和每个 $\xi\in X$，可以计算所有决策单元的效用值 $u(\xi,w)$。

8.2.2　SMAA-IT2FS 方法的输入数据

1. 新能源汽车在线评论数据的分析及预处理

消费者通常在社交媒体上表达他们对新能源汽车不同属性方面的观点，这些包含丰富信息的在线评论可以作为数据源用于各种决策分析。收集和分析这些在线评论数据有大量的优点，消费者在网络平台上表达自己对产品的看法时没有任何压力与限制，从而在线评论内容能更加真实地反映消费者对产品的意见与期望。在线评论数据具有多样性和复杂性的特征，因此需要先进的情感分析模型来识别在线评论中消费者对产品的情绪态度，并将其极性分为消极、中性和积极三类。对在线评论情感分析之前需要对获取的数据进行分析以及预处理。

1）新能源汽车在线评论数据分析

本节通过网络抓取技术，从汽车之家网站上收集了 105 747 条新能源汽车消费者在线评论，消费者通过打分和文字描述的方式发表他们使用新能源汽车的感受。本书将利用带有监督学习的情感分类模型进行情感分析，故需要大量有标签的在线评论数据。因此，结合第 3 章的市场接受度评价指标体系与汽车之家网站上消费者的评论属性，本节的市场接受度评价指标分别从新能源汽车的空间、动力、操控、能耗、外观、性价比、舒适性、内饰八个角度来选取。消费者同时对八个属性进行打分，最高分为 5 分。将爬取的数据按照八个属性分割成八个数据集，为后续构建情感分类模型做铺垫。

同时对每个属性的在线评论与对应评分进行划分，规则为：评分为 5 和 4 的标记为积极评论，用标签 5 来表示；评分为 3 的评论内容所包含的情绪倾向不明显，标记为中性评论，用标签 3 来表示；评分为 1 和 2 的标记为消极评论，用标签 1 来表示。在观察数据过程中，发现有部分评分为 3 和 4 的评论内容与评分不符合，如评论内容本来属于消极情感，反而评分为 3，评论内容本来属于中性情感，反而评分为 4。所以对于这类评论，需要采用人工逐条标注的方法，保证评论内容与标签一致，进而确保后续情感分类结果的准确性。

2）新能源汽车在线评论数据预处理

在对在线评论数据分析之后，进入文本数据预处理阶段。

（1）数据清洗：观察评论内容时，发现存在一些重复数据、无效数据及乱码字符现象。例如，消费者在评论时会根据自己的习惯添加数字或符号，这些信息对情感分类模型没有意义。为了增强后续模型的准确性，进行评论数据清洗，通过评论数据的去重、丢弃、填充等操作，从而达到纠正错误、去除异常补足缺失的目的。

（2）分词和去停用词：利用 Jieba 中文分词工具，将长句按照一定的规则切分成具有语义信息的词语。然后，使用停用词来删除文本数据中的无意义词。

（3）特征选择：在建立情感分类模型前，将文本数据转换为向量型数据，用词袋法生成以词频为特征的词向量矩阵。去除超过一定比例的评论中出现的关键词，这类词语过于平凡，难以将需要描述的类别区分出来。对于过于特殊的词语也不应该保留，去除低于一定数量的评论中出现的关键词，这类词语在模型测试阶段几乎用不上。

2. 逻辑回归情感分类模型的建立

从汽车网站的用户评论中识别情感价值是一项复杂和艰巨的任务，对非结构化用户评论数据进行大规模分析仍然很困难。为此，使用了一个基于机器学习框架的情感分析工具，该情感分析工具接收用户评论文本的特征数据作为输入，并且这篇评论的情感分类结果以类标签的形式返回。接下来，简要介绍方法背后的数学原理。

逻辑回归其本质是从线性回归变化而来的，是一种名为"回归"的线性分类器，是机器学习中广泛使用于分类问题中的广义回归算法。逻辑回归是在线性回归的基础上拓展而来的，其理论来源于线性回归。线性回归是机器学习中最基本的回归算法，其公式为

$$z = \theta_0 + \theta_1 x_1 + \theta_2 x_2 + \cdots + \theta_n x_n \tag{8.8}$$

其中，$\vec{\theta}$ 为模型的参数，θ_0 为截距。$\vec{x}$ 和 $\vec{\theta}$ 都可以被看作一个列矩阵，则有

$$z = [\theta_0, \theta_1, \theta_2, \cdots, \theta_n] \times \begin{bmatrix} x_0 \\ x_1 \\ x_2 \\ \vdots \\ x_n \end{bmatrix} = \vec{\theta}^T \vec{x} (x_0 = 1) \tag{8.9}$$

线性回归所构造的预测函数 z 是为了映射所输入的 x 值与标签值 y 内在的逻辑关系。其核心就是为了得出模型的参数：$\vec{\theta}^T$ 和 $\vec{x}$。通过预测函数 z，线性回归

算法对输入的 x 值，得到标签值 y_{pred}，此模型可以预测、分类各种连续型变量的任务。若我们的标签是离散型变量，为此需要引入连接函数，为 Sigmoid 函数。Sigmoid 函数是归一化的一种方法，将任何实数映射到 $(0,1)$ 区间。Sigmoid 函数公式如下：

$$g(z) = \frac{1}{1+e^{-z}} \tag{8.10}$$

当自变量 z 不断增大，趋向于正无穷时，因变量 $g(z)$ 值越来越趋近于 1；如果当自变量 z 不断减小，趋向于负无穷时，因变量 $g(z)$ 值越来越趋近于 0。因此，将线性回归函数方程 $z = \vec{\theta}^T \vec{x}$ 代入 Sigmoid 函数，可以得到逻辑回归模型的一般表达式：

$$y(x) = g(z) = \frac{1}{1+e^{-\vec{\theta}^T \vec{x}}} \tag{8.11}$$

而逻辑回归返回的标签值为 $y(x)$，$y(x)$ 的取值范围是 $[0,1]$，因此将 $y(x)$ 的形似概率作对数计算：

$$\text{In} \frac{y(x)}{1-y(x)} = \vec{\theta}^T \vec{x} \tag{8.12}$$

$y(x)$ 是某样本的标签被预测为正例的概率，而 $1-y(x)$ 是样本的标签被预测为负例的概率，形式表达为

$$\begin{aligned} P(y=1|x) &= y(x) \\ P(y=0|x) &= 1-y(x) \end{aligned} \tag{8.13}$$

通过设定阈值，将大于该固定阈值的概率值和小于该固定阈值的概率值分成不同的类别。其数学目的是求解能够让模型对数据拟合程度最高的参数 $\vec{\theta}$ 值，以此构建预测函数 $y(x)$，然后将自变量 x 输入预测函数 $y(x)$ 来计算出逻辑回归的结果 y_{pred}。在建模的过程中，通过损失函数这个指标来判断参数为 $\vec{\theta}$ 的模型在训练集上拟合时产生的信息损失的大小，并衡量参数 $\vec{\theta}$ 的优劣。损失函数越小，模型在训练集上的拟合效果最优，其准确率则越高，所以我们追求损失函数最小化的参数 $\vec{\theta}$。损失函数公式如下：

$$J(\theta) = -\sum_{t=1}^{m} \left\{ y_t \ln\left[y_\theta(x_t) \right] + (1-y_t)\ln\left[1-y_\theta(x_t) \right] \right\} \tag{8.14}$$

在损失函数中，参数 $\vec{\theta}$ 是自变量，x 和 y 都是已知的特征矩阵和标签，目标是使得损失函数最小化，则求解取 $J(\theta)$ 最小值时 $\vec{\theta}$ 的取值。当我们在追求损失函数很小时，则会出现模型只在训练集上表现得很好，而在测试集上表现得非常糟糕，则模型出现了过拟合的现象。为了控制模型中过拟合的现象，通过正则化来

实现。正则化通常有 LASSO、Ridge 两种选项，分别叫作 L1 正则化与 L2 正则化。L1 正则化是通过在损失函数的后面加上参数向量 $\vec{\theta}$ 中每个参数的绝对值之和的倍数来实现，将对模型贡献不大的特征参数更快地变为 0，则参数就会越稀疏，其本质是在进行特征选择，防止过拟合。L2 正则化是通过在损失函数的后面加上参数向量 $\vec{\theta}$ 中每个参数的平方和的开方值的倍数来实现，它与 L1 正则化的效果不同，L2 正则化会让每个特征对模型都有一些贡献，会使那些对模型贡献不大的特征参数接近 0，而不等于 0。在本章中我们选择 L2 正则化，因为通常 L2 正则化对于防止模型过拟合已足够。

通过上述方法，在线评论可以进行自动、快速的情感三分类，但情感分析结果的表征是一个复杂的问题，其准确率受到在线评论数据和模型固有局限性的限制，这将会影响着决策分析的准确性。准确率可以作为分类模型性能衡量的指标，令 λ 为情感分类模型的准确率，$0<\lambda<1$。在本章中，我们将准确率定义为训练样本中正确分类的评论数量与总训练样本的评论数量的比例。根据表 8.8 的混淆矩阵，准确率 λ 的计算公式为

$$\lambda=\frac{NN+MM+PP}{NN+NM+NP+MN+MM+MH+PN+PM+PP} \tag{8.15}$$

表 8.8　情感分类混淆矩阵

混淆矩阵		预测值		
		消极评论	中性评论	积极评论
真实值	消极评论	NN	NM	NP
	中性评论	MN	MM	MP
	积极评论	PN	PM	PP

通过应用现有的方法，为新能源汽车在线评论选择优秀的情感分析模型，对于实现高准确类的分类至关重要，逻辑回归情感分类模型的拟合和计算非常迅速，节约了时间成本，并且逻辑回归情感分类模型返回的结果不仅可以产出分类结果，还可以返回以小数呈现的类概率数字。

3. 构造区间二型模糊集

根据情感极性向量 $D_{ji}^{q}=\left(\alpha_{ji}^{q},\beta_{ji}^{q},\sigma_{ji}^{q}\right)$，$j=1,2,\cdots,n$；$q=1,2,\cdots,L$；$i=1,2,\cdots,d_{qj}$，在线评论通过情感分析模型自动分类为消极、中性和积极的评论数量分别用 q_{qj}^{neg}、q_{qj}^{neu}、q_{qj}^{pos} 来表示，q_{qj}^{neg}、q_{qj}^{neu}、q_{qj}^{pos} 由式（8.16）~式（8.18）得出

$$q_{qj}^{\text{neg}} = \sum_{i=1}^{d_{qj}} \alpha_{ji}^{q}, j = 1, 2, \cdots, n; \quad q = 1, 2, \cdots, L \qquad (8.16)$$

$$q_{qj}^{\text{neu}} = \sum_{i=1}^{d_{qj}} \beta_{ji}^{q}, j = 1, 2, \cdots, n; \quad q = 1, 2, \cdots, L \qquad (8.17)$$

$$q_{qj}^{\text{pos}} = \sum_{i=1}^{d_{qj}} \sigma_{ji}^{q}, j = 1, 2, \cdots, n; \quad q = 1, 2, \cdots, L \qquad (8.18)$$

让 $P_{qj} = \left(q_{qj}^{\text{neg}}, q_{qj}^{\text{neu}}, q_{qj}^{\text{pos}} \right)$ 表示不同情感极性的评论数量的百分比分布指标向量，其中 q_{qj}^{neg}、q_{qj}^{neu}、q_{qj}^{pos} 分别表示新能源汽车 I_j 在属性 C_q 上情感极性为消极、中性和积极的评论数量百分比，由式（8.19）~式（8.21）计算得出

$$P_{qj}^{\text{neg}} = \frac{q_{qj}^{\text{neg}}}{q_{qj}^{\text{neg}} + q_{qj}^{\text{neu}} + q_{qj}^{\text{pos}}}, j = 1, 2, \cdots, n; \quad q = 1, 2, \cdots, L \qquad (8.19)$$

$$P_{qj}^{\text{neu}} = \frac{q_{qj}^{\text{neu}}}{q_{qj}^{\text{neg}} + q_{qj}^{\text{neu}} + q_{qj}^{\text{pos}}}, j = 1, 2, \cdots, n; \quad q = 1, 2, \cdots, L \qquad (8.20)$$

$$P_{qj}^{\text{pos}} = \frac{q_{qj}^{\text{pos}}}{q_{qj}^{\text{neg}} + q_{qj}^{\text{neu}} + q_{qj}^{\text{pos}}}, j = 1, 2, \cdots, n; \quad q = 1, 2, \cdots, L \qquad (8.21)$$

新能源汽车 I_j 在属性 C_q 上情感极性的百分比分布指标向量都能通过上述计算过程得到。可知，消费者在网络上发表在线评论时可能会受到自我选择和其他观察偏差的影响，所以主观性的文字评价通常具有模糊性和不确定性[109]。模糊逻辑类似于人类的主观判断，所以可以使用近似的信息做决策分析。因此，本节使用三角模糊数来表示情感分析的结果。令 $G_{qj} = \left(g_{qj}^{L}, g_{qj}^{M}, g_{qj}^{U} \right)$ 表示新能源汽车 I_j 在属性 C_q 上的三角模糊数，其中 g_{qj}^{L}、g_{qj}^{M}、g_{qj}^{U} 的值根据百分比分布公式 $P_{qj} = \left(P_{qj}^{\text{neg}}, P_{qj}^{\text{neu}}, P_{qj}^{\text{pos}} \right)$ 确定，由式（8.22）~式（8.26）计算得出

$$g_{qj}^{M} = 0 \times p_{qj}^{\text{neg}} + 0.5 \times p_{qj}^{\text{neu}} + 1 \times p_{qj}^{\text{pos}}, j = 1, 2, \cdots, M; \quad q = 1, 2, \cdots, L \quad (8.22)$$

$$g_{qj}^{L} = \max \left\{ g_{qj}^{M} - \sqrt{\frac{\xi_{qj}}{\xi_{qj}^{*}}}, 0 \right\}, j = 1, 2, \cdots, M; \quad q = 1, 2, \cdots, L \qquad (8.23)$$

$$g_{qj}^{U} = \min \left\{ g_{qj}^{M} + \sqrt{\frac{\xi_{qj}}{\xi_{qj}^{*}}}, 1 \right\}, j = 1, 2, \cdots, M; \quad q = 1, 2, \cdots, L \qquad (8.24)$$

$$\xi_{qj} = \left(0 - g_{qj}^{M} \right)^2 \times p_{qj}^{\text{neg}} + \left(0.5 - g_{qj}^{M} \right)^2 \times p_{qj}^{\text{neu}}$$
$$+ \left(1 - g_{qj}^{M} \right)^2 \times p_{qj}^{\text{pos}}, j = 1, 2, \cdots, M; \quad q = 1, 2, \cdots, L \qquad (8.25)$$

$$\xi^{*} = \left(0 - 0.5 \right)^2 \times 0.5 + \left(0.5 - 0.5 \right)^2 \times 0 + \left(1 - 0.5 \right)^2 \times 0.5 = 0.25 \qquad (8.26)$$

其中，ξ_{qj}、ξ_{qj}^{*} 分别表示为百分比分布 $P_{qj} = \left(P_{qj}^{\text{neg}}, P_{qj}^{\text{neu}}, P_{qj}^{\text{pos}} \right)$ 的方差和所有可能的百分比分布 $P_{qj} = \left(P_{qj}^{\text{neg}}, P_{qj}^{\text{neu}}, P_{qj}^{\text{pos}} \right)$ 中最大的理论方差[108]。

由于情感分类模型准确率的有限性，故情感分类结果具有不确定性。例如，可能实际情感极性属于中性的，情感分类模型的返回标签为积极的。对情感分析结果进行三角模糊数变换时应考虑到三角模糊数 $G_{qj} = \left(g_{qi}^{L}, g_{qi}^{M}, g_{qi}^{U} \right)$ 隶属度函数的不确定性。因此，我们将情感分类模型准确率 λ 与三角模糊数 $G_{qj} = \left(g_{qi}^{L}, g_{qi}^{M}, g_{qi}^{U} \right)$ 相结合，形成另外一个三角模糊数 $G_{qj}' = \left(g_{qi}'^{L}, g_{qi}'^{M}, g_{qi}'^{U} \right)$，可以由式（8.27）~ 式（8.29）得到

$$g_{qj}'^{M} = g_{qj}^{M}, \quad j = 1, 2, \cdots, n; \quad q = 1, 2, \cdots, L \tag{8.27}$$

$$g_{qj}'^{L} = \max \left\{ g_{qj}^{M} - \lambda \times \sqrt{\frac{\xi_{qj}}{\xi_{qj}^{*}}}, 0 \right\}, j = 1, 2, \cdots, n; \quad q = 1, 2, \cdots, L \tag{8.28}$$

$$g_{qj}'^{U} = \max \left\{ g_{qj}^{M} + \lambda \times \sqrt{\frac{\xi_{qj}^{*}}{\xi_{qj}}}, 0 \right\}, j = 1, 2, \cdots, n; \quad q = 1, 2, \cdots, L \tag{8.29}$$

利用模糊数做决策分析时，因为区间二型模糊集比一型模糊集拥有更多的灵活性空间，更适合表示不确定性，所以将 $G_{qj} = \left(g_{qj}^{L}, g_{qj}^{M}, g_{qj}^{U} \right)$ 和 $G_{qj}' = \left(g_{qj}'^{L}, g_{qj}'^{M}, g_{qj}'^{U} \right)$ 统一表示为区间二型模糊集 $\tilde{G}_{qj} = \left(G_{qj}, G_{qj}' \right) = \left(\left(g_{qj}^{L}, g_{qj}^{M}, g_{qj}^{U}; 1 \right), \left(g_{qj}'^{L}, g_{qj}'^{M}, g_{qj}'^{U}; \lambda \right) \right)$。模糊集 $G_{qj} = \left(g_{qj}^{L}, g_{qj}^{M}, g_{qj}^{U}; 1 \right)$ 为在情感分类模型完全准确情况下的上隶属度函数，模糊集 $G_{qj}' = \left(g_{qj}'^{L}, g_{qj}'^{M}, g_{qj}'^{U}; \lambda \right)$ 是在情感分类模型准确率为 λ 的情况下，对新能源汽车在线评论情感极性的下隶属度函数，其中区域 $FOU\left(\tilde{G} \right)$ 表示了消费者主观偏好和模型客观性能的不确定性与模糊性，构造的区间二型模糊数如图 8.5 所示。

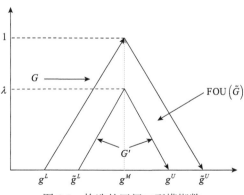

图 8.5　构造的区间二型模糊数

4. 构建 SMAA-IT2FS 方法的排序函数

$\tilde{G}_{qj}$ 被定义为描述新能源汽车情感极性的区间二型模糊集，表示新能源汽车 I_j 在属性 C_q，$j=1,2,\cdots,n$；$q=1,2,\cdots,L$ 上的评估值。决策矩阵表示如下：

$$Y = \left(\tilde{G}_{qj}\right)_{L \times n} = \begin{bmatrix} \tilde{G}_{11} & \tilde{G}_{12} & \cdots & \tilde{G}_{1n} \\ \tilde{G}_{21} & \tilde{G}_{22} & \cdots & \tilde{G}_{2n} \\ \vdots & \vdots & & \vdots \\ \tilde{G}_{L1} & \tilde{G}_{L2} & \cdots & \tilde{G}_{Ln} \end{bmatrix} \quad (8.30)$$

构造不同品牌新能源汽车不同属性的权重矩阵，表示如下：

$$W = \left(w_q\right)_{1 \times L} = \begin{bmatrix} w_1 & w_2 & \cdots & w_L \end{bmatrix} \quad (8.31)$$

其中，$w_q \in [0,1]$，$1 \leqslant q \leqslant L$。基于决策矩阵与权重矩阵，构造加权决策矩阵，表示如下：

$$Y_w = \left(V_{qj}\right)_{L \times n} = \begin{bmatrix} w_1 & w_2 & \cdots & w_L \end{bmatrix} \times \begin{bmatrix} \tilde{G}_{11} & \tilde{G}_{12} & \cdots & \tilde{G}_{1n} \\ \tilde{G}_{21} & \tilde{G}_{22} & \cdots & \tilde{G}_{2n} \\ \vdots & \vdots & & \vdots \\ \tilde{G}_{L1} & \tilde{G}_{L2} & \cdots & \tilde{G}_{Ln} \end{bmatrix} = \begin{bmatrix} V_{11} & V_{12} & \cdots & V_{1n} \\ V_{21} & V_{22} & \cdots & V_{2n} \\ \vdots & \vdots & & \vdots \\ V_{L1} & V_{L2} & \cdots & V_{Ln} \end{bmatrix}$$

$$(8.32)$$

其中，加权决策矩阵中的元素 V_{qj} 表示为

$$V_{qj} = w_q \otimes G_{qj} = \left(w_q G_{qj}, w_q \tilde{G}_{qj}\right) = \left(\left(w_q g_{qj}^L, w_q g_{qj}^M, w_q g_{qj}^U; 1\right), \left(w_q \tilde{g}_{qj}^L, w_q \tilde{g}_{qj}^M, w_q \tilde{g}_{qj}^U; \lambda\right)\right),$$

$j=1,2,\cdots,n$；$q=1,2,\cdots,L$。构造排序加权决策矩阵，为 $Y_w^* = \left(\text{Rank}\left(V_{qj}\right)_{L \times n}\right)$，其中 $j=1,2,\cdots,n$；$q=1,2,\cdots,L$。新能源汽车 I_j 在属性 C_q，$j=1,2,\cdots,n$；$q=1,2,\cdots,L$ 上的区间二型模糊集排序函数的定义如下：

$$\text{Rank}\left(V_{qj}\right) = H^{L-M}\left(V_{qj}\right) + H^{M-U}\left(V_{qj}\right) - \frac{1}{3}S^{L-M}\left(V_{qj}\right) - \frac{1}{3}S^{M-U}\left(V_{qj}\right)$$

$$(8.33)$$

$$- \frac{1}{3}S^{L-M-U}\left(V_{qj}\right) + 1 + \lambda_q$$

$$H^{L-M}\left(V_{qj}\right) = \frac{1}{2}\left(w_q g_{qj}^L + w_q g_{qj}^M\right) + \frac{1}{2}\left(w_q g_{qj}'^L + w_q g_{qj}'^M\right) \quad (8.34)$$

$$H^{M-U}\left(V_{qj}\right) = \frac{1}{2}\left(w_q g_{qj}^M + w_q g_{qj}^U\right) + \frac{1}{2}\left(w_q g_{qj}'^M + w_q g_{qj}'^U\right) \quad (8.35)$$

$$S^{L-M}\left(V_{qj}\right) = \frac{1}{2}\left|w_q g_{qj}^L - w_q g_{qj}^M\right| + \frac{1}{2}\left|w_q g_{qj}'^L - w_q g_{qj}'^M\right| \quad (8.36)$$

$$S^{M-U}\left(V_{qj}\right)=\frac{1}{2}\left|w_q g_{qj}^M - w_q g_{qj}^U\right|+\frac{1}{2}\left|w_q g_{qj}'^M - w_q g_{qj}'^U\right| \tag{8.37}$$

$$S^{L-M-U}\left(V_{qj}\right)=$$

$$\sqrt{\frac{1}{3}\left(\left(\frac{2w_q g_{qj}^L - w_q g_{qj}^M - w_q g_{qj}^U}{3}\right)^2 + \left(\frac{2w_q g_{qj}^M - w_q g_{qj}^L - w_q g_{qj}^U}{3}\right)^2 + \left(\frac{2w_q g_{qj}^U - w_q g_{qj}^L - w_q g_{qj}^M}{3}\right)^2\right)} \tag{8.38}$$

$$\sqrt{\frac{1}{3}\left(\left(\frac{2w_q g_{qj}'^L - w_q g_{qj}'^M - w_q g_{qj}'^U}{3}\right)^2 + \left(\frac{2w_q g_{qj}'^M - w_q g_{qj}'^L - w_q g_{qj}'^U}{3}\right)^2 + \left(\frac{2w_q g_{qj}'^U - w_q g_{qj}'^L - w_q g_{qj}'^M}{3}\right)^2\right)} \tag{8.39}$$

其中，$j=1,2,\cdots,n$；$q=1,2,\cdots,L$。

新能源汽车 I_j 的区间二型模糊集综合排序函数的定义如下：

$$\mathrm{Rank}\left(V_j\right)=\sum_{q=1}^{L}V_{qj}, j=1,2,\cdots,n \tag{8.40}$$

8.2.3　SMAA-IT2FS 方法的输出数据

SMAA-2 方法为所有的新能源汽车 I_j 提供了排序函数，如下所述：

$$\mathrm{rank}\left(I_j,\xi,w\right)=1+\sum_{h\neq j}\rho\left(u\left(\xi_h,w\right)>u\left(\xi_j,w\right)\right) \tag{8.41}$$

其中，$\rho(\mathrm{ture})=1$，$\rho(\mathrm{false})=0$。通过式（8.40），对每辆新能源汽车 I_j、每个属性值 ξ 以及每个排序 $r\in[1,n]$，SMAA-2 生成每辆新能源汽车各个排名的权值空间，新能源汽车 I_j 排名为 r 的权值空间的定义公式为

$$W_{I_j}^r\left(\xi\right)=\left\{w\in W\left|\mathrm{rank}\left(I_j,\xi,w\right)=r\right.\right\} \tag{8.42}$$

根据式（8.40）和式（8.41），计算决策指标来帮助决策[102]。

（1）当新能源汽车 I_j 排名为 $r（r\in[1,n]）$时，排序可接受度指数 b_j^r 可以通过式（8.43）获得：

$$b_j^r=\int_X f\left(\xi\right)\int_{w_j^r}f\left(w\right)\mathrm{d}w\mathrm{d}\xi \tag{8.43}$$

在这里，b_j^r 的值表示排序可接受度指数，满足 $\sum_{j=1}^{n}b_j^r=1$；$\sum_{r=1}^{n}b_j^r=1$。I_j 在排名第一的位置时，b_j^r 值越大，I_j 越有可能是最优的。

（2）新能源汽车 I_j 获得前 k 位的中心权重向量的公式如下：

$$w_j^k = \int_X f(\xi) \sum_{r=1}^{k} \int_{w_j^r} f(w) w \mathrm{d}w \mathrm{d}\xi / c_j^k \qquad （8.44）$$

其中，$c_j^k = \sum_{j=1}^{k} b_j^r$。

（3）对每一辆新能源汽车将其排序可接受度集结成一个总体可接受度指数，记为 a_j^h。

$$a_j^h = \sum_{r=1}^{n} a^r b_j^r \qquad （8.45）$$

其中，a^r 被称为排序权重，这里排序权重 a^r 可以采用质心权重形式，即

$a^r = \dfrac{\sum_{j=r}^{n} 1/j}{\sum_{j=1}^{n} 1/j}$。不同新能源汽车在总体上的可接受程度用总体可接受度指数 a_j^h 来

衡量。

8.2.4　SMAA-IT2FS 算法的步骤

为了更清晰地描述 SMAA-IT2FS 方法对新能源汽车市场接受度的排序，本节提出了决策过程的四个步骤。式（8.43）~式（8.45）涉及更高维度的集结。因此，蒙特卡罗技术经常用于实际计算，以获得足够准确的结果[95]。下面描述了详细的决策步骤。

1. 步骤 1：从在线评论中识别情感倾向

决策者从专业的汽车网站上收集、整理在线评论。在对在线评论进行人工情感标注的基础上，决策者构建情感分类训练集，然后利用机器学习算法对在线评论的情感极性进行识别和分类。结合情感分类模型的准确性，决策者构造区间二型模糊集表征每辆新能源汽车对不同属性的情感分析结果。

2. 步骤 2：生成随机权重

决策者得到属性的权值约束范围，形成一个可行权值空间。在欧几里得空间中，利用蒙特卡罗技术获取大量具有权重的随机样本。在每次迭代中，利用这些权重样本对不同属性的情感分析结果进行集结。SMAA-2 方法及其变体通常将迭代次数设置为 10 000。

3. 步骤 3：SMAA-IT2FS 方法的迭代过程

在每次迭代中，我们根据属性信息 $\tilde{G}_{qj}$ 和随机权重 w 计算每辆新能源汽车上所有属性的排序值 $\text{Rank}(V_{qj})$。根据综合排序值 $\text{Rank}(V_j)$，对新能源汽车的情感分析结果进行排序。重复迭代过程，直到达到最终的迭代次数。

4. 步骤 4：SMAA-IT2FS 方法的输出

计算新能源汽车在不同排名位置的频率，并计算相应的概率，形成排序可接受度指数 b_j^r。另外，对于给定的新能源汽车 I_j，我们计算其排名为 r 时的中心权向量 w_j^r。最后，通过 b_j^r 和 a^r 得到总体可接受度指数 a_j^h。

8.2.5 案例分析

本节通过一个实际案例来说明该方法在新能源汽车市场接受度排序中的适用性。选取 2020 年同等价格区间内，销量前 20 位的 6 辆新能源汽车 I_1、I_2、I_3、I_4、I_5 和 I_6 进行分析。使用 Python 3.8 软件对在线评论进行文本分析，使用 Matlab 2018b 软件对情感分析结果进行融合。

1. 构建指标体系，确定指标权重范围

本节评价指标的选择依赖第 3 章中新能源汽车市场接受度指标体系，同时参考汽车之家网站上的属性分类。本节以空间（C_1）、动力（C_2）、操控（C_3）、能耗（C_4）、外观（C_5）、性价比（C_6）、舒适性（C_7）和内饰（C_8）8 个属性作为市场接受评价指标。表 8.9 总结了对各个属性的描述及关键词。

表 8.9　包含描述和相应的关键词属性度量表

属性	描述	关键词
空间 C_1	内部空间，驾驶空间，乘坐空间，储存空间	前、后备箱、后、宽度、长度、轴距、宽敞、储物间、腿部空间
动力 C_2	纯电动模式动力，混动模式动力	提速、起步、加速、电动机、油门、超车、平稳、顿挫感、发动机、推背感、爆发力
操控 C_3	转向、刹车、油门以及各种技术和条件配置	方向盘、转向、顺畅、底盘、刹车、转弯、指向性、灵敏、卡顿、操控性
能耗 C_4	电耗量，油耗量	电量、省电、能耗、充电桩、充电、续航里程、耗电、公里、油耗
外观 C_5	颜色，车身线条，车身设计	外观、设计、颜值、车窗、尾灯、颜色、漂亮、配色、漆面、线条、车头、车标
性价比 C_6	综合性能与价格之间的比率	经济、价格、性价比、高、低、优惠、预算

属性	描述	关键词
舒适性 C_7	涉及材质、视觉、气味、触觉等系列感知元素的设计	座椅质感，材质偏硬，车噪声，柔软，胎噪，细腻，安静，隔音，舒服，支撑，气味，减震，回弹力，包裹性
内饰 C_8	车内色彩、材质、纹理和功能设计	屏幕，显示屏，中控，挡把，按键，仪表盘，材质，仿皮，氛围，搭配，软包，效果，科技感

在线评价反映了消费者群体的偏好，由于消费者的异质性，消费者对新能源汽车的每个指标都有不同的观点，这导致难以清晰地捕捉消费者偏好。因此，决策者无法得到精确的指标权重。在这里，与其试图获得准确的指标权重，不如放松对属性权重的要求。假设 8 个指标的权重表示为 $w_q (q = 1, 2, \cdots, 8)$，$0 < w_q < 1$ 和 $\sum_{q=1}^{8} w_q = 1$。这样，可以研究不同权重变化对新能源汽车市场接受度的影响，从而得到可靠的结果。

2. 计算情感分析结果

从汽车之家网站上收集 105 747 条新能源汽车消费者在线评论，对新能源汽车在线评论数据进行预处理后，将部分在线评论数据作为训练集，对逻辑回归情感分类模型进行训练。利用训练好的逻辑回归情感分类模型，将每个属性的在线评论分为消极、中性和积极三类。对于新能源汽车 I_j 上给定的属性 C_q，可以通过式（8.19）~式（8.21）计算出负面评论、中性评论和积极评论的数量与评论总数的比值，并通过式（8.22）~式（8.26）转化为三角模糊数，如表 8.10 所示。

表 8.10 情感极性百分比 P_{qj}^{neg}、P_{qj}^{neu}、P_{qj}^{pos} 的值

属性	I_1			I_2			I_3		
	P_{q1}^{neg}	P_{q1}^{neu}	P_{q1}^{pos}	P_{q2}^{neg}	P_{q2}^{neu}	P_{q2}^{pos}	P_{q3}^{neg}	P_{q3}^{neu}	P_{q3}^{pos}
C_1	0.037 3	0.068 3	0.894 4	0.066 8	0.142 5	0.790 6	0.032 6	0.043 5	0.923 9
C_2	0.018 7	0.011 2	0.970 1	0.026 8	0.013 4	0.959 8	0.023 1	0.020 4	0.956 5
C_3	0.059 1	0.082 2	0.858 8	0.099 5	0.117 6	0.782 8	0.076 5	0.054 6	0.868 9
C_4	0.048 8	0.066 3	0.885 0	0.044 6	0.068 1	0.887 3	0.015 0	0.058 5	0.926 5
C_5	0.014 9	0.019 9	0.965 3	0.084 3	0.166 3	0.749 4	0.009 5	0.038 0	0.952 4
C_6	0.023 6	0.068 3	0.908 1	0.031 1	0.071 1	0.897 7	0.020 4	0.058 5	0.921 1
C_7	0.084 4	0.079 4	0.836 2	0.075 6	0.142 2	0.782 2	0.125 2	0.110 2	0.764 6
C_8	0.048 5	0.084 6	0.866 9	0.073 3	0.077 8	0.848 9	0.051 6	0.077 4	0.870 9

续表

属性	I_4			I_5			I_6		
	P_{q4}^{neg}	P_{q4}^{neu}	P_{q4}^{pos}	P_{q5}^{neg}	P_{q5}^{neu}	P_{q5}^{pos}	P_{q6}^{neg}	P_{q6}^{neu}	P_{q6}^{pos}
C_1	0.030 0	0.065 0	0.905 0	0.026 4	0.042 2	0.931 4	0.010 9	0.028 5	0.960 6
C_2	0.020 0	0.016 0	0.963 9	0.011 9	0.015 9	0.972 2	0.027 1	0.024 4	0.948 5
C_3	0.043 9	0.056 6	0.899 5	0.047 6	0.054 2	0.898 3	0.059 6	0.066 4	0.874 0
C_4	0.036 9	0.055 4	0.907 7	0.030 0	0.054 0	0.916 0	0.036 9	0.055 4	0.907 7
C_5	0.006 0	0.022 0	0.972 0	0.007 9	0.021 1	0.971 0	0.005 4	0.020 3	0.974 3
C_6	0.009 0	0.018 0	0.973 0	0.011 9	0.029 0	0.959 1	0.017 6	0.036 5	0.945 9
C_7	0.022 6	0.372 8	0.604 7	0.056 7	0.076 5	0.866 8	0.074 3	0.063 5	0.862 2
C_8	0.049 0	0.104 0	0.847 0	0.141 2	0.114 8	0.744 1	0.079 7	0.168 9	0.751 3

通过式（8.15），λ 为（0.927 5，0.986 3，0.922 5，0.928 8，0.971 3，0.962 5，0.900 0，0.923 9）。参考 Holtsmark 和 Skonhoft[33]的思想，在情感分析结果中考虑 λ 来构造区间二型模糊集。对新能源汽车 I_j 属性 C_q 上给定的属性的情感分析结果如表 8.11 所示。

表 8.11　6 辆新能源汽车在不同属性上情感分析的结果

属性	I_1	I_2
C_1	（（0.484 7，0.928 6，1；1），（0.516 9，0.928 6，1；0.927 5））	（（0.284 4，0.861 9，1；1），（0.326 3，0.861 9，1；0.927 5））
C_2	（（0.686 8，0.975 7，1；1），（0.690 8，0.975 7，1；0.986 3））	（（0.625 9，0.966 5，1；1），（0.630 5，0.966 5，1；0.986 3））
C_3	（（0.372 4，0.899 9，1；1），（0.413 3，0.899 9，1；0.922 5））	（（0.197 0，0.841 6，1；1），（0.247 0，0.841 6，1；0.922 5））
C_4	（（0.433 9，0.918 1，1；1），（0.468 4，0.918 1，1；0.928 8））	（（0.450 5，0.921 4，1；1），（0.484 0，0.921 4，1；0.928 8））
C_5	（（0.697 8，0.975 2，1；1），（0.705 8，0.975 2，1；0.971 3））	（（0.207 1，0.832 6，1；1），（0.225 1，0.832 6，1；0.971 3））
C_6	（（0.555 7，0.942 2，1；1），（0.570 2，0.942 2，1；0.962 5））	（（0.511 7，0.933 3，1；1），（0.527 5，0.933 3，1；0.962 5））
C_7	（（0.279 9，0.875 9，1；1），（0.339 5，0.875 9，1；0.900 0））	（（0.254 7，0.853 3，1；1），（0.314 5，0.853 3，1；0.900 0））
C_8	（（0.413 6，0.909 2，1；1），（0.451 3，0.909 2，1；0.923 9））	（（0.321 4，0.887 8，1；1），（0.364 5，0.887 8，1；0.923 9））

续表

属性	I_3	I_4
C_1	（（0.543 0，0.945 7，1；1），（0.572 2，0.945 7，1；0.927 5））	（（0.525 9，0.937 5，1；1），（0.555 8，0.937 5，1；0.927 5））
C_2	（（0.637 3，0.966 7，1；1），（0.641 8，0.966 7，1；0.986 3））	（（0.666 9，0.971 9，1；1），（0.671 1，0.971 9，1；0.986 3））
C_3	（（0.332 7，0.896 2，1；1），（0.376 3，0.896 2，1；0.922 5））	（（0.468 1，0.927 8，1；1），（0.503 7，0.927 8，1；0.922 5））
C_4	（（0.623 3，0.955 8，1；1），（0.647 0，0.955 8，1；0.928 8））	（（0.503 6，0.935 4，1；1），（0.534 3，0.935 4，1；0.928 8））
C_5	（（0.701 6，0.971 5，1；1），（0.709 4，0.971 5，1；0.971 3））	（（0.771 2，0.983 0，1；1），（0.777 3，0.983 0，1；0.971 3））
C_6	（（0.589 4，0.950 3，1；1），（0.602 9，0.950 3，1；0.962 5））	（（0.752 4，0.982 0，1；1），（0.761 0，0.982 0，1；0.962 5））
C_7	（（0.126 3，0.819 7，1；1），（0.195 6，0.819 7，1；0.900 0））	（（0.517 7，0.938 0，1；1），（0.559 8，0.938 0，1；0.900 0））
C_8	（（0.408 3，0.909 6，1；1），（0.446 5，0.909 6，1；0.923 9））	（（0.389 9，0.899 0，1；1），（0.428 6，0.899 0，1；0.923 9））
属性	I_5	I_6
C_1	（（0.580 0，0.952 5，1；1），（0.607 0，0.952 5，1；0.927 5））	（（0.711 3，0.974 9，1；1），（0.730 4，0.974 9，1；0.927 5））
C_2	（（0.731 1，0.980 1，1；1），（0.734 6，0.980 1，1；0.986 3））	（（0.604 9，0.960 7，1；1），（0.609 7，0.960 7，1；0.986 3））
C_3	（（0.454 1，0.925 4，1；1），（0.490 6，0.925 4，1；0.922 5））	（（0.387 2，0.907 2，1；1），（0.427 5，0.907 2，1；0.922 5））
C_4	（（0.541 7，0.943 0，1；1），（0.570 3，0.943 0，1；0.928 8））	（（0.473 4，0.931 6，1；1），（0.506 0，0.931 6，1；0.928 8））
C_5	（（0.754 8，0.981 5，1；1），（0.761 3，0.981 5，1；0.971 3））	（（0.782 2，0.984 5，1；1），（0.788 0，0.984 5，1；0.971 3））
C_6	（（0.702 1，0.973 6，1；1），（0.712 3，0.973 6，1；0.962 5））	（（0.645 4，0.964 2，1；1），（0.657 4，0.964 2，1；0.962 5））
C_7	（（0.388 0，0.905 0，1；1），（0.439 7，0.905 0，1；0.900 0））	（（0.332 0，0.893 9，1；1），（0.388 2，0.893 9，1；0.900 0））
C_8	（（0.079 1，0.801 5，1；1），（0.134 1，0.801 5，1；0.923 9））	（（0.219 4，0.835 8，1；1），（0.266 3，0.835 8，1；0.923 9））

3. 对情感分析结果进行汇总，得到最终排序结果

采用仿真技术对新能源汽车情感分析结果进行融合，得到新能源汽车市场接受度排序结果。使用 Matlab 2018b 软件实现此过程，迭代次数为 10 000 次。首先，基于逆权重空间的思想，在每次迭代的权重约束范围内，对新能源汽车的 8

个属性生成随机权重方案。其次，在每次迭代中，利用每个属性的随机权重和表 8.11 中情感分析结果，通过式（8.40）得到不同品牌新能源汽车情感分析结果的综合排序值。最后，迭代次数完成后，排序可接受度指数和总体可接受度指数分别由式（8.43）和式（8.45）计算得出。结果如表 8.12 所示。

表 8.12　排序可接受度指数 $b^1 - b^6$（%）和总体可接受度指数 a_j^h

属性	b^1	b^2	b^3	b^4	b^5	b^6	a_j^h	排序
I_1	0	0.056 5	0.103 3	0.393 8	0.446 4	0	0.250 4	**5**
I_2	0	0	0	0.000 1	0.000 2	0.999 8	0.166 7	**6**
I_3	0.003 1	0.123 4	0.114 0	0.365 0	0.394 5	0	0.273 0	**4**
I_4	0.965 2	0.029 5	0.005 0	0.000 3	0	0	0.981 7	**1**
I_5	0.024 2	0.572 8	0.213 3	0.102 1	0.087 4	0.000 2	0.424 7	**2**
I_6	0.007 5	0.217 7	0.564 4	0.138 8	0.071 6	0	0.353 5	**3**

从表 8.12 中可以看出，6 辆新能源汽车中消费者口碑最好的是新能源汽车 I_4，以 96.52% 的概率排名第 1，紧随其后的是新能源汽车 I_5 和 I_6。新能源汽车 I_2 排在最后位置时的概率为 99.98%。表 8.12 还提供了额外的决策信息，如新能源汽车 I_1 和新能源汽车 I_2 在权重 w_q 的约束下永远不会排在第一位置，新能源汽车 I_1、I_3、I_4 和 I_6 永远不会排在最后位置。因为这些新能源汽车在相应位置对应的排序可接受度指数是 0。决策者使用总体可接受度 a^h 的值判断得出 $I_4 \succ I_5 \succ I_6 \succ I_3 \succ I_1 \succ I_2$（$\succ$ 表示"优于"）。

8.2.6　讨论与比较分析

由于新能源汽车各属性的权值是完全未知的，在不同权重方案下，这些新能源汽车可能以不同的概率排在第一位置。排在第一位置的所有新能源汽车的平均潜在偏好（第一中心权重向量）如表 8.13 所示。

表 8.13　6 辆新能源汽车第一位的中心权重向量

属性	w_1	w_2	w_3	w_4	w_5	w_6	w_7	w_8
I_1	0	0	0	0	0	0	0	0
I_2	0	0	0	0	0	0	0	0
I_3	0.173 2	0.138 8	0.052 9	0.274 0	0.093 4	0.042 3	0.016 5	0.208 8
I_4	0.121 9	0.123 4	0.125 2	0.123 3	0.125 0	0.125 8	0.127 4	0.128 0

属性	w_1	w_2	w_3	w_4	w_5	w_6	w_7	w_8
I_5	0.180 4	0.204 4	0.138 9	0.174 1	0.127 0	0.104 9	0.050 7	0.019 6
I_6	0.307 5	0.088 4	0.096 0	0.124 1	0.183 4	0.091 1	0.053 2	0.056 4

通过表 8.13 可知，可行权重空间中的任何权重向量都不能使 I_1 和 I_2 排在首位。对于剩余的新能源汽车，第一位中心权重描述了每辆新能源汽车的潜在偏好。以新能源汽车 I_5 为例，对该新能源汽车在不同位置排序时的权重向量如表 8.14 所示。

表 8.14　新能源汽车 I_5 的中心权重向量

权重	w_1	w_2	w_3	w_4	w_5	w_6	w_7	w_8
R_1	0.180 4	0.204 4	0.138 9	0.174 1	0.127 0	0.104 9	0.050 7	0.019 6
R_2	0.107 7	0.137 3	0.135 8	0.129 6	0.122 8	0.136 1	0.140 9	0.089 8
R_3	0.158 5	0.098 9	0.112 7	0.108 1	0.133 1	0.118 1	0.123 1	0.147 4
R_4	0.128 2	0.113 5	0.107 1	0.133 9	0.119 2	0.106 6	0.092 2	0.199 3
R_5	0.136 7	0.100 8	0.102 0	0.111 9	0.130 4	0.093 8	0.079 9	0.244 3
R_6	0.034 3	0.106 0	0.054 2	0.122 3	0.034 4	0.099 2	0.112 1	0.437 3

这样的分析可以让新能源汽车 I_5 熟悉自己的优势和劣势。如表 8.14 所示，如果新能源汽车 I_5 在动力（C_2）上的权重更大，则其优势地位将更加稳固。因此，从情感分析结果来看，可以认为该属性是新能源汽车 I_5 的潜在优势。相比之下，在表8.14 的最后一列，不难看出内饰（C_8）是新能源汽车 I_5 市场接受度中最弱的属性。具体来说，随着 w_8 值的增大，新能源汽车 I_5 的排名逐渐回落到最后位置。

根据新能源汽车市场接受度排名结果和上述分析，本节得出一些管理启示，总结如下：

（1）羊群效应使得消费者在购买新能源汽车时关注其他消费者的体验和反馈，这使得消费者更容易收集有关新能源汽车质量或性能的信息。根据新能源汽车的市场接受度排名结果，消费者可以很容易地知道哪些新能源汽车受到了其他消费者的喜爱，从而提高新能源汽车购买决策的准确性。

（2）通过对新能源汽车消费者情绪分析结果的比较，可以帮助新能源汽车销售企业识别产品之间的竞争力。总体可接受度指数在一定程度上反映了市场竞争结构。如果两辆新能源汽车的总体可接受度指数越接近，则表明相互之间可能构成潜在的威胁。更多的销售公司需要关注他们的竞争对手。

（3）发挥优势、改善劣势是提高新能源汽车市场接受度以及制造商竞争力的重要途径。对于特定的新能源汽车，制造商可以通过不同排名位置上的中心权重来识别其优缺点因素。

8.2.7　本节小结

在线评论作为客户的售后反馈，是获取消费者需求和偏好的重要信息来源。了解并挖掘新能源汽车在线评论中消费者的情感态度，有利于帮助有意愿购买车辆的消费者提高决策质量，同时也有利于帮助新能源汽车销售公司分析竞争市场结构，以及制造企业提高产品质量。本节提出一个决策框架，基于情绪分析结果对不同品牌的新能源汽车市场接受度进行排序。定义一种新的 SMAA-IT2FS 方法，并且实现了该决策框架。通过对实际数据集的计算，发现该方法可以帮助决策者在未知属性权重的情况下，获得可靠的新能源汽车市场接受度排序结果。与以往研究相比，本节的主要贡献如下。

（1）采用基于 SMAA-IT2FS 方法的决策框架对在线评论的新能源汽车情感分析结果进行整合，从而得出新能源汽车市场接受度。该评估框架不需要决策者来定义精确的属性权重，评估结果却可以确定新能源汽车的优势和劣势因素。

（2）相对于 SMAA-2 方法，将 SMAA-2 方法与 IT2FS 相结合，作为 SMAA 族的一种变体，引入一种新的形式来有效地刻画属性的模糊性，为传统的 SMAA-2 方法提供一种新的排序函数。在构造区间二型三角模糊数的过程中，使用了机器学习方法（逻辑回归模型），这是 SMAA-2 方法在大数据环境中的一次有益尝试。

8.3　本　章　小　结

本章利用 Python 技术爬取汽车之家网站新能源汽车评论数据，将爬取下的数据进行数据分析和数据清洗，即数据预处理，如数据拆分、数据清洗、分词、去停用词等。利用空间向量模型将非结构化数据转化为结构化数据，通过 TF-IDF 模型提取关键词。并且，通过使用 LDA 主题模型识别消费者潜在购买偏好，决策者根据 LDA 主题模型生成的潜在主题和高频主题词，构建市场接受度指标体系，并确定属性权重的约束范围，进而提出一种基于改进 SMAA-ER 方法的新能源汽车市场接受度评估模型，计算新能源汽车市场接受度的预期效用，并创建平均交叉排序矩阵，建立线性规划模型，对不同品牌新能源汽车的市场接受度进行排名，通过一个实际案例来揭示其在大数据环境中的应用。

第 9 章 总结与展望

9.1 总   结

当前，全球各国为应对气候变化而设立符合自身发展的环保目标。中国也宣布了自己的低碳目标。显然，低碳目标的确立为很多相关产业的发展带来了动力，其中具有"绿色"特征的新能源汽车产业的健康发展是低碳目标顺利达成的重要表现之一。在新能源汽车供应链运营及决策领域的相关研究点的基础上，本书采用调查法、博弈论及优化方法、决策模型及比较分析等研究方法，针对新能源汽车低碳运营及市场决策做了较为丰富的研究工作。首先，本书从新能源汽车及其供应链的定义，针对低碳目标下的新能源汽车供应链决策问题、补贴理论及其外部性等问题进行了研究。其次，本书从新能源汽车市场运营与决策的影响因素的角度进行了研究，分别从新能源汽车市场供需侧的政策、市场接受度影响因素、用户满意度分析及用户感知度等方面进行了研究。再次，本书针对碳约束下的新能源汽车企业生产投资决策进行了分析。随后，从消费者绿色偏好、补贴退坡、技术水平及产品绿色度等影响因素的角度对新能源汽车决策问题进行了研究。最后，本书针对考虑消费者情感偏好的新能源汽车市场接受度评价问题进行了深入研究，给出了新能源汽车市场接受度评价模型。这些研究补充了新能源汽车产业及供应链理论，为低碳目标下的新能源汽车产业发展及市场运营决策的理论及实践问题提供了依据和现实指导。所以，本书的研究内容及结论具有较好的理论和实践价值。

9.1.1 本书的研究成果

本书的研究成果如下。

（1）本书设计了调查问卷，对消费者进行新能源汽车市场接受度调查。本书发现，消费者较为倾向的供需两侧政策因素分别是基础充电设施完善、购车补贴、购置税与车船税减免，但影响较大的因素是车辆续航能力、电池耐久程度和电池价格成本。此外，性别、婚姻状况、家庭收入均对家庭拥有新能源汽车的数量有较为显著的影响。

（2）针对限额与交易机制下的供应链系统的最优生产决策问题的研究，本书发现，限额与交易机制能够在一定程度上起到限制碳排放的作用，但并非在所有情形下都能发挥作用。此外，本书发现在限额与交易机制下，制造商可通过投资研发低碳技术以降低单位产品碳排放量。产品错放现象广泛存在于供应链运行过程中，这使得供应链双方承受着不必要的损失。为了降低产品错放现象对供应链的影响，零售商将考虑是否投资 RFID 技术。

（3）本书将消费者类型划分为普通消费者和绿色消费者，采用两类消费者效用函数构建了新能源汽车供应链集中决策和分散决策模型，并分析了政府补贴的新能源汽车供应链优化决策。本书发现在有补贴情况下，可通过设计协调机制确保展示绿色度标准和补贴系数因子的变化对新能源汽车供应链决策起到正向作用。此外，考虑了补贴退坡下需求随机的新能源汽车供应链的决策问题，并给出协调机制。本书还分析了技术水平提高和税收减免两种政策变化对新能源汽车市场接受度的影响，以及新能源汽车企业供应链该如何利用共享经济平台进行合理决策问题。研究发现，技术进步和平台经济等因素会极大增加新能源汽车供应链的绿色特征。

（4）本书最后利用 Python 技术爬取汽车之家网站新能源汽车评论数据，对爬取的数据进行数据分析和数据清洗，并通过 TF-IDF 模型提取关键词。通过使用 LDA 主题模型识别消费者潜在购买偏好，构建市场接受度指标体系，进而提出一种基于改进 SMAA-ER 方法的新能源汽车市场接受度评估模型。研究工作主要为计算新能源汽车市场接受度的预期效用，创建平均交叉排序矩阵，建立线性规划模型，对不同品牌新能源汽车的市场接受度进行排名，通过一个实际案例来揭示其在大数据环境中的应用。

9.1.2　本书的局限性

本书的研究还存在如下不足之处。

（1）在针对低碳目标下的供应链生产决策问题的研究中，本书没有考虑多供应商和新能源汽车制造商之间的博弈关系以及生产决策问题。显然，在低碳目标的影响下，一对多的新能源汽车供应链情景的相关生产决策问题更具有现实意义。此外，新能源汽车经销商的一些销售行为和策略对新能源汽车供应链的生产决策也会产生不确定的影响。所以，这些都是以后需要进一步研究的问题。

（2）本书在技术进步和平台经济等因素对新能源汽车供应链的影响方面，只是从技术层面进行了刻画。从市场运营的角度看，新能源汽车产品的生命周期内的实际绿色度效果的刻画和测度，以及其刻画测度的科学性和准确性，是影响新能源汽车供应链成员决策的根本因素。此外，如何更好地展示新能源汽车产品补贴效果，也是非常值得研究的问题。

这些不足之处对本书的后续研究提出了新要求，需要在日后的研究过程中进一步对其深化扩展。

9.2　展　　望

新能源汽车低碳运营及市场决策方面的研究，对低碳目标下的新能源汽车供应链及其产品运营的健康循环起到了重要的作用。随着新能源汽车等具有低碳特征的新业态的出现，此领域将衍生出更多的研究点，所以，为丰富和完善新能源汽车供应链的研究内容，并且结合本书所做的工作，有如下几个方面可作为今后研究的方向。

1.低碳目标的进一步刻画及其对新能源汽车供应链运营的实际影响

在本书的研究内容中，针对低碳目标的刻画主要采用约束条件的形式。然而，因研究时间的限制，本书并未丰富低碳目标的刻画形式。所以，低碳目标对新能源汽车供应链市场运营和决策的影响需要通过刻画形式进一步具体化。另外，若考虑新能源汽车产品和传统汽车产品间的竞争替代问题，将会使研究的问题更具有现实意义。

2.考虑风险规避特征的消费者决策对新能源汽车供应链市场运营的影响

显然，当前新能源汽车因为续航短和充电时间长等技术问题而导致消费者在购买前或使用过程中，会产生规避这些风险问题的特征。所以，将消费者风险规避特性考虑进新能源汽车供应链运营和市场决策的研究问题中，会更具有现实意义。现实中，大多数消费者对新能源汽车的技术问题及相关政策配套不合理是抱有一定的抵触情绪的。所以，可考虑不同博弈方采取不同的风险态度组合，以此为基础研究低碳目标下新能源汽车市场运营及决策的趋势，这将是值得深入探讨的问题。

3. 多周期下的新能源汽车供应链的补贴、技术水平及平台等影响因素问题

现实中，新能源汽车供应链的补贴、技术水平变化及平台决策等因素，是变化且多周期性的。例如，新能源汽车补贴可能随着政策的变化呈现"补贴退坡—补贴终止—再次补贴"的周期性特征。因此，考虑了未来可能出现的多周期中不同政策影响下的新能源汽车市场运营及决策问题，则可更好地诠释这些影响因素的作用。另外，经过多周期演化的新能源汽车供应链中的成员是否会形成新的合作形态，也是较为有意义的研究点。这也将是本书后续研究方向之一。

参 考 文 献

[1] 工业和信息化部. 工业和信息化部关于修改《新能源汽车生产企业及产品准入管理规定》的决定[J]. 中华人民共和国国务院公报，2020，（25）：51.

[2] Morton C，Anable J，Nelson J D. Exploring consumer preferences towards electric vehicles：the influence of consumer innovativeness[J]. Research in Transportation Business & Management，2016，18：18-28.

[3] Plötz P，Schneider U，Globisch J，et al. Who will buy electric vehicles? Identifying early adopters in Germany[J]. Transportation Research Part A：Policy and Practice，2014，67：96-109.

[4] Peters A，Dütschke E. How do consumers perceive electric vehicles? A comparison of German consumer groups[J]. Journal of Environmental Policy & Planning，2014，16（3）：359-377.

[5] 尤嘉勋，丁倩，邵丽青. 中国新能源汽车消费特征分析[J]. 汽车工业研究，2015，（2）：36-38.

[6] Oliver J D，Rosen D E. Applying the environmental propensity framework：a segmented approach to hybrid electric vehicle marketing strategies[J]. Journal of Marketing Theory and Practice，2010，18（4）：377-393.

[7] Rezvani Z，Jansson J，Bodin J. Advances in consumer electric vehicle adoption research：a review and research agenda[J]. Transportation Research Part D：Transport and Environment，2015，34：122-136.

[8] Faiers A，Cook M，Neame C. Towards a contemporary approach for understanding consumer behaviour in the context of domestic energy use[J]. Energy Policy，2007，35（8）：4381-4390.

[9] Zhang L H，Wang J G，You J X. Consumer environmental awareness and channel coordination with two substitutable products[J]. European Journal of Operational Research，2015，241（1）：63-73.

[10] Geertje S，Jillian A，Stephen S，et al. The role of instrumental，hedonic and symbolic attributes in the intention to adopt electric vehicles[J]. Transportation Research Part A：Policy and Practice，2013，48（2）：39-49.

[11] 王宁，晏润林，刘亚斐. 电动汽车潜在消费者特征识别和市场接受度研究[J]. 中国软科学，2015，（10）：70-84.

[12] Noori M，Tatari O. Development of an agent-based model for regional market penetration projections of electric vehicles in the United States[J]. Energy，2016，96：215-230.

[13] Shafie-Khah M，Neyestani N，Damavandi M Y，et al. Economic and technical aspects of plug-in electric vehicles in electricity markets[J]. Renewable and Sustainable Energy Reviews，2016，53：1168-1177.

[14] Gnann T，Plötz P，Funke S，et al. What is the market potential of plug-in electric vehicles as commercial passenger cars? A case study from Germany[J]. Transportation Research Part D：Transport and Environment，2015，37：171-187.

[15] Gallagher K S，Muehlegger E. Giving green to get green? Incentives and consumer adoption of hybrid vehicle technology[J]. Journal of Environmental Economics and Management，2011，61（1）：1-15.

[16] Lim D J，Jahromi S R，Anderson T R，et al. Comparing technological advancement of hybrid electric vehicles（HEV）in different market segments[J]. Technological Forecasting and Social Change，2015，97：140-153.

[17] Kahn M E. Do greens drive Hummers or hybrids? Environmental ideology as a determinant of consumer choice[J]. Journal of Environmental Economics and Management，2007，54（2）：129-145.

[18] Browne D，O'Mahony M，Caulfield B. How should barriers to alternative fuels and vehicles be classified and potential policies to promote innovative technologies be evaluated?[J]. Journal of Cleaner Production，2012，35：140-151.

[19] Noblet C L，Teisl M F，Rubin J. Factors affecting consumer assessment of eco-labeled vehicles[J]. Transportation Research Part D：Transport and Environment，2006，11（6）：422-431.

[20] Krupa J S，Rizzo D M，Eppstein M J，et al. Analysis of a consumer survey on plug-in hybrid electric vehicles[J]. Transportation Research Part A：Policy and Practice，2014，64：14-31.

[21] Du S F，Zhu L L，Liang L，et al. Emission-dependent supply chain and environment policy-making in the "cap-and-trade" system[J]. Energy Policy，2013，57：61-67.

[22] Nouira I，Frein Y，Hadj-Alouane A B. Optimization of manufacturing systems under environmental considerations for a greenness-dependent demand[J]. International Journal of Production Economics，2014，150：188-198.

[23] Helveston J P，Liu Y，Feit E M D，et al. Will subsidies drive electric vehicle adoption? Measuring consumer preferences in the US and China[J]. Transportation Research Part A：Policy and Practice，2015，73：96-112.

[24] Sarparandeh M H，Ehsan M. Pricing of vehicle-to-grid services in a microgrid by Nash bargaining theory[J]. Mathematical Problems in Engineering，2017，41：1024-1035.

[25] Liu Y Z. Household demand and willingness to pay for hybrid vehicles[J]. Energy Economics，2014，44：191-197.

[26] Lévay P Z，Drossinos Y，Thiel C. The effect of fiscal incentives on market penetration of electric vehicles：a pairwise comparison of total cost of ownership[J]. Energy Policy，2017，105：524-533.

[27] Krause R M，Carley S R，Lane B W，et al. Perception and reality：public knowledge of plug-in electric vehicles in 21 US cities[J]. Energy Policy，2013，63：433-440.

[28] Luo C L，Leng M M，Huang J，et al. Supply chain analysis under a price-discount incentive scheme for electric vehicles[J]. European Journal of Operational Research，2014，235（1）：329-333.

[29] Yu Z，Li S J，Tong L. Market dynamics and indirect network effects in electric vehicle diffusion[J]. Transportation Research Part D：Transport and Environment，2016，47：336-356.

[30] Lebeau P，Macharis C，van Mierlo J. Exploring the choice of battery electric vehicles in city logistics：a conjoint-based choice analysis[J]. Transportation Research Part E：Logistics and Transportation Review，2016，91：245-258.

[31] Cai H，Xu M. Greenhouse gas implications of fleet electrification based on big data-informed individual travel patterns[J]. Environmental Science & Technology，2013，47（16）：9035-9043.

[32] Hao H，Ou X M，Du J Y，et al. China's electric vehicle subsidies scheme：rationale and impacts[J]. Energy Policy，2014，73：722-732.

[33] Holtsmark B，Skonhoft A. The Norwegian support and subsidies policy of electric cars. Should it be adopted by other countries?[J]. Environmental Science & Policy，2014，42：160-168.

[34] Wang Y S，Sperling D，Tal G，et al. China's electric car surge[J]. Energy Policy，2017，102：486-490.

[35] Langbroek J H M，Franklin J P，Susilo Y O. The effect of policy incentives on electric vehicle adoption[J]. Energy Policy，2016，94：94-103.

[36] Zhang X. Reference-dependent electric vehicle production strategy considering subsidies and consumer trade-offs[J]. Energy Policy，2014，67：422-430.

[37] Nie Y，Ghamami M，Xiao F，et al. Optimization of incentive polices for plug-in electric vehicles[J]. Transportation Research Part B：Methodological，2016，84：103-123.

[38] Bi J W，Liu Y，Fan Z P. Representing sentiment analysis results of online reviews using interval type-2 fuzzy numbers and its application to product ranking[J]. Information Sciences,

2019，504：293-307.

[39] Cheng J，Wang J，Gong B. Game-theoretic analysis of price and quantity decisions for electric vehicle supply chain under subsidy reduction[J]. Computational Economics，2020，55（4）：1185-1208.

[40] Gong B，Wang J，Cheng J. Market demand for electric vehicles under technology improvements and tax relief[J]. Emerging Markets Finance and Trade，2020，56（8）：1715-1729.

[41] Dündar B，Akay D，Boran F E，et al. Fuzzy quantification and opinion mining on qualitative data using feature reduction[J]. International Journal of Intelligent Systems，2018，33（9）：1840-1857.

[42] Zhang C，Tian Y X，Fan L W. Improving the bass model's predictive power through online reviews，search traffic and macroeconomic data[J]. Annals of Operations Research，2020，295（2）：881-922.

[43] Changchit C，Klaus T，Lonkani R. Online reviews：what drives consumers to use them[J]. Journal of Computer Information Systems，2020，120：1-19.

[44] Camilleri A R. The importance of online reviews depends on when they are presented[J]. Decision Support Systems，2020，133：113307.

[45] Vijayaragavan P，Ponnusamy R，Aramudhan M. An optimal support vector machine based classification model for sentimental analysis of online product reviews[J]. Future Generation Computer Systems，2020，111：234-240.

[46] Asensio O I，Alvarez K，Dror A，et al. Real-time data from mobile platforms to evaluate sustainable transportation infrastructure[J]. Nature Sustainability，2020，3（6）：463-471.

[47] Li D，Li M，Han G，et al. A combined deep learning method for internet car evaluation[J]. Neural Computing and Applications，2021，33（10）：4623-4637.

[48] Jena R. An empirical case study on Indian consumers' sentiment towards electric vehicles：a big data analytics approach[J]. Industrial Marketing Management，2020，90：605-616.

[49] Costello F J，Lee K C. Exploring the sentiment analysis of electric vehicles social media data by using feature selection methods[J]. Journal of Digital Convergence，2020，18（2）：249-259.

[50] Ha S，Marchetto D J，Dharur S，et al. Topic classification of electric vehicle consumer experiences with transformer-based deep learning[J]. Patterns，2021，2（2）：100195.

[51] Li W B，Long R Y，Chen H. Consumers' evaluation of national new energy vehicle policy in China：an analysis based on a four paradigm model[J]. Energy Policy，2016，99（12）：33-41.

[52] Zhang Q，Ou X，Yan X，et al. Electric vehicle market penetration and impacts on energy consumption and CO_2 emission in the future：Beijing case[J]. Energies，2017，10（2）：228.

[53] Jones L R，Cherry C R，Vu T A，et al. The effect of incentives and technology on the adoption of electric motorcycles：a stated choice experiment in Vietnam[J]. Transportation Research Part A：Policy and Practice，2013，57：1-11.

[54] 沈悦，郭品. 基于网络外部性理论的新能源汽车消费偏好实证研究[J]. 西安交通大学学报（社会科学版），2015，35（3）：40-46.

[55] 罗琪. 新能源汽车产业发展因素及其对策研究[J]. 特区经济，2012，（11）：188-189.

[56] 徐国虎，许芳. 新能源汽车购买决策的影响因素研究[J]. 中国人口·资源与环境，2010，20（11）：91-95.

[57] Gong B，Liu R，Zhang X. Market acceptability assessment of electric vehicles based on an improved stochastic multicriteria acceptability analysis-evidential reasoning approach[J]. Journal of Cleaner Production，2020，269：121990.

[58] 熊勇清，李小龙. 新能源汽车产业供需双侧政策对潜在消费者的影响[J]. 中国人口·资源与环境，2018，28（6）：52-62.

[59] 熊勇清，陈曼琳. 新能源汽车需求市场培育的政策取向：供给侧抑或需求侧[J]. 中国人口·资源与环境，2016，26（5）：129-137.

[60] 熊勇清，徐文. 新能源汽车产业培育："选择性"抑或"功能性"政策？[J]. 科研管理，2021，308（6）：58-64.

[61] 熊勇清，范世伟，刘晓燕. 新能源汽车财政补贴与制造商研发投入强度差异——制造商战略决策层面异质性视角[J]. 科学学与科学技术管理，2018，39（6）：72-83.

[62] 熊勇清，李小龙. 新能源汽车供需双侧政策在异质性市场作用的差异[J]. 科学学研究，2019，37（4）：597.

[63] 李文博. 电动汽车激励政策的消费者响应及其体系优化研究[D]. 中国矿业大学博士学位论文，2018.

[64] Kang M J，Park H. Impact of experience on government policy toward acceptance of hydrogen fuel cell vehicles in Korea[J]. Energy Policy，2011，39（6）：3465-3475.

[65] Zhang X，Wang K，Hao Y，et al. The impact of government policy on preference for NEVs：the evidence from China[J]. Energy Policy，2013，61（10）：382-393.

[66] 闫英，锁斌，甘蜜. 混合不确定性下基于区间证据随机抽样的统一赋权法[J]. 运筹与管理，2019，28（8）：41-47.

[67] 江文奇. 基于前景理论和统计推断的区间数多准则决策方法[J]. 控制与决策，2015，30（2）：375-379.

[68] 熊宁欣，王应明. 基于前景理论和证据推理的区间灰数多属性决策[J]. 计算机系统应用，2019，28（9）：33-40.

[69] Xu X，Xu X，He P. Joint production and pricing decisions for multiple products with cap-and-trade and carbon tax regulations[J]. Journal of Cleaner Production，2016，112：4093-4106.

[70] Yang L，Zheng C，Xu M. Comparisons of low carbon policies in supply chain coordination[J]. Journal of Systems Science and Systems Engineering，2014，23（3）：342-361.

[71] D'Aspremont C，Jacquemin A. Cooperative and noncooperative R&D in duopoly with spillovers[J]. The American Economic Review，1988，78（5）：1133-1137.

[72] Yao D Q，Liu J J. Competitive pricing of mixed retail and e-tail distribution channels[J]. Omega，2005，33（3）：235-247.

[73] Gaukler G M，Seifert R W，Hausman W H. Item-level RFID in the retail supply chain[J]. Production and Operations Management，2007，16（1）：65-76.

[74] Rekik Y，Sahin E，Dallery Y. Analysis of the impact of the RFID technology on reducing product misplacement errors at retail stores[J]. International Journal of Production Economics，2008，112（1）：264-278.

[75] Camdereli A Z，Swaminathan J M. Misplaced inventory and radio-frequency identification （RFID）technology：information and coordination[J]. Production and Operations Management，2010，19（1）：1-18.

[76] Uckun C，Karaesmen F，Savas S. Investment in improved inventory accuracy in a decentralized supply chain[J]. International Journal of Production Economics，2008，113（2）：546-566.

[77] Fan T J，Chang X G，Gu C H，et al. Benefits of RFID technology for reducing inventory shrinkage[J]. International Journal of Production Economics，2014，147（1）：659-665.

[78] Shuai C M，Ding L P，Zhang Y K，et al. How consumers are willing to pay for low-carbon products?—Results from a carbon-labeling scenario experiment in China[J]. Journal of Cleaner Production，2014，83：366-373.

[79] Sovacool B K，Tambo T. Comparing consumer perceptions of energy security，policy，and low-carbon technology：insights from Denmark[J]. Energy Research & Social Science，2016，11：79-91.

[80] Spaargaren G，van Koppen C S A，Janssen A M，et al. Consumer responses to the carbon labelling of food：a real life experiment in a canteen practice[J]. Sociologia Ruralis，2013，53（4）：432-453.

[81] Du S F，Zhu Ji A，Jiao H F，et al. Game-theoretical analysis for supply chain with consumer preference to low carbon[J]. International Journal of Production Research，2015，53（12）：3753-3768.

[82] Hartikainen H，Roininen T，Katajajuuri J M，et al. Finnish consumer perceptions of carbon footprints and carbon labelling of food products[J]. Journal of Cleaner Production，2014，73：285-293.

[83] Kennedy M，Dinh V N，Basu B. Analysis of consumer choice for low-carbon technologies by using neural networks[J]. Journal of Cleaner Production，2016，112：3402-3412.

[84] Bin S，Dowlatabadi H. Consumer lifestyle approach to US energy use and the related CO_2 emissions[J]. Energy Policy，2005，33（2）: 197-208.

[85] Parag Y，Darby S. Consumer-supplier-government triangular relations: rethinking the UK policy path for carbon emissions reduction from the UK residential sector[J]. Energy Policy，2009，37（10）: 3984-3992.

[86] 王芹鹏，赵道致. 消费者低碳偏好下的供应链收益共享契约研究[J]. 中国管理科学，2014，22（9）: 106-113.

[87] Girod B，Haan P D. GHG reduction potential of changes in consumption patterns and higher quality levels: evidence from Swiss household consumption survey[J]. Energy Policy，2009，37（12）: 5650-5661.

[88] Seyfang G . Community action for sustainable housing: building a low-carbon future[J]. Energy Policy，2010，38（12）: 7624-7633.

[89] 朱玉姣. 考虑损失规避行为偏好和消费者绿色偏好的企业运作优化决策[D]. 中国科学技术大学博士学位论文，2017.

[90] Shao L L，Yang J，Zhang M. Subsidy scheme or price discount scheme? Mass adoption of electric vehicles under different market structures[J]. European Journal of Operational Research，2017，262（3）: 1181-1195.

[91] 邵路路. 电动汽车厂商定价和政府补贴策略研究[D]. 华中科技大学博士学位论文，2016.

[92] Gérard P C. Supply chain coordination with contracts[J]. Handbooks in Operations Research & Management Science，2003，11（11）: 227-339.

[93] Mills E S. Uncertainty and price theory[J]. The Quarterly Journal of Economics，1959，73（1）: 116-130.

[94] Zhao X，Doering O C，Tyner W E. The economic competitiveness and emissions of battery electric vehicles in China[J]. Applied Energy，2015，156: 666-675.

[95] Banker R D，Khosla I，Sinha K K. Quality and competition[J]. Management Science，1998，44（9）: 1179-1192.

[96] 张艳丽. 考虑消费者偏好和政府行为的绿色供应链定价决策研究[D]. 合肥工业大学博士学位论文，2017.

[97] Liu Z G，Anderson T D，Cruz J M. Consumer environmental awareness and competition in two-stage supply chains[J]. European Journal of Operational Research，2012，218（3）: 602-613.

[98] Lei L，Wang Q，Fan C X. Optimal business policies for a supplier-transporter-buyer channel with a price-sensitive demand[J]. Journal of the Operational Research Society，2006，57（3）: 281-289.

[99] Chen J L，Wang C X. A study on coordinating the supply chain consisting of one supplier，one

transporter and one buyer[J]. Industrial Engineering and Management，2008，13（4）：1-5.

[100] Jiang J H Q. Technology innovation and market cultivation of new energy vehicles industry[J]. Reform，2011，（7）：57-63.

[101] Cai J H，Hu X Q，Tadikamalla P R，et al. Flexible contract design for VMI supply chain with service-sensitive demand：revenue-sharing and supplier subsidy[J]. European Journal of Operational Research，2017，261（1）：143-153.

[102] Liu Y S，Zhang J H，Wang L L. Optimal joint pricing and ordering decisions in newsvendor model with two demand cases[J]. Control and Decision，2013，28（9）：1419-1422.

[103] Chen K Y，Kaya M，Özer Ö. Dual sales channel management with service competition[J]. Manufacturing & Service Operations Management，2008，10（4）：654-675.

[104] Huang W，Swaminathan J M. Introduction of a second channel：implications for pricing and profits[J]. European Journal of Operational Research，2009，194（1）：258-279.

[105] 姜江，韩祺. 新能源汽车产业的技术创新与市场培育[J]. 改革，2011，（7）：57-63.

[106] 厉以宁. 持续推进供给侧结构性改革[J]. 中国流通经济，2017，31（1）：3-8.

[107] 胡鞍钢，周绍杰，任皓. 供给侧结构性改革——适应和引领中国经济新常态[J]. 清华大学学报（哲学社会科学版），2016，31（2）：17-22.

[108] Wang Z H，Zhao C Y，Yin J H，et al. Purchasing intentions of Chinese citizens on new energy vehicles：how should one respond to current preferential policy?[J]. Journal of Cleaner Production，2017，161：1000-1010.

[109] Zhang X L，Wang J J. Research on new energy vehicle supply chain government subsidies based on shapley value algorithm[J]. Soft Science，2015，29（9）：54-58.

[110] Sánchez-Braza A，Cansino J M，Lerma E. Main drivers for local tax incentives to promote electric vehicles：the Spanish case[J]. Transport Policy，2014，36：1-9.

[111] Lorentziadis P L，Vournas S G. A quantitative model of accelerated vehicle-retirement induced by subsidy[J]. European Journal of Operational Research，2011，211（3）：623-629.

[112] Liu X，Ma S F，Tian J F，et al. A system dynamics approach to scenario analysis for urban passenger transport energy consumption and CO_2 emissions：a case study of Beijing[J]. Energy Policy，2015，85（10）：253-270.

[113] Wang N，Gong Z，Ma J，et al. Consumer total ownership cost model of plug-in hybrid vehicle in China[J]. Proceedings of the Institution of Mechanical Engineers，Part D：Journal of Automobile Engineering，2012，226（5）：591-602.

[114] She Z Y，Sun Q，Ma J J，et al. What are the barriers to widespread adoption of battery electric vehicles? A survey of public perception in Tianjin，China[J]. Transport Policy，2017，56：29-40.

[115] 王瑞，陈清泰. 新能源汽车发展需要政策和市场双驱[N]. 中国工业报，2016-01-15

（A04）.

[116] Choudhary V，Ghose A，Mukhopadhyay T，et al. Personalized pricing and quality differentiation[J]. Management Science，2005，51（7）：1120-1130.

[117] Acquisti A，Varian H R. Conditioning prices on purchase history[J]. Marketing Science，2005，24（3）：367-381.

[118] 叶秀敏. 平台经济的特点分析[J]. 河北师范大学学报（哲学社会科学版），2016，39（2）：114-120.

[119] 陶希东，刘思弘. 平台经济呼唤平台型政府治理模式[J]. 浦东开发，2013，（12）：36-39.

[120] Troyer C. EFR：efficient foodservice response[Z]. Paper Presented at the Conference on Logistics，GMA，May21-23，Palm Springs，CA，1996.

[121] 石小法，张丽清，杨东援. 信息对供应链的影响研究[J]. 系统工程，2002，20（3）：37-40.

[122] 贺宏朝. "平台经济"下的博弈[J]. 企业研究，2004，（12S）：20-24.

[123] 华中生. 网络环境下的平台服务及其管理问题[J]. 管理科学学报，2013，16（12）：1-12.

[124] 罗珉，李亮宇. 互联网时代的商业模式创新：价值创造视角[J]. 中国工业经济，2015，57（1）：95-107.

[125] Chiang W Y K，Chhajed D，Hess J D. Direct marketing，indirect profits：a strategic analysis of dual-channel supply-chain design[J]. Management Science，2003，49（1）：1-20.

[126] 肖剑，但斌，张旭梅. 偏向制造商多买方 e-供应链的博弈及其影响因素分析[J]. 管理工程学报，2010，24（2）：111-114.

[127] Siddiqui A W，Raza S A. Electronic supply chains：status & perspective[J]. Computers & Industrial Engineering，2015，88：536-556.

[128] Valverde R，Saadé R G. The effect of e-supply chain management systems in the North American electronic manufacturing services industry[J]. Journal of Theoretical & Applied Electronic Commerce Research，2015，10（1）：79-98.

[129] Xu K，Bao X，Tao Q. Research on income distribution model of supply chain financing based on third-party trading platform[C]. 2015 International Conference on Logistics，Informatics and Service Sciences（LISS），IEEE，2015：1-6.

[130] 赵金实，段永瑞. The coordination mechanism of supply chain finance based on tripartite game theory[J]. 上海交通大学学报，2016，21（3）：370-373.

[131] 孙浩，达庆利. 基于产品差异的再制造闭环供应链定价与协调研究[J]. 管理学报，2010，7（5）：733-738.

[132] Blei D M. Probabilistic topic models[J]. Communications of the ACM，2012，55（4）：77-84.

[133] Tirunillai S，Tellis G J. Mining marketing meaning from online chatter：strategic brand analysis of big data using latent dirichlet allocation[J]. Journal of Marketing Research，2014，51（4）：463-479.

[134] Guo M Z，Liao X W，Liu J P，et al. Consumer preference analysis：a data-driven multiple criteria approach integrating online information[J]. Omega，2019，96：102074.

[135] Wang X，Yang X，Wang X，et al. Evaluating the competitiveness of enterprise's technology based on LDA topic model[J]. Technology Analysis & Strategic Management，2020，32（2）：208-222.

[136] Blei D M，Ng A Y，Jordan M I. Latent dirichlet allocation[J]. Journal of Machine Learning Research，2003，3：993-1022.

[137] Griffiths T L，Steyvers M. Finding scientific topics[J]. Proceedings of the National Academy of Sciences of the United States of America，2004，101（1）：5228-5235.

[138] Hu Z Y，Fang S，Liang T. Empirical study of constructing a knowledge organization system of patent documents using topic modeling[J]. Scientometrics，2014，100（3）：787-799.

[139] Zhang X Q，Gong B G，Yang F，et al. A stochastic multicriteria acceptability analysis-evidential reasoning method for uncertain multiattribute decision - making problems[J]. Expert Systems，2019，36（4）：e12426.

[140] Yang J B，Xu D L. On the evidential reasoning algorithm for multiple attribute decision analysis under uncertainty[J]. IEEE Transactions on Systems Man and Cybernetics-Part A Systems and Humans，2002，32（3）：289-304.

[141] Lahdelma R，Salminen P. SMAA-2：stochastic multicriteria acceptability analysis for group decision making[J]. Operations Research，2001，49（3）：444-454.

[142] Jin M Y，Ang S，Yang F，et al. An improved cross-ranking method in data envelopment analysis[J]. Information Systems & Operational Research，2016，54（1）：1-14.

[143] Podgorelec V. Text classification method based on self-training and LDA topic models[J]. Expert Systems with Application，2017，80：83-93.

[144] Liu Z，Li K W，Li B Y，et al. Impact of product-design strategies on the operations of a closed-loop supply chain[J]. Transportation Research Part E：Logistics and Transportation Review，2019，124：75-91.

[145] Fu C，Xue M，Xu D L，et al. Selecting strategic partner for tax information systems based on weight learning with belief structures[J]. International Journal of Approximate Reasoning，2019，105：66-84.

附　　录

附录 1：第 3 章设计的调查问卷

尊敬的女士/先生，您好：

感谢您在百忙之中阅读这份问卷，因研究需要，需做一份关于新能源汽车政策及用户接受度的调查问卷。您所提供的宝贵信息将是本研究成功的关键，烦请您填妥下列问卷。本问卷无对错之分，只要您选择您认为合适或符合您认识的答案并打上√即可。我们承诺，您的资料将予以保密并妥善保管，仅供课题研究。非常感谢您的合作与支持，祝您工作顺心，平安幸福！

第一部分（基本情况相关）：

Q1：您在过去的一年中是否购买过私家车？

□是　　　　　　　　　　　　□否

Q2：您在未来的一年中有无购车打算？

□是　　　　　　　　　　　　□否

Q3：您的性别？

□男　　　　　　　　　　　　□女

Q4：您的年龄？

□不满 18 岁　　□18~25 岁　　□26~30 岁　　□31~40 岁

□41~50 岁　　□51~60 岁　　□60 岁以上

Q5：您的婚姻状况？

□未婚　　　　□已婚　　　　□离异

Q6：您的学历？

□高中或中专及以下　　　　　□大专

□本科　　　　　　　　　　　□硕士

□博士及以上　　　　　　　　　　□海归硕士以上（有出国留学学历）

Q7：您的月收入为?

□2 000 元及以下　　　　　　　　□2 001~4 000 元

□4 001~6 000 元　　　　　　　　□6 001~8 000 元

□8 001~10 000 元　　　　　　　　□10 001~15 000 元

□15 001~20 000 元　　　　　　　 □20 001~30 000 元

□30 000 元以上

Q8：家庭人口数?

□1 人　　　　　　□2 人　　　　　　□3 人　　　　　　□4 人

□5 人　　　　　　□6 人及以上

Q9：家庭拥有的普通汽车数量?

□0 辆　　　　　　□1 辆　　　　　　□2 辆　　　　　　□3 辆及以上

Q10：家庭拥有的新能源汽车数量?

□0 辆　　　　　　□1 辆　　　　　　□2 辆　　　　　　□3 辆及以上

Q11：您的居住地属于?

□市区　　　　　　□郊区　　　　　　□农村

Q12：您的居住地附近是否有车用充电站（桩）?

□是　　　　　　　　　　　　　　　□否

Q13：您的家中是否有条件为新能源汽车充电（如私家车库、私家庭院、小区内部、物业门口等）?

□是　　　　　　　　　　　　　　　□否

Q14：您目前居住的城市为：_____（××省××市即可）

第二部分（需求侧政策偏好相关）：

Q15：假如可以享受如下优惠政策，您是否会选择购买新能源汽车?

购车环节：购置税与车船税减免

其他环节：无

□一定不会购买　　　　　　　　　□不太考虑购买

□不确定　　　　　　　　　　　　□可能购买

□非常可能购买

Q16：假如可以享受如下优惠政策，您是否会选择购买新能源汽车?

购车环节：购车补贴

其他环节：无

□一定不会购买　　　　　　　　　□不太考虑购买

□不确定　　　　　　　　　　　　□可能购买

□非常可能购买

Q17：假如可以享受如下优惠政策，您是否会选择购买新能源汽车？

用车环节：优先行驶权（不受尾号限制等）

其他环节：无

□一定不会购买　　　　　　　　□不太考虑购买

□不确定　　　　　　　　　　　□可能购买

□非常可能购买

Q18：假如可以享受如下优惠政策，您是否会选择购买新能源汽车？

购车环节：免首次交强险费用

其他环节：无

□一定不会购买　　　　　　　　□不太考虑购买

□不确定　　　　　　　　　　　□可能购买

□非常可能购买

第三部分（供给侧政策偏好相关）：

Q19：假如可以享受如下优惠政策，您是否会选择购买新能源汽车？

用车环节：充电费用优惠

其他环节：（政府推进建设）完善公共充电设施

□一定不会购买　　　　　　　　□不太考虑购买

□不确定　　　　　　　　　　　□可能购买

□非常可能购买

Q20：假如可以享受如下优惠政策，您是否会选择购买新能源汽车？

用车环节：私人充电桩补贴

其他环节：无

□一定不会购买　　　　　　　　□不太考虑购买

□不确定　　　　　　　　　　　□可能购买

□非常可能购买

Q21：假如可以享受如下优惠政策，您是否会选择购买新能源汽车？

用车环节：优先年检通道且免年检费用

其他环节：无

□一定不会购买　　　　　　　　□不太考虑购买

□不确定　　　　　　　　　　　□可能购买

□非常可能购买

Q22：假如可以享受如下优惠政策，您是否会选择购买新能源汽车？

用车环节：优先上牌通道且免上牌费用、新能源汽车专属车牌

其他环节：无

□一定不会购买　　　　　　□不太考虑购买

□不确定　　　　　　　　　□可能购买

□非常可能购买

Q23：假如可以享受如下优惠政策，您是否会选择购买新能源汽车？

用车环节：过路（桥）费用优惠

其他环节：无

□一定不会购买　　　　　　□不太考虑购买

□不确定　　　　　　　　　□可能购买

□非常可能购买

Q24：假如可以享受如下优惠政策，您是否会选择购买新能源汽车？

购车环节：车辆不限购（不受车牌摇号限制、车牌拍卖制度限制、车辆购置数量限制等）

其他环节：无

□一定不会购买　　　　　　□不太考虑购买

□不确定　　　　　　　　　□可能购买

□非常可能购买

第四部分（政策选择偏好相关）：

Q25：如果只能选取一类政策，哪一类能够打动您购买新能源汽车？

□需求侧：购车补贴、购置税与车船税减免、优先行驶权（不受尾号限制等）、免首次交强险费用等。

□供给侧：基础充电设施完善、充电费用优惠、私人充电桩补贴、优先年检通道且免年检费用、优先上牌通道且免上牌费用、新能源汽车专属车牌、过路（桥）费用优惠、车辆不限购（不受车牌摇号限制、车牌拍卖制度限制、车辆购置数量限制等）

Q26：哪几个政策的提高（完善），使您更多考虑购买新能源汽车（选择3种）？

□购车补贴

□购置税与车船税减免

□优先行驶权（不受尾号限制等）、免首次交强险费用等

□基础充电设施完善

□充电费用优惠

□私人充电桩补贴

□优先年检通道且免年检费用

☐优先上牌通道且免上牌费用

☐新能源汽车专属车牌

☐过路（桥）费用优惠

☐车辆不限购（不受车牌摇号限制、车牌拍卖制度限制、车辆购置数量限制等）

Q27：哪几个政策的提高（完善），使您更多考虑购买新能源汽车（选择5种）？

☐购车补贴

☐购置税与车船税减免

☐优先行驶权（不受尾号限制等）、免首次交强险费用等

☐基础充电设施完善

☐充电费用优惠

☐私人充电桩补贴

☐优先年检通道且免年检费用

☐优先上牌通道且免上牌费用

☐新能源汽车专属车牌

☐过路（桥）费用优惠

☐车辆不限购（不受车牌摇号限制、车牌拍卖制度限制、车辆购置数量限制等）

Q28：哪几个政策的提高（完善），使您更多考虑购买新能源汽车（选择7种）？

☐购车补贴

☐购置税与车船税减免

☐优先行驶权（不受尾号限制等）、免首次交强险费用等

☐基础充电设施完善

☐充电费用优惠

☐私人充电桩补贴

☐优先年检通道且免年检费用

☐优先上牌通道且免上牌费用

☐新能源汽车专属车牌

☐过路（桥）费用优惠

☐车辆不限购（不受车牌摇号限制、车牌拍卖制度限制、车辆购置数量限制等）

Q29：哪几个政策的提高（完善），使您更多考虑购买新能源汽车（任意选择）？

□购车补贴

□购置税与车船税减免

□优先行驶权（不受尾号限制等）、免首次交强险费用等

□基础充电设施完善

□充电费用优惠

□私人充电桩补贴

□优先年检通道且免年检费用

□优先上牌通道且免上牌费用

□新能源汽车专属车牌

□过路（桥）费用优惠

□车辆不限购（不受车牌摇号限制、车牌拍卖制度限制、车辆购置数量限制等）

□其他影响因素＿＿＿＿＿＿＿＿＿

Q30：哪些因素可能会影响您购买新能源汽车（选择 3 种）？

□电池耐久程度

□电池价格成本

□车辆续航能力

□车辆外观

□车辆智能化

□车辆折旧价格

□车辆更换成本

□车辆维修费用

□车辆充电时间

□其他影响因素＿＿＿＿＿＿＿＿＿

Q31：哪些因素可能会影响您购买新能源汽车（任意选择）？

□电池耐久程度

□电池价格成本

□车辆续航能力

□车辆外观

□车辆智能化

□车辆折旧价格

□车辆更换成本

□车辆维修费用

□车辆充电时间

□其他因素＿＿＿＿＿＿＿＿＿

第五部分（政策熟悉度相关）：

Q32：购车补贴政策

目前，购买新能源汽车可以获得 1.8 万元或 2.5 万元的国家补贴，且在不同城市还可以获得一定的地方补贴（一般不超过国家补贴的 50%）。

您是否熟悉上述政策？

□非常不熟悉　　　　　　　　□比较不熟悉

□一般了解　　　　　　　　　□比较熟悉

□非常熟悉

Q33：税收优惠政策

目前，消费者购买政府指定目录中的新能源汽车，可以免征车辆购置税和车船税。

您是否熟悉上述政策？

□非常不熟悉　　　　　　　　□比较不熟悉

□一般了解　　　　　　　　　□比较熟悉

□非常熟悉

Q34：保险费用政策

在我国部分新能源汽车试点城市，购买新能源汽车的首次机动车交通事故责任强制保险费用可以获得全额财政补贴。

您是否熟悉上述政策？

□非常不熟悉　　　　　　　　□比较不熟悉

□一般了解　　　　　　　　　□比较熟悉

□非常熟悉

Q35：不限购政策

在我国部分新能源汽车试点城市，购买新能源汽车不受限购政策（如北京的车牌摇号制度、上海的车牌拍卖制度）的限制，可以直接获得上牌指标。

您是否熟悉上述政策？

□非常不熟悉　　　　　　　　□比较不熟悉

□一般了解　　　　　　　　　□比较熟悉

□非常熟悉

Q36：出行优惠政策

在我国部分新能源汽车试点城市，购买新能源汽车可以获得优先上牌和出行不限号的优惠政策。

您是否熟悉上述政策？

□非常不熟悉　　　　　　　　□比较不熟悉

□一般了解 □比较熟悉

□非常熟悉

Q37：专属牌照政策

目前在我国各试点城市，新能源汽车可以获得新能源汽车专属车牌；

您是否熟悉上述政策？

□非常不熟悉 □比较不熟悉

□一般了解 □比较熟悉

□非常熟悉

Q38：上牌优先政策

在我国部分新能源汽车试点城市，为新能源汽车上牌设立了"绿色通道"，优先办理其牌照相关业务，且免收新能源汽车新车上牌费用。

您是否熟悉上述政策？

□非常不熟悉 □比较不熟悉

□一般了解 □比较熟悉

□非常熟悉

Q39：便利通行政策

在我国部分新能源汽车试点城市，使用新能源汽车出行不受机动车尾号限行管理措施的限制（包括单双号限行、高峰期限行和景区限行等），且可以享受走公交车道或 HOV 车道（即大容量车辆车道）的特权。

您是否熟悉上述政策？

□非常不熟悉 □比较不熟悉

□一般了解 □比较熟悉

□非常熟悉

Q40：停车优惠政策

在我国部分新能源汽车试点城市，城市道路临时停放泊位及公共场地停车场对新能源汽车实行免费停放（和优惠停放）政策，社会停车场对新能源汽车停车收费给予优惠等。

您是否熟悉上述政策？

□非常不熟悉 □比较不熟悉

□一般了解 □比较熟悉

□非常熟悉

Q41：过路费优惠政策

在我国部分新能源汽车试点城市，驾驶新能源汽车可以享受在高速公路上行驶或其他收费公路行驶时免收过路费政策。

您是否熟悉上述政策？

□非常不熟悉　　　　　　　　　□比较不熟悉

□一般了解　　　　　　　　　　□比较熟悉

□非常熟悉

Q42：年检优惠政策

在我国部分新能源汽车试点城市，购买新能源汽车可以享受专用年检通道且免收年检费用。

您是否熟悉上述政策？

□非常不熟悉　　　　　　　　　□比较不熟悉

□一般了解　　　　　　　　　　□比较熟悉

□非常熟悉

Q43：充电费用优惠政策

在我国大部分新能源汽车试点城市均对新能源汽车的充电费用实行价格补贴。具体而言，新能源汽车在居民住宅区和小区进行充电时，执行居民日常电价；在社会公共停车场中设置的充电设施中充电，执行优惠电价，且不收取停车费用。

您是否熟悉上述政策？

□非常不熟悉　　　　　　　　　□比较不熟悉

□一般了解　　　　　　　　　　□比较熟悉

□非常熟悉

Q44：私人充电设施政策

在我国部分新能源汽车试点城市，对个人购买新能源汽车在自用车位安装建设充电设施（充电桩）时给予部分一次性补贴。

您是否熟悉上述政策？

□非常不熟悉　　　　　　　　　□比较不熟悉

□一般了解　　　　　　　　　　□比较熟悉

□非常熟悉

Q45：公共充电设施政策

近年来，我国大力推动充电基础设施建设，截至 2019 年底，我国充电桩数量达 121.9 万台，并将以高速态势继续加快建设。

您是否熟悉上述政策？

□非常不熟悉　　　　　　　　　□比较不熟悉

□一般了解　　　　　　　　　　□比较熟悉

□非常熟悉

Q46：如取消相关政策，您是否会考虑购买新能源汽车？

□是　　　　　　　　　　　　　□否

附录2：第8章10个主题以及每个主题下概率最高的20个主题词

具有选择概率的对应主题和主题词

主题1：外观		主题2：电耗		主题3：配件	
主题词	概率	主题词	概率	主题词	概率
霸气	0.026	家用	0.017	自动	0.021
看着	0.018	声音	0.015	驾驶	0.019
外观	0.018	电车	0.015	轮胎	0.016
感受	0.017	回头率	0.015	油车	0.015
用电	0.016	小时	0.014	尾灯	0.014
车子	0.015	电机	0.013	朋友	0.014
补贴	0.014	节能	0.013	全景	0.013
代步	0.013	电量	0.013	质感	0.013
加油	0.013	关注	0.013	外观设计	0.012
手感	0.013	加热	0.012	总体	0.012
接受	0.013	奔驰	0.011	调教	0.012
外形	0.013	充电	0.011	中国	0.012
汽车	0.012	车道	0.011	屏幕	0.012
环保	0.012	耗电	0.011	提高	0.011
时间	0.012	车辆	0.011	虚位	0.011
倒车	0.012	汽油车	0.010	材料	0.011
路面	0.012	加速	0.010	打开	0.011
电动	0.011	标准	0.010	身高	0.010
超高	0.011	电费	0.010	老婆	0.010
提车	0.011	电能	0.010	状态	0.010
主题4：性能		主题5：价格		主题6：配置	
主题词	概率	主题词	概率	主题词	概率
异响	0.019	混动	0.025	泊车	0.024
动力	0.016	价格	0.017	模式	0.024
颠簸	0.014	综合	0.014	空调	0.018
发动机	0.014	颜值	0.013	升级	0.016

主题4：性能		主题5：价格		主题6：配置	
主题词	概率	主题词	概率	主题词	概率
上下班	0.014	够用	0.013	车身	0.015
视野	0.013	超过	0.013	配置	0.013
实用	0.013	线条	0.013	语音	0.013
小孩	0.012	性能	0.012	停车	0.012
空间	0.012	经济	0.012	刹车	0.012
优惠	0.012	省钱	0.012	影响	0.012
路况	0.011	方向盘	0.011	发动机	0.011
地方	0.011	秒杀	0.011	建议	0.011
发现	0.011	享受	0.011	位置	0.010
舒适度	0.011	国产	0.010	回收	0.010
看中	0.011	喜欢	0.010	座椅	0.010
车灯	0.011	底盘	0.010	切换	0.009
油耗	0.010	上班	0.010	车辆	0.009
人性化	0.010	驾驶	0.010	屁股	0.009
用油	0.010	速度	0.010	适中	0.009
媳妇	0.010	新能源	0.010	包括	0.009
主题7：油耗		主题8：操控		主题9：空间	
主题词	概率	主题词	概率	主题词	概率
智能	0.022	功能	0.026	空间	0.024
国产车	0.020	馈电	0.022	储物	0.019
能耗	0.019	行驶	0.021	还好	0.017
整车	0.017	电动车	0.021	中控	0.016
燃油	0.017	操控	0.020	红色	0.015
吸引	0.016	体验	0.019	轮毂	0.015
调节	0.015	大屏	0.017	城市	0.014
同价位	0.015	辅助	0.017	超大	0.013
造型	0.014	油门	0.016	味道	0.013
相比	0.014	配置	0.014	实在	0.012
大气	0.013	合资	0.014	肯定	0.012
耗油	0.012	悬挂	0.014	自驾游	0.012
提速	0.012	腿部	0.013	油电	0.012

续表

主题7：油耗		主题8：操控		主题9：空间	
主题词	概率	主题词	概率	主题词	概率
按键	0.012	介入	0.012	价格	0.012
细节	0.012	系统	0.012	奥迪	0.011
玻璃	0.012	跑车	0.012	充电	0.011
用车	0.012	轿车	0.012	对比	0.011
超车	0.011	个人感觉	0.010	估计	0.011
力度	0.011	操控性	0.010	改进	0.011
隔音	0.011	级别	0.010	顿挫	0.011
主题10：内饰					
主题词	概率				
车子	0.032				
后排	0.019				
性能	0.016				
内饰	0.016				
能力	0.015				
驾驶	0.015				
效果	0.014				
颜色	0.013				
不算	0.013				
减震	0.013				
指向	0.013				
大气	0.012				
费用	0.012				
高端	0.012				
配置	0.012				
选择	0.011				
时尚	0.011				
感觉	0.011				
压力	0.011				
挺不错	0.011				

附录 3：第 8 章中一级指标的主题词

一级指标的主题词

指标	主题词
C_1	外观、外观设计、霸气、看着、外形、空间、颜值、座椅、造型、储物、超大、内饰、颜色、高端、时尚
C_2	电机、节能、充电、动力、发动机、操控、油门、操控性、能耗、耗油、性能
C_3	价格、经济、省钱、秒杀、优惠、同价位、费用
C_4	Aion S、北汽新能源、帝豪新能源、几何 A、秦新能源、荣威 Ei5、逸动新能源